भाषाविज्ञान : सैद्धांतिक चिंतन

भाषाविज्ञान : सैद्धांतिक चिंतन

लेखक
रवीन्द्रनाथ श्रीवास्तव
प्रधान सम्पादक
बीना श्रीवास्तव

सम्पादक
महेन्द्र
रमानाथ सहाय

राधाकृष्ण प्रकाशन

ISBN : 978-81-7119-339-4

भाषाविज्ञान : सैद्धांतिक चिंतन

पहला संस्करण : 1977
पाँचवाँ संस्करण : 2014
This book is printed on **Print on Demand** Technology : 2024

मूल्य : ₹895

प्रकाशक
राधाकृष्ण प्रकाशन प्राइवेट लिमिटेड
जी-17, जगतपुरी, दिल्ली-110 051
शाखाएँ : अशोक राजपथ, साइंस कॉलेज के सामने, पटना-800 006
पहली मंजिल, दरबारी बिल्डिंग, महात्मा गांधी मार्ग, प्रयागराज-211 001
1, अनमोल सोराबजी संतुक लेन, धोबी तलाव, मरीन लाइंस, मुम्बई-400 002
वेबसाइट : www.radhakrishnaprakashan.com
ई-मेल : info@radhakrishnaprakashan.com

BHASHA VIGYAN : SAIDHANTIK CHINTAN
by Ravindranath Shrivastava

सम्पादकीय

भाषाविज्ञान की अधुनातन प्रवृत्तियों तथा सैद्धांतिक मान्यताओं पर प्रो. रवींद्रनाथ श्रीवास्तव जैसी गहरी दृष्टि विरले भारतीय भाषाविज्ञानिकों में ही दिखाई देती है। उनके सभी प्रकाशित लेख एवं पुस्तकें उनकी सूक्ष्म शोधपरक दृष्टि तथा गहन साधना के साक्षी हैं। उन्होंने सैद्धांतिक और अनुप्रयुक्त भाषाविज्ञान के विविध पक्षों पर निरंतर चिंतन और लेखन किया। यह उल्लेखनीय और सराहनीय है कि इन पक्षों पर उनका लेखन मजबूत सैद्धांतिक पीठिका और भाषा के व्यावहारिक दृष्टांतों को साथ-साथ समेटते हुए वैचारिक लेखन की एक सम्प्रेषणीय परम्परा कायम करता है।

इसमें तो कोई संदेह ही नहीं कि उनका चिंतन-क्षेत्र अति व्यापक था और इसमें भी कि भाषावैज्ञानिक प्रश्नों पर उनकी दृष्टि एक जागरूक शोधार्थी की दृष्टि है। उनकी इस प्रखर वैचारिकता के कई कारणों में से दो कारण प्रमुख हैं– एक तो पाश्चात्य भारतीय-दर्शन के मूलभूत प्रकरणों को जाँचने-परखने की उनकी अतुलनीय मेधा और दूसरे विश्व-फलक पर उभरते समसामयिक भाषा-चिंतनों को भारतीय भाषा-परिवेश में घटाकर देखने की उनकी अद्‌भुत क्षमता।

भारतीय भाषावैज्ञानिक चिंतन के ढाँचे को देखने से यह बहुत साफ दिखाई देता है कि पिछले बीस-पच्चीस वर्षों में भारत के भाषावैज्ञानिक मूलत: सैद्धांतिक भाषाविद् ही बने रहे हैं। इतना ही नहीं, इनमें से अधिकांश का चिंतन पाश्चात्य विचारों से आक्रांत भी रहा है। यही कारण है कि भारतीय संदर्भ में हिंदी भाषा से सम्बद्ध भाषावैज्ञानिक समस्याओं के वैज्ञानिक आकलन तथा सर्वस्वीकार्य समाधानों की खोज की ओर बहुत कम भाषावैज्ञानिकों का ध्यान गया।

हिंदी भाषा, साहित्य और समीक्षा का यह सौभाग्य रहा कि इन्हें केंद्र में रखकर प्रो. श्रीवास्तव ने अपने अधुनातन भाषा-चिंतन की धुरी से इन्हें बड़ी सहजता से जोड़े रखा। कई लोगों के लिए यह एक जानकारी हो सकती है कि प्रो. श्रीवास्तव ने अपने लेखन का प्रारम्भ हिंदी में सर्जनात्मक साहित्य रचकर तथा हिंदी-साहित्य-समीक्षा

लिखकर किया। सम्भवत: इसीलिए हिंदी के प्रति उनके हृदय का एक कोना सदैव कोमल भावनाओं से ओतप्रोत रहा। हिंदी भाषा के प्रति उनके इसी लगाव ने उन्हें हिंदी भाषा समुदाय, हिंदी भाषा-संरचना, हिंदी के सामाजिक संदर्भ, उसकी संवैधानिक स्थिति, मातृभाषा-द्वितीय भाषा-विदेशी भाषा के रूप में हिंदी-शिक्षण की समस्याओं, प्रयोजनमूलक हिंदी के मानकीकरण और आधुनिकीकरण के विवेचनों तथा उसके समस्त अनुप्रयुक्त पक्षों (यथा–अनुवाद के संदर्भ में, शैलीवैज्ञानिक विश्लेषण के धरातल पर, भाषा नीति की दृष्टि से आदि) पर गम्भीरता से विचार करने की ओर प्रेरित किया।

प्रस्तुत पुस्तक उनके इसी लगाव से उपजे वैचारिक मंथन का परिणाम है। हम तो उनके श्रम को इस अथाह वेदना के साथ आप सुधी पाठकों के समक्ष लाने का निमित्त मात्र हैं कि काश ! यह पुस्तक आदरणीय डॉक्टर साहब के जीवन काल में प्रकाशित हो पाती।

वेदना की इस अनुभूति से संतोष का यह भाव भी आ जुड़ा है कि प्रो. श्रीवास्तव के विचार एक स्थान पर एकत्रित मिल सकेंगे। प्रो. श्रीवास्तव द्वारा आधुनिक भाषावैज्ञानिक परिप्रेक्ष्य पर हिंदी में लिखित, प्रकाशित-अप्रकाशित छिटपुट आलेखों को पाँच पुस्तकों की एक श्रृंखला के रूप में प्रकाशित करने की योजना कार्यान्वित की जा रही है। इस श्रृंखला में 'हिंदी भाषा का समाजशास्त्र', 'हिंदी भाषा : संरचना के विविध आयाम', 'अनुप्रयुक्त भाषाविज्ञान : सिद्धांत एवं प्रयोग', 'भाषाविज्ञान : सैद्धांतिक चिंतन' और 'सर्जनात्मक साहित्य' नामक पुस्तकें प्रकाशित होंगी। इसी प्रकार अंग्रेजी में भी लगभग सात पुस्तकों की एक शृंखला के प्रकाशन की योजना है।

इन सभी पुस्तकों में प्रो. श्रीवास्तव के विविध विषय-क्षेत्रों में उनके सार्थक दृष्टिकोण को उद्घाटित करनेवाले आलेख संकलित होंगे। इस योजना के पीछे हमारा यह संकल्प है कि प्रो. श्रीवास्तव के वैचारिक मानस की क्रमबद्ध सामग्री भाषा और भाषाविज्ञान के छात्रों, शोधकर्मियों तथा अध्येताओं को एक स्थान पर प्राप्त हो सके तथा हिंदी में और हिंदी पर उनका विवेचन यह स्पष्ट कर सके कि हिंदी के बौद्धिक-शैक्षिक-आधुनिक विकास में उनका योगदान कितना बहुमूल्य और अतुलनीय है।

हमारा पूर्ण विश्वास है कि इस पुस्तक का स्वागत उसी प्रकार होगा, जैसा उनकी अन्य प्रकाशित पुस्तकों का हुआ है।

प्रस्तावना

भारतीय मनीषा प्रारंभ से ही चिंतन-प्रक्रिया में भाव या विचार के साथ भाषा को केंद्र में रखकर विवेचना करती रही है। केवल व्याकरण ग्रंथों में ही नहीं, संपूर्ण वैदिक साहित्य में बिखरे हुए भाषा-सूत्र इस बात के प्रत्यक्ष प्रमाण हैं। वाणी और अर्थ को 'कहियत भिन्न न भिन्न' मानकर ही संस्कृत काव्यशास्त्र का भाषाशास्त्र के साथ अद्‌भुत संगम रहा है। आधुनिक भाषाविज्ञान के विद्वानों ने संस्कृत की इस सशक्त परंपरा का पूर्णरूपेण अनुसरण तो नहीं किया फिर भी पाणिनि को 'मानव मेधा का सर्वोत्तम स्मारक' स्वीकार किया। निस्संदेह संस्कृत में विवेचित भाषा संबंधी चिंतन आधुनिक भाषाविज्ञान को सही दिशा प्रदान कर सकता है। संस्कृत के भाषा संबंधी चिंतन ने प्रो. श्रीवास्तव को सदैव आकृष्ट किया था, परिणामत: जब से भाषा की विभिन्न समस्याओं से उन्होंने जूझना प्रारंभ किया, विभिन्न भाषा-सूत्रों को ही अपने चिंतन का आधार बनाया। आधुनिक भाषाविज्ञान की विभिन्न विश्लेषण-पद्धतियों से परिचित होने के पश्चात् भी उनके मूल चिंतन में परिवर्तन नहीं आया। यही कारण है कि इधर कुछ समय से वे फिर भारतीय भाषाचिंतन परंपरा पर अधिक गहराई से विचार कर रहे थे। प्रस्तुत संग्रह के दो लेख इसके प्रत्यक्ष उदाहरण हैं।

'सस्यूर' आधुनिक भाषाविज्ञान के जनक के रूप में माने जाते हैं। उनके द्वारा प्रतिपादित सिद्धांत 'भाषायी क्रांति' के रूप में उभरे। भाषा की प्रकृति को लेकर उन्होंने जो विचार प्रस्तुत किए उससे भाषा को देखने-समझने की पूरी दृष्टि बदल गई। भाषा व्यवस्था (लांग) और भाषा व्यवहार (परोल), एककालिक और काल क्रमिक, उपादान और रूप, विन्यासक्रमी और सहचारक्रमी संबंधों के संकल्पनात्मक युग्मों की अवधारणा को उन्होंने प्रस्तुत किया। संरचना को एक प्रकार्यात्मक यथार्थ मानते हुए आगे विकसित होनेवाले संरचनावाद की भूमिका तैयार की। इसी प्रकार की वैचारिक क्रांति भाषाचिंतन के क्षेत्र में चॉम्स्की के सिद्धांतों द्वारा हुई। चॉम्स्की तथा उनसे पूर्व ब्लूमफील्ड के विचारों को ठोस आधार भारतीय आचार्यों की वैज्ञानिक दृष्टि ने प्रदान किया। भाषाविज्ञान का संक्षिप्त इतिहास लिखनेवाले रोबिन्स ने लिखा

है कि "स्वनिक विश्लेषण और स्वनिकीय व्यवस्था तथा व्याकरणिक अध्ययन के अनेक संदर्भों में प्राचीन भारतीय वैयाकरण न केवल समकालीन यूरोप के विद्वानों से अधिक आगे थे, बल्कि प्राचीन भारतीय आचार्यों की वैज्ञानिक दृष्टि ने आधुनिक भाषाविज्ञान को एक ठोस आधार भी प्रदान किया।" कार्डोना, स्टाल, किपार्स्की आदि भाषावैज्ञानिक भारत के प्राचीन आचार्यों के भाषा संबंधी तत्त्वचिंतन को आज के भाषावैज्ञानिकों के लिए अत्यंत महत्त्वपूर्ण मानते हैं।

भारतीय चिंतन परंपरा अत्यंत सुदृढ़ है। आचार्य कुन्तक के 'वक्रोक्ति' विवेचन ने आधुनिक भाषाविश्लेषकों को अधिक आकृष्ट किया। वर्णविन्यास वक्रता से लेकर प्रबंध वक्रता तक वक्रोक्ति के भेदों का विवेचन भाषा की भीतरी और बाहरी बुनावट को साथ लेकर चलता है। प्रो. श्रीवास्तव ने इस विषय में जो लिखा उसे भी इस संकलन में प्रस्तुत किया गया है। उन्होंने कुन्तक द्वारा प्रस्तुत वक्रोक्ति की धारणा को दो स्तरों पर वर्णित किया है। एक स्तर अंतर-विधा (Inter-genera) का है जिसके आधार पर काव्य को अन्य भाषिक संरचना से भिन्न दिखाया गया है और दूसरा स्तर काव्यविधा के भीतर (Intra-genera) का क्षेत्र है जिसके आधार पर 'वैचित्र्य' मार्ग को 'सुकुमार मार्ग' से भिन्न सिद्ध किया गया है। प्रो. श्रीवास्तव के शब्दों में "इसी आधार पर कुन्तक कथ्य की सहज स्वाभाविकता के सौन्दर्य और कथ्य तथा अभिव्यक्ति के विन्यास में अंतर्भुक्त सौंदर्य में भेद करते हैं।"

शब्द और पद की संकल्पनाएँ परंपरागत व्याकरण तथा आधुनिक भाषाविज्ञान, इन दोनों में अनेक प्रकार से व्याख्यायित हुई हैं। परंपरागत व्याकरण शब्द को भाषा की आधारभूत और सर्वोपरि इकाई स्वीकार करते हुए अपने व्याकरण का पूरा ढाँचा इसी के आधार पर खड़ा करता है। आधुनिक भाषाविज्ञान में इसकी सैद्धांतिक स्थिति संदेहास्पद एवं विरोधाभासी है। प्रो. श्रीवास्तव ने भारतीय तथा पाश्चात्य विद्वानों की धारणाओं पर विचार करते हुए शब्द को एक व्यापक इकाई के रूप में स्वीकार किया है। वे शब्द के दो रूप मानते हैं– शब्दिम और पद। शब्द जैसी बहुआयामी भाषायी इकाई के तीन निश्चित संदर्भ दिखाई देते हैं। एक संदर्भ शब्दकोश का है, दूसरा व्याकरण तथा तीसरा अभिव्यक्ति का है। इसी प्रकार भाषा विश्लेषण के ध्वनि, अर्थ तथा व्याकरणिक प्रकार्य–तीन आयाम या पक्ष हैं। इन तीनों पक्षों के आधार पर शब्द को भिन्न रूप में परिभाषित करना होता है। इसी कारण शब्द की कोई सर्वोपरि परिभाषा संभव नहीं है। शब्द के बहुसंयोजक संदर्भ तथा अर्थों का व्यापक विवेचन हिंदी में पहली बार एक लेख में किया गया है। प्रो. श्रीवास्तव का यह लेख इस संकलन में विद्यमान है। यह लेख सैद्धांतिक स्तर पर भाषा विश्लेषण के अनेक पक्षों पर प्रकाश डालता है।

शब्द और अर्थ का विश्लेषण तथा इनका पारस्परिक संबंध भारतीय एवं पाश्चात्य भाषाविश्लेषकों के अध्ययन का विषय रहा है। पश्चिम के कुछ देशों में अर्थ को दर्शन का विषय मानकर भाषाविज्ञान के क्षेत्र से बाहर रखने की बात बहुत जोर-शोर से कही गई, किंतु यह स्थिति बहुत समय तक नहीं रही। अंततः अर्थविज्ञान और उससे आगे बढ़कर समाजभाषाविज्ञान भाषाविज्ञान के अभिन्न अंग के रूप में जुड़ गए। भाषा नियोजन की बात समाजभाषाविज्ञान से सीधे जुड़ी है। नियोजन वस्तुतः चिंतन, विश्लेषण, कल्पनाशक्ति और निर्णयशक्ति का अनुप्रयोग है। यह तकनीक नहीं, एक दायित्व है जो भविष्य के प्रति जागरूकता के साथ कार्य-कारण संबंध को आधार बनाता है। सन् 1957 में पहली बार संगोष्ठी के शीर्षक के नाम से 'भाषा-नियोजन' शब्द का प्रयोग काइनराइख ने किया था। तभी से इसके सैद्धांतिक पक्ष को विकसित करने के लिए कई प्रयास किए गए। ये प्रयास सामाजिक विशिष्टता तथा राष्ट्रीय व्यवस्था को ध्यान में रखकर किए गए हैं। प्रसिद्ध भाषावैज्ञानिक हागेन ने भाषा नियोजन की अर्थपरकता को व्यापक परिप्रेक्ष्य में देखा है तथा इसे विज्ञान की शाखा मानते हुए जीवविज्ञान तथा पर्यावरण के अंतर्संबंध के साथ जोड़ा है। प्रो. श्रीवास्तव ने भाषा नियोजन के सैद्धांतिक पक्ष पर जिस लेख में विचार किया उसे प्रस्तुत संकलन में समाहित किया गया है।

चॉम्स्की के बाद भाषाचिंतन के विश्व पटल पर जिन चिंतकों के नाम उभरकर आये उनमें 'देरीदा' सर्वाधिक चर्चित व्यक्तित्व रहा है। प्रो. श्रीवास्तव ने दैनिक समाचारपत्र के रविवासरीय संस्करण में एक छोटा लेख 'देरीदा' पर लिखा था, उसे भी प्रस्तुत संकलन में दे दिया गया है। देरीदा ने शास्त्र-विरुद्ध चिंतन की ऐसी प्रकृति को प्रस्तुत किया जो परंपरागत मान्यताओं से सीधे टकराव का मार्ग अपनाए हुए है।

मौखिक तथा लिखित– भाषा के दो रूप हैं। प्लेटो ने जिस लेखन को मानव स्वभाव के बाहर की वस्तु कहा था, रूसो ने भाषा के लिए व्यर्थ का उपकरण माना था, सस्यूर ने जिसे अपने सिद्धांत में गौण स्थान दिया था, उस सबका विरोध करते हुए देरीदा ने लेखन को ही भाषा का आदर्श रूप स्वीकार किया। उनका वस्तुवादी सिद्धांत भाषा को उसके वस्तु रूप में देखने की ओर प्रवृत्त करता है।

भाषा की परिभाषा, अभिलक्षण, भाषिक संरचना और उसके विभिन्न स्तरण, भाषा और बोली तथा भाषा परिवर्तन भाषाविज्ञान के सामान्यतः ऐसे विषय हैं जिनसे विद्यार्थी प्रारंभ में ही उलझते हैं। हिंदी पुस्तकों में प्रस्तुत इन विषयों से संबंधित सामग्री न तो उनमें विषय के प्रति रुचि जगाती है और न ही विषय की स्पष्ट धारणा एवं

सामर्थ्य पर साफ-सुथरे ढंग से प्रकाश डालती है। इसी अभाव की पूर्ति हेतु प्रो. श्रीवास्तव ने जो लेख तैयार किए थे उन्हें इस संकलन में दिया जा रहा है। इन लेखों में सस्यूर से लेकर नवीनतम भाषाचिंतकों के विचारों को समेटने का प्रयास किया गया है। उदाहरण के लिए भाषिक संरचना तथा उसके विभिन्न स्तरणों का उल्लेख करते हुए सस्यूर के साथ हॉकेट की मान्यताओं को भी विस्तार से वर्णित किया गया है। हॉकेट ने भाषिक व्यवस्था के पाँच स्तरों को दो उपवर्गों में रखा है– एक केंद्रीय और दूसरा परिधीय। दोनों का स्पष्ट विवेचन प्रो. श्रीवास्तव ने किया है। सिद्धांतत: यह स्वीकार करते हुए कि भाषा और बोली में अंतर का आधार भाषावैज्ञानिक नहीं, समाजभाषावैज्ञानिक है, व्यावहारिक धरातल पर इन दोनों में अंतर स्थापित कर तालिका में भी प्रस्तुत कर दिया गया है। एक पृथक लेख में भोजपुरी की स्थिति का विवेचन प्रो. श्रीवास्तव ने किया था, वह लेख भी इस संकलन में है।

अनुप्रयुक्त भाषाविज्ञान, व्यतिरेकी भाषाविज्ञान, शैक्षणिक व्याकरण तथा समाजभाषाविज्ञान ऐसे विषय हैं जो विस्तृत विवेचन की अपेक्षा रखते हैं। प्रो. श्रीवास्तव ने अपने लेखों द्वारा हिंदी जगत को इन विषयों से परिचित कराते हुए इनके स्वरूप पर प्रकाश डाला है। यह सामग्री इन विषयों को समझने में निश्चय ही उपयोगी सिद्ध होगी। 'भाषा परिवर्तन व उसकी दिशाएँ' अंश रेडियो से प्रसारित हुआ था। वह अंश भी इस संकलन में विद्यमान है। इन सभी लेखों में प्रो. श्रीवास्तव के अध्यापकीय रूप की झलक मिलती है।

भाषाविज्ञान के विभिन्न सैद्धांतिक विषयों को लेकर तैयार किया गया यह ग्रंथ प्रो. श्रीवास्तव के चिंतन-गांभीर्य की ओर संकेत करने में सक्षम है। आधुनिक भाषा-वैज्ञानिकों में इनके अतिरिक्त शायद ही ऐसा कोई विद्वान हुआ हो जिसके विचारों में रूसी, अमरीकी तथा भारतीय चिंतन परंपरा की त्रिवेणी बहती हो। मुझे पूर्ण विश्वास है कि पिछली दोनों पुस्तकों के समान यह पुस्तक भी भाषाविश्लेषकों का मार्गदर्शन करेगी तथा भाषाविज्ञान की सैद्धांतिक विवेचना को आगे बढ़ाने में सहायक सिद्ध होगी।

महेन्द्र

अनुक्रम

खंड : क

1. आधुनिक भाषाविज्ञान और भारतीय भाषा चिंतन
2. सस्यूर और आधुनिक भाषाविज्ञान
3. भाषा : परिभाषा और अभिलक्षण
4. भाषिक संरचना और उसके विभिन्न स्तरण
5. भाषा परिवर्तन और उसकी दिशाएँ
6. शब्द : सैद्धांतिक विवेचन
7. शब्द और अर्थ के बीच देरीदा
8. वक्रोक्ति की संकल्पना

1

आधुनिक भाषाविज्ञान और भारतीय भाषा चिंतन

[इस लेख के दो खंड हैं। पहले खंड में आधुनिक भाषाविज्ञान और भारतीय भाषा चिंतन परंपरा के संबंध में कुछ प्रश्न उठाए गए हैं। दूसरे खंड में इन प्रश्नों के संदर्भ में प्रोफ़ेसर देवेन्द्रनाथ शर्मा के विचार संक्षेप में दिए गए हैं।]

1

आधुनिक भाषाविज्ञान का 'आधुनिक' पक्ष कालबोध के साथ-साथ हमारी वृत्ति का भी आज व्यंजक हो गया है। विद्वानों के एक वर्ग के लिए यह संकल्पना उस मनोवृत्ति का सूचक बन गई है जो प्राचीन मूल्यों का निषेध करती है और चिंतन के धरातल पर परंपरा से अलग अपना नूतन विचार पक्ष प्रस्तुत करती है। इस वर्ग के विद्वानों के अनुसार जो कुछ प्राचीन है वह पुराना होने के कारण आज के युग के अनुकूल नहीं, परंपरा रूढ़िजन्य मान्यताओं का वह बोझ है जिसे आज के मनुष्य को विवशता में ढोना पड़ता है। संभवत: इसी मनोवृत्ति से प्रेरित होकर इस शताब्दी के पूर्वार्द्ध में आधुनिक भाषाविज्ञान में प्रशिक्षित भारतीय विद्वानों ने प्राचीन भारतीय वैयाकरणाचार्यों की कृतियों को असमीचीन ठहराते हुए उन्हें 'भारतीय दण्ड संहिता' की संज्ञा दी।

प्रसिद्ध भाषावैज्ञानिक मीनाक्षी सुन्दरम् के मत में भारतीय प्राचीन आचार्यों की मान्यताएँ और व्याकरणिक नियम संस्कृत भाषा के विवरणात्मक विवेचन के लिए निरूपित किए गए थे, पर उन्हें सार्वकालिक और सार्वभौम बनाकर इस तरह प्रस्तुत किया गया जिससे आधुनिक भारतीय भाषाओं के विवेचन को मुक्त नहीं कहा जा सकता। उनके अनुसार यह परंपरा के बल पर ऊपर से आरोपित चिंतन प्रक्रिया है, न कि भाषाओं की अपनी और आंतरिक प्रकृति से उत्पन्न आधुनिक विश्लेषण की विधि।

आधुनिक भाषाविज्ञान में प्रशिक्षित मीनाक्षी सुन्दरम् प्रभृत विद्वानों की यह मान्यता है कि संस्कृत आचार्यों की कारक, संधि, समास आदि जैसी संकल्पनाएँ आधुनिक भारतीय भाषाओं के लिए उसी रूप में मान्य नहीं हो सकतीं

जिस रूप में संस्कृत या अन्य प्राचीन भाषाओं के लिये स्वीकृत थीं। दूसरा, प्राचीन आचार्यों की कृतियों एवं मान्यताओं के अध्ययन की उपयोगिता उनके अनुसार वाङ्मीमांसकों (फिलालोजिस्ट) के लिए है न कि आधुनिक भाषावैज्ञानिकों के लिए।

'आधुनिक' शब्द का दूसरा संदर्भ काल-सापेक्ष चिंतन के उस मोड़ से जोड़ लिया जाता है, जिसे थामस कून ने 'पैराडाइम' की संज्ञा दी है। पैराडाइम एक वैचारिक क्रांति के रूप में आता है। जब पैराडाइम बदलता है तब देखने-समझने की पूरी दृष्टि बदल जाती है, सोचने और समझने का पूरा तौर-तरीका ही बदल जाता है। 'वस्तु' वही होती है पर उस पर बात करने की रीति में परिवर्तन आ जाता है। इस वैचारिक क्रांति का प्रारंभ भले ही ज्ञान के किसी एक विषय-क्षेत्र से हो, पर उसका प्रभाव युग में प्रचलित ज्ञान-विज्ञान के अन्य विषय-क्षेत्र पर भी पड़ता है। फर्दिनेंड द सस्यूर (1857-1913) का नाम आधुनिक भाषाविज्ञान के जनक के रूप में लिया जाता है, क्योंकि उनके द्वारा प्रतिपादित सिद्धांत 'भाषाई क्रांति' के रूप में उभरे। भाषा की प्रकृति को लेकर जिस प्रकार के प्रश्नों को उन्होंने उभारा और जिन सैद्धान्तिक संदर्भों के साथ उनके उत्तर ढूंढ़ने का उन्होंने प्रयास किया, वह भाषा चिंतन के क्षेत्र में एक नए पैराडाइम का उद्घोष बना। विचारों का यह वही उद्घोष है जिसकी प्रतिध्वनि हम समकालीन समाजशास्त्र में एमेली ड्यरहिम और मनोविज्ञान में सिगमंड फ्रायड के सिद्धान्तों में पाते हैं। वस्तुतः इन तीनों विद्वानों ने मानव व्यवहार को समझने का एक नया संदर्भ दिया। उन्होंने मानव व्यवहार को भौतिक जगत् में होनेवाली क्रमबद्ध घटना के रूप में देखने से इनकार किया। मानव व्यवहार के भौतिक पक्ष, उनके मत में, किसी गहरे सामाजिक मूल्य और संकल्पनात्मक अर्थ से जुड़े होते हैं और परिस्थिति विशेष में अपना विशिष्ट भौतिक रूप ग्रहण करते हैं। जो भी व्यक्ति मानव व्यवहार को अपना अध्ययन-क्षेत्र बनाता है, उसे मात्र भौतिक घटना के रूप में उसको ग्रहण नहीं करना चाहिए, बल्कि उन घटनाओं के पीछे कार्यरत सामाजिक अर्थ और मूल्य को भी देखना चाहिए, जिसके वे मात्र एक उदाहरण हैं। सस्यूर ने भाषा के संदर्भ में इस अंतर को समझने के लिए 'भाषा व्यवस्था' (लांग) और भाषा व्यवहार (परोल) के युग्म को सामने उभारा।

भाषा व्यवहार न केवल भाषा का व्यक्त भौतिक घटना रूप है बल्कि व्यक्ति के अपने वैयक्तिक संदर्भों से जुड़े होने के कारण वह भाषा का व्यष्टि रूप भी है। यही कारण है कि भाषा व्यवहार अपने प्रतिफलित रूप में वैविध्यपूर्ण और विषमरूपी होता है। यह भी कहा जा सकता है कि व्यक्ति के निजी संदर्भ, श्रोता की भूमिका, देश और काल की अपनी स्थिति से नियंत्रित

होने के कारण भाषा व्यवहार नवप्रवर्तनकारी (इन्नोवेटिव) हुआ करता है। इसके विपरीत सस्यूर ने जिस भाषा व्यवस्था को अपने अध्ययन का साध्य बनाया, उसकी प्रकृति को पहले 'संस्थागत' ठहराया। भाषा व्यवस्था, समूहगत अनुबंध का परिणाम होती है जो व्यक्ति की अपनी इच्छा से परे होती है। यह प्रतीकों की अर्थवत्ता से निर्मित मानसिक व्यवस्था होती है। अत: वह अपने माध्यम या उपादान के नियंत्रण के बाहर की चीज़ होती है। भाषा व्यवस्था सामाजिक संस्थान (इंस्टिट्यूशन) की तरह एक सामाजिक वास्तविकता है जो व्यक्ति से जुड़ी रहकर भी व्यक्ति की अपनी सीमाओं से मुक्त होती है। भाषा व्यवहार और भाषा व्यवस्था का भेद पैराडाइम की इस मान्यता से प्रेरित था कि मानवीय व्यवहार से संबद्ध घटनाओं को घटना मात्र के रूप में ही देखना पर्याप्त नहीं, बल्कि उसे एक ऐसी सार्थक घटना के रूप में देखना आवश्यक है जो एक तरफ़ व्यवस्था सापेक्ष होती है और दूसरी तरफ़ सामाजिक मूल्य से अनुप्राणित होती है। घटना की सार्थकता उसकी मूल्यवत्ता में होती है और मूल्य की प्रकृति सामाजिक और व्यवस्थापरक होती है।

सस्यूर, फ्रायड और ड्यूरहिम द्वारा विकसित पैराडाइम की दूसरी मान्यता यह थी कि मानव व्यवहार संबंधी घटनाओं की सार्थकता को जानने के लिए यह आवश्यक नहीं कि हम उसके कार्य-कारण संबंधी ऐतिहासिक कारणों तक अपनी दृष्टि सीमित कर लें। उसकी सार्थकता का संबंध घटनाओं के उस प्रयोजन और प्रकार्य में निहित रहता है, जिसे सामाजिक व्यवस्था का एक घटक होने के नाते उसे निभाना पड़ता है। प्रकार्य (फ़ंक्शन) का संबंध घटनाओं की एककालिक (सिनक्रानिक) व्यवस्था के साथ रहता है। ऐतिहासिक परिवर्तन एककालिक संदर्भ से उपलब्ध व्यवस्था के बाहर की चीज़ होती है। सस्यूर ने भाषा अध्ययन के दो संदर्भों की चर्चा की – भाषिक व्यवस्था के अध्ययन -विश्लेषण के लिए अध्ययन का एककालिक संदर्भ और भाषा विकास तथा परिवर्तन के लिए अध्ययन का कालक्रमिक (डायक्रानिक) संदर्भ। 'पैराडाइम' के रूप में उन्होंने भाषा की प्रकार्यात्मक व्यवस्था को अध्ययन की विषय वस्तु मानते हुए भाषा विश्लेषण की एककालिक अध्ययन प्रणाली पर ही बल दिया। यहाँ कहने की आवश्यकता नहीं कि सस्यूर-पूर्व उन्नीसवीं शताब्दी के भाषाविज्ञान की प्रमुख प्रवृत्ति ऐतिहासिक थी और नव्य-वैयाकरणाचार्यों के ध्वनि-संबंधी ऐतिहासिक नियमों के दायरे में बँधी-सिमटी थी।

इस पैराडाइम की तीसरी विशेषता थी विषयवस्तु के प्रणालीगत अध्ययन की जिसे ज्ञान-विज्ञान के अन्य क्षेत्रों में मान्य वैज्ञानिकता के अनुरूप उसने रूपात्मक (फ़ार्मल) बनाया। सस्यूर ने भाषा व्यवस्था (लांग) और भाषा व्यवहार (परोल) तथा एककालिक (सिनक्रानिक) और कालक्रमिक (डायक्रानिक) जैसे

युग्मों के अतिरिक्त संकेतविज्ञान का सहारा लेते हुए संकेतक (सिग्निफायर) और संकेतित (सिग्निफ़ाइड), उपादान (सब्सटेन्स) और रूप (फ़ार्म), विन्यासक्रमी (सिन्टग्मेटिक) और सहचारक्रमी (एसोसिएटिव/पैराडिग्मैटिक) संबंधों के संकल्पनात्मक युग्मों की अवधारणा भी प्रस्तुत की। इन्हीं अवधारणाओं के आधार पर उन्होंने वस्तुओं की संरचनात्मक व्यवस्था की चर्चा की। जिसे आज हम संरचनावाद (स्ट्रक्चरलिज़्म) के नाम पर एक सैद्धाँतिक विचारधारा और तकनीकी विश्लेषण पद्धति के रूप में जानते हैं, उसकी भूमिका इस पैराडाइम द्वारा निर्धारित हो चुकी थी। बहुत पहले सस्यूर ने इस बात पर बल दिया था कि किसी भाषिक इकाई की संरचना उस इकाई के भीतर पाए जानेवाले संबंधों की व्यवस्था है। संरचना एक प्रकार्यात्मक यथार्थ है जिसकी प्रकृति अमूर्त और संकल्पनात्मक होती है।

यह इसी पैराडाइम का परिणाम है कि सस्यूर के बाद आधुनिक भाषाविज्ञान, संरचनात्मक भाषाविज्ञान का पर्याय बन गया। जब हाकेट ने 1958 में संरचनात्मक भाषाविज्ञान पर अपनी प्रामाणिक पाठ्यपुस्तक प्रकाशित की, तब उसका शीर्षक दिया, *ए कोर्स इन माडर्न लिंग्विस्टिक्स*, पर जैसा पहले संकेत दिया जा चुका है कि 'आधुनिक' शब्द कालबोध के साथ हमारी वृत्ति का भी व्यंजक होता है। इस शताब्दी के उत्तरार्ध में सस्यूर द्वारा स्थापित पैराडाइम पर प्रश्नचिह्न लगने आरंभ हो गए। चॉम्स्की के भाषा-संबंधी चिंतन ने पूर्ववर्ती व्यवहारवादी विचारधारा पर कई प्रकार के प्रश्न उठाए। सस्यूर और उनके सहयोगी विचारकों ने जिस संरचनावाद की नींव रखी उसकी दार्शनिक पृष्ठभूमि में 'अनुभववाद' काम कर रहा था। 'अनुभववाद' के समर्थकों में बेकन, लॉक, मिल, ह्यूम आदि विचारकों का नाम लिया जा सकता है। इन विचारकों के अनुसार ज्ञानार्जन की प्रक्रिया के मूल में इन्द्रियजन्य अनुभव होता है। बुद्धि या मन जैसी किसी स्वायत्त इकाई का इस प्रक्रिया में हाथ नहीं होता। ज्ञान का स्रोत मात्र अनुभव है, और अनुभव का आधार बाह्य वस्तुओं के प्रति व्यक्ति का स्नायविक संयोग और उनके प्रति मन में सजगता होती है। सभी अनुभववादी अनुभव से स्वतंत्र विचार संपन्न मन का निषेध करते हैं। ये सभी विद्वान भाषा विकास के अविच्छिन्नतावादी (कान्टिनूअस) सिद्धान्त के समर्थक हैं, जिसके अनुसार पशु-पक्षियों की आदिम संप्रेषण व्यवस्था के क्रमिक एवं सतत विकास के परिणामस्वरूप ही मानव भाषा का जन्म और विकास हुआ।

चॉम्स्की के साथ भाषा चिंतन के क्षेत्र में एक नए पैराडाइम का उदय हुआ। चॉम्स्की तर्कबुद्धिवादी थे। डेकार्ट और लिबनित्स की भाँति वे मन और बुद्धि को प्राणिजगत् की एक सच्चाई मानते हैं। इस दृष्टि के अनुसार अनुभव तो मन में स्थित ज्ञान के सामान्य रूप को प्रतिफलित करने का एक साधन

मात्र है। तर्कबुद्धिवाद ने मनोविज्ञान के क्षेत्र में जिस संज्ञानवाद (काग्निटिविज़्म) को जन्म दिया, वह मनुष्य को अन्य जीव-जन्तुओं से अलग करने के पक्ष में है। उसके अनुसार मनुष्य के ज्ञान अर्जन की प्रकृति जाति-विशिष्ट है। मनुष्य अन्य पशु-पक्षियों से इसलिए विशिष्ट है क्योंकि उसके मस्तिष्क की संरचना और प्रकार्य जाति-विशिष्ट हैं और गुणात्मक रूप में वह अन्य जीव-जन्तुओं के मस्तिष्क से भिन्न होता है। मानव होने के नाते मनुष्य 'भाषिक अर्जन युक्ति' (लैंगुएज एक्विजिशन डिवाइस) लेकर पैदा होता है। मन में स्थित यह युक्ति स्ववृत्तियुक्त होती है। यह स्ववृत्ति और कुछ नहीं बल्कि सहजात (इन्नेट) विचार है। चॉम्स्की भी तर्कबुद्धिवादी लीबनित्स की भाँति यह मानते हैं कि विचार के रूप में मनुष्य जो कुछ सीखता है, वह सहजात होता है और जो सहजात नहीं होता, उसे वह सीख नहीं पाता। इन्द्रियों या उनके आधार पर प्राप्त अनुभवों का भाषा अर्जनयुक्ति या सहजात विचार के साथ कोई संबंध नहीं होता। अगर उनका कोई योग है तो केवल इतना कि वे सहजात विचारों के दृष्टांत रूप में प्रतिफलित होने की नियति लेकर हमारे व्यवहार में दिखलाई पड़ते हैं। इसीलिए भाषा के संदर्भ में हम दो स्थितियाँ पाते हैं – अंतर्जात विचार के रूप में सिद्ध अभ्यंतर भाषिक क्षमता (कामि्पटेंस) और दृष्टांत के रूप में प्रतिफलित बाह्य भाषिक दक्षता (परफ़ॉर्मेन्स)। जातिविशिष्ट अन्तर्जात विचार ही वस्तुतः भाषिक अर्जनयुक्ति से छनकर सार्वभौम (यूनिवर्सल) व्याकरण को जन्म देते हैं। यह सार्वभौम व्याकरण ही भाषावैज्ञानिकों के अध्ययन की साध्य वस्तु है।

व्यवहारवाद-प्रेरित संरचनावाद और संज्ञानवाद-अनुप्राणित रूपांतरण-प्रजनक व्याकरण सिद्धान्त आधुनिक युग में भाषा चिंतन के क्षेत्र में दो ऐसे पैराडाइम को जन्म देने में समर्थ रहे हैं, जिन्हें इसलिए 'आधुनिक' की संज्ञा दी जाती है क्योंकि उन्हें पूर्वप्रचलित परंपरा अनुमोदित भाषा सिद्धान्तों के विरोध में रखा गया है। पर इस संबंध में कुछ बातों की ओर ध्यान देने की आवश्यकता है।

पहली बात तो यह है कि चॉम्स्की के संज्ञानवादी भाषा सिद्धान्त के पैराडाइम के साथ 'आधुनिक' की धुरी संरचनावाद से बदलकर रूपांतरण प्रजनक सिद्धान्त पर आ टिकी। यही कारण है कि जब नील स्मिथ और डिरोड्रे विल्सन ने 'माडर्न लिंग्विस्टिक्स' (आधुनिक भाषाविज्ञान) नामक पुस्तक 1979 में प्रकाशित की, उस समय उसे चॉम्स्की की वैचारिक क्रांति का प्रतिफल रूप बताया। इस पुस्तक की भूमिका से लेकर उसके विश्लेषणात्मक विवरण का संबंध चॉम्स्की अनुमोदित सिद्धान्त और उसके परवर्ती विचारों से है, जबकि हाकेट की पाठ्यपुस्तक का वैचारिक मूलाधार संरचनावाद रहा है।

दूसरी बात यह है कि भाषा चिंतन के इतिहासक्रम में संरचनावादी दृष्टि और रूपांतरण-प्रजनक दृष्टि में एक सहज विकासक्रम दिखलाई पड़ता है, पर

अपने उद्देश्य, प्रणाली और तकनीक में इन दोनों में पर्याप्त भेद है। इन दोनों भाषाविज्ञान के प्रारूपों पर यहाँ विस्तृत चर्चा संभव नहीं, पर उनके आधारभूत अंतर को तालिकाबद्ध रूप में नीचे दिया जा रहा है।

	व्यवहार-प्रेरित संरचनावादी भाषाविज्ञान	*संज्ञानवाद-अनुप्राप्ति रूपांतरण-प्रजनक भाषाविज्ञान*
1. ज्ञानार्जन का स्रोत	इन्द्रियगत अनुभव	मस्तिष्क स्थित तर्कबुद्धि
2. मन की प्रारंभिक प्रकृति	रिक्त (विचारमुक्त)	स्ववृत्ति अंकित (सहजात विचारयुक्त)
3. विकासवादी मान्यता	अविच्छिन्नतावादी	विच्छिन्नतावादी (जाति विशिष्ट)
4. अधिगम प्रक्रिया	ज्ञानेन्द्रिय और बाह्य जगत की संक्रिया	संज्ञान अर्जनयुक्ति संपन्न
5. अन्वेषणविधि	आगमनात्मक	निगमनात्मक
6. साध्य	भाषिक व्यवस्था (लांग)	सार्वभौम व्याकरण और उसकी प्रकृति

तीसरी बात यह है कि आधुनिक भाषाविज्ञान अपने सैद्धांतिक संदर्भ और विश्लेषणात्मक प्रणाली में भारतीय आचार्यों का पूर्णतया ऋणी है। अभी इस दिशा में पूरी तरह शोध नहीं हुआ है पर विद्वानों ने इस तथ्य की ओर स्पष्ट संकेत दिया है। जान लायन्स का यह मत है कि पारंपरिक भाषा चिंतन और उसका व्याकरण हमारी कल्पना से कहीं अधिक समृद्ध और वैविध्यपूर्ण है और जिसे आधुनिक भाषाविज्ञान कहा जाता है, वह उसके विरोध में जाकर नहीं, बल्कि उससे सहयोजित होकर विकसित हुआ है। भाषाविज्ञान का संक्षिप्त इतिहास लिखनेवाले रोबिन्स का यह कथन है कि स्वनिक विश्लेषण और स्वनिमीय व्यवस्था, तथा व्याकरणिक अध्ययन के अनेक संदर्भों में प्राचीन भारतीय वैयाकरण न केवल समकालीन यूरोप के विद्वानों से अधिक आगे थे, बल्कि प्राचीन भारतीय आचार्यों की वैज्ञानिक दृष्टि ने आधुनिक भाषाविज्ञान को एक ठोस आधार भी प्रदान किया। प्रसिद्ध भाषाशास्त्री ब्लूमफ़ील्ड ने तो पाणिनि के *अष्टाध्यायी* को मानवमेधा का अपूर्व दीपस्तंभ कहा है। एलन के मत में शिक्षाग्रंथों और प्रातिशाख्यों में जो ध्वनि-सिद्धान्त और विश्लेषण की गहराई मिलती है उसके सामने हम सभी नतमस्तक हैं। इसी प्रकार कार्डोना, स्टाल, किपार्स्की आदि

विद्वान भारत के प्राचीन आचार्यों के भाषा-संबंधी तत्त्व चिंतन की जानकारी को आज के भाषावैज्ञानिकों के लिए अत्यंत महत्त्वपूर्ण मानते हैं।

चौथी बात यह है कि भारत की भाषा चिंतन परंपरा जितनी समृद्ध है, उतनी गहराई से उस पर अभी कार्य नहीं हो पाया है। अभी भी भारत की व्याकरणिक परंपरा को उसकी अपनी अंतर्दृष्टि के आधार पर हम निरूपित करने और आधुनिक शब्दावली के साथ प्रस्तुत करने में असमर्थ रहे हैं। कभी हमने पाणिनि के व्याकरण को संरचनावादी भाषाविज्ञान की आँख से देखा तो कभी रूपांतरण-प्रजनक व्याकरण से प्रेरित होकर उन्हें 'विकल्पनावादी' और 'समाजभाषावैज्ञानिक' के रूप में प्रस्तुत कर दिया। ये सब प्रयत्न शोधकर्ता की अपनी मेधाशक्ति और अपूर्व कल्पना क्षमता के प्रमाणस्वरूप तो माने जा सकते हैं, पर स्वयं पाणिनि के अपने भाषाचिंतन और अध्ययन-विश्लेषण प्रणाली की प्रकृति पर संगत ढंग से प्रकाश डालने में असमर्थ हैं।

संस्कृत भाषाचिंतन की अपनी एक समृद्ध परंपरा है। उसको उस परंपरा के भीतर रहकर समझना अधिक न्यायसंगत है। इस भाषा चिंतन के विकासक्रम में उपलब्ध 'पाठों' को निम्नलिखित संदर्भ के साथ देखा जाना संभव है –

1.	**पाणिनि-पूर्व पाठ**	:	निरुक्त, शिक्षाग्रंथ, प्रातिशाख्य
2.	**पाणिनि-कृत मूल पाठ**	:	अष्टाध्यायी
3.	**अष्टाध्यायी विस्तारक पाठ**	:	शिवसूत्र, धातुपाठ, गणपाठ, उणादिसूत्र, फिट्-सूत्र
4.	**पाणिनि-पैराडाइम पाठ**	:	वार्तिक (कात्यायन), महाभाष्य (पतंजलि) टीका (काशिका) तथा अन्य व्याकरण पाठ
5.	**पैराडाइम परिवर्तन पाठ**	:	वाक्यपदीय (भर्तृहरि)
6.	**अन्य विद्या-क्षेत्र से संबद्ध पाठ**	:	अन्य दार्शनिक विचारधारा (मीमांसा, न्याय, बौद्ध, जैन आदि), काव्यशास्त्र आदि से संबद्ध पाठ

भारतीय भाषाशास्त्र को शास्त्र रूप में अध्ययन करने में एक कठिनाई इस बात की है कि वह अन्य विद्या-क्षेत्रों के अंत:क्रियात्मक सहयोग से विकसित हुआ है। हम इसे दर्शनशास्त्र और काव्यशास्त्र की अवधारणा और चिंतन परंपरा से काटकर अपने में अलग ज्ञान-वस्तु के रूप में नहीं देख सकते। ऐसा करना भारतीय व्याकरणिक परंपरा की समन्वित दृष्टि को खंडित कर देखना होगा।

पाँचवीं और अंतिम बात 'भारतीय भाषाविज्ञान' (इंडियन लिंग्विस्टिक्स) की अपनी प्रकृति से संबद्ध है। वस्तुत: 'भारतीय भाषा विज्ञान' एक अनेकार्थी

संकल्पना है जिसका विभिन्न विद्वान विभिन्न अर्थ निकाला करते हैं। इसका एक अर्थ है आधुनिक भाषाविज्ञान के क्षेत्र में प्रचलित प्रारूप (मॉडल) के आधार पर आधुनिक भारतीय भाषाओं का अध्ययन-विश्लेषण। प्रायः ऐसे अध्ययन-विश्लेषण की प्रकृति रही है संरचनात्मक या रूपात्मक-प्रजनक भाषावैज्ञानिक पद्धति पर अंग्रेज़ी या अन्य विदेशी भाषाओं पर किए गए विश्लेषण का भारतीय भाषाओं के उदाहरण द्वारा संपुष्टि। ऐसे अध्ययन आधुनिक भाषावैज्ञानिक प्रारूप को एक सीमा तक समझने में सहायक तो सिद्ध हुए हैं, पर भारत की भाषाओं की अपनी विशिष्टता के उद्घाटन में ये किसी प्रकार भी समर्थ नहीं माने जा सकते। वस्तुतः ऐसे अध्ययन भारतीय भाषाओं के उदाहरण के साथ लिखे गए विदेशी भाषाओं के व्याकरण ही माने जा सकते हैं। 'भारतीय भाषाविज्ञान' का दूसरा अर्थ रहा है, भारतीय भाषा चिंतन और उसकी अध्ययन पद्धति का आधुनिकीकरण। इस दिशा में किए गए प्रयास का परिणाम रहा है कि विद्वानों के एक वर्ग ने पाणिनि को 'संरचनावादी' (स्ट्रक्चरलिस्ट) सिद्ध करने का प्रयत्न किया तो दूसरे वर्ग ने उन्हें 'रूपांतरण-प्रजनकवादी'। इसी प्रकार जब संज्ञानवाद की चर्चा उठी तो विद्वानों के एक वर्ग ने 'भर्तृहरि' को 'चॉम्स्की' के अधिक निकट पाया और जब समाजभाषाविज्ञान की चर्चा हुई तो दूसरे वर्ग ने 'पाणिनि' को 'लेबाव' के विकल्पनावादी मान्यता के अधिक निकट सिद्ध किया। सच तो यह है कि ये दोनों प्रवृत्तियाँ 'भारतीय भाषाविज्ञान' की कृष्ण पक्ष कही जा सकती हैं, क्योंकि इनके माध्यम से न तो भारतीय भाषाविज्ञान की अपनी अस्मिता की पहचान हो पाती है, न ही भारतीय भाषाओं की अपनी विशिष्टताओं पर प्रकाश पड़ता है और न ही भारत की अपनी चिंतनधारा और उसकी अपनी अंतर्दृष्टि का ही विकास संभव हो पाता है। भारतीय भाषाविज्ञान के शुक्ल पक्ष का संबंध पहले भारतीय भाषा चिंतन की प्राचीन परंपरा से अपने को जोड़ने और उसकी सुदृढ़ आधारशिला पर खड़े होकर आधुनिक संदर्भ में उसे विकसित करने से है। जब तक ऐसा नहीं होगा, न तो हम 'भारतीय भाषाविज्ञान' की अपनी पहचान बना सकेंगे और न ही आधुनिक भारतीय भाषाओं का सही भाषावैज्ञानिक विश्लेषण कर पाएँगे।

हम यहाँ केवल एक उदाहरण द्वारा अपनी बात स्पष्ट करना चाहेंगे। ध्वनिविज्ञान के क्षेत्र में इधर एबरकाम्बी, लैडफोजेड तथा अन्य कतिपय विद्वानों ने अपने प्रयोगों द्वारा यह प्रमाणित किया है कि सघोष महाप्राण स्पर्श ध्वनियाँ (यथा घ, झ, ध, ढ, भ आदि) उसी प्रकार के 'महाप्राण' नहीं हैं, जैसे अघोष महाप्राण स्पर्श ध्वनियाँ (यथा ख, छ, थ, ठ, फ आदि)। न तो इन ध्वनियों को घोषत्व के आधार पर समरूप माना जा सकता है (क्योंकि ये ख, छ, थ,

ठ, फ के सघोष रूप नहीं) और न ही महाप्राण के रूप में इन्हें समतुल्य कहा जा सकता है (क्योंकि ये ग, ज, द, ड, ब के महाप्राण रूप नहीं)। अर्थात् अब तक की यह मान्यता थी कि अपने ध्वनिगुण में ये निम्नलिखित समीकरण के अनुरूप हैं –

(क) घोषत्व प : ब :: फ : ? (= भ)
(ख) महाप्राणत्व प : फ :: ब : ? (= भ)

इसमें संदेह नहीं कि अपने स्वनिमिक विश्लेषण (प्रकार्यात्मक भेद) के आधार पर यह समीकरण एक सीमा तक सही है, पर जहाँ तक उच्चारणगत विशेषता का प्रश्न है, आधुनिक प्रायोगिक विश्लेषण यह बताता है कि 'भ', 'ध' जैसी सघोष महाप्राण ध्वनियों में नाद तत्त्व वैसा ही नहीं रहता जैसा कि 'ब', 'ग' आदि सघोष ध्वनियों में होता है। इसलिए आधुनिक ध्वनिविज्ञान के मतानुसार उसे 'सघोष' न कहकर 'मर्मर' की संज्ञा दी गई है। अर्थात् एबरकाम्बी और लैडेफोजेड ने सन् 1970 के बाद यह सिद्ध किया कि घोष-तंत्रियों की तीन स्थितियाँ देखी जा सकती हैं – 1. अघोष स्पर्शध्वनियों (यथा प, त, क और फ, थ, ख) में आयुक्त स्थिति, 2. सघोष र्स्पशध्वनियों (यथा ब, द, ग) में आयुक्त स्थिति, और 3. तथाकथित सघोष महाप्राण स्पर्शध्वनियों (यथा भ, ध, घ) में आयुक्त स्थिति।

सन् 1970 के बाद हुए इस शोधकार्य की तुलना प्रातिशाख्यों में वर्णित ध्वनियों के वर्णन से कीजिए। तैत्तिरीय प्रातिशाख्य में कंठ (स्वर-तंत्रियों) की तीन स्थितियों की चर्चा की गई है। उसके अनुसार संवृत्त कंठ की स्थिति में नाद (2.4), विवृत कंठ की स्थिति में श्वास (2.5) और इन दोनों की मध्य-स्थिति में हकार (2.6) ध्वनि उच्चारण की बात की गई है। नाद, श्वास और हकार वर्णों के तीन प्रकृति-तत्त्व कहे गए हैं। इस प्रातिशाख्य में नाद को स्वर और घोष व्यंजन का (2.8), ह-कार को ह-ध्वनि तथा चतुर्थ स्पर्श ध्वनियों (यथा ध, झ, ध आदि) का (2.9) और श्वास को अघोष व्यंजन का (2.10) अनुप्रदान कहा गया है। स्पष्ट है – ह-कार का जो विवरण है, वह 'मर्मर' ध्वनि से कोई भिन्न नहीं। इसी प्रकार ऋग्वेद प्रातिशाख्य में भी स्वर-तंत्रियों की तीन अवस्था का उल्लेख मिलता है।

ऊपर के उदाहरण यह स्पष्ट संकेत देते हैं कि जो कुछ भी प्राचीन हैं, वे सभी असमीचीन नहीं। इसके साथ वे यह भी संकेत देते हैं कि अभी परंपरागत भाषासिद्धांत के सही आकलन की आवश्यकता बनी हुई है। भारतीय भाषाविज्ञान का सही संदर्भ स्वयं उसके भीतर बैठकर तथा उसकी अपनी परंपरा से जुड़कर ही ढूँढ़ना होगा।

भारतीय भाषा विज्ञान पर शोध करनेवाले विद्वानों का एक छोटा वर्ग ही ऐसा रहा है जो आधुनिक भाषाविज्ञान के क्षेत्र में प्रशिक्षित तो पाश्चात्य देशों में हुआ है, पर जिसकी अपनी अस्मिता भारतीय भाषाविज्ञान के साथ अद्यन्त बनी रही। वस्तुत: ये विद्वान वे थे जिनको भारत सरकार द्वारा छात्रवृत्ति यूरोप में जाकर भाषाविज्ञान के क्षेत्र में उच्च अध्ययन के लिए मिली थी। इनमें कुछ नाम हैं – डॉ. टी. के. लाड्डू, पी. डी. गुणे, वी. के. जोशी, पी. एल. वैद्य, सिद्धेश्वर वर्मा, बनारसीदास जैन, सुनीतिकुमार चटर्जी, सैयद मोहिउद्दीन, क़ादरी जोर, बाबूराम सक्सेना और धीरेन्द्र वर्मा। इन विद्वानों ने एक तरफ़ आधुनिक भाषाविज्ञान के सिद्धांत और तकनीक से परिचित होने के साथ-साथ भारतीय भाषाशास्त्र का भी अध्ययन किया और आधुनिक भारतीय भाषाओं के अध्ययन विश्लेषण की ओर भी ध्यान दिया। पर बाद में चलकर राकफ़ेलर फ़ाउंडेशन की सहायता से अमेरिका में जाकर प्रशिक्षित होनेवाले नवयुवक विद्वानों का एक ऐसा वर्ग बना, जो पाश्चात्य भाषाविज्ञान के क्षेत्र में प्रचलित विभिन्न मॉडलों में इस प्रकार रँगा कि न तो वह अपनी जड़ें भारत की अपनी प्राचीन भाषा चिंतन परंपरा में रोप सका और न ही भारत की आधुनिक भाषाओं की अपनी विशिष्टता का ही उद्‌घाटन करने की ओर प्रवृत्त हो सका। उनके लिए उस समय के प्रचलित सस्यूर या चॉम्स्की द्वारा भाषावैज्ञानिक मॉडल ही साध्य बनकर रह गए।

आचार्य देवेन्द्रनाथ शर्मा का नाम पहले वर्ग के विद्वानों के साथ लेना अधिक उचित होगा। विदेश जाने का अवसर उन्हें बिहार के सुधी शिक्षा सचिव श्री जगदीशचन्द्र माथुर के प्रयास से मिला। व्याकरणशास्त्र, दर्शनशास्त्र और काव्यशास्त्र के प्रति जो रुचि शैशवकाल में संस्कार रूप में जगी थी, वह यूरोप में प्रोफ़ेसर फ़र्थ के सान्निध्य में जाकर अपना ठोस आकार लेने लगी। विदेश जाने पर भाषाविज्ञान की पाश्चात्य और आधुनिक पद्धतियों के अनुशीलन का जो अवसर मिला, उसने भारतीय भाषाशास्त्र के प्रति उनकी आस्था को और भी गहरे रंग से भरा-पूरा। भारतीय भाषा चिंतकों की तरह उनकी धारणा अंत तक बनी रही कि भाषाशास्त्र को न तो दर्शनशास्त्र से अलग कर विकसित किया जा सकता है और न काव्यशास्त्र से काटकर उस पर सार्थक ढंग से चर्चा करना संभव है। उनके ही शब्दों में, 'भाषाशास्त्र और काव्यशास्त्र एक दूसरे के पूरक हैं।' भाषाविज्ञान का निरूप्य है भाषा का निर्माण पक्ष और काव्यशास्त्र का निरूप्य है भाषा का अलंकार पक्ष। बिना एक के ज्ञान के दूसरे का ज्ञान अधूरा रह जाता है। पर इसके साथ वे यह भी स्वीकार करते रहे, हैं कि भारतीय अभिव्यंजना और अभिव्यक्ति विधि सूत्रात्मक रही है। यह तो भारत की व्याकरण लेखन परंपरा रही है कि कर्तव्य को अव्यावहृत रखते हुए

कथन में आधी मात्रा का संक्षेप भी वैयाकरणों को पुत्रजन्म जैसा आनन्ददायक होता है। भारत की परिपाटी रही है कि व्याकरणिक नियमों को लाघव रूप में व्यक्त किया जाए। अत: उसके गूढ़ अर्थ को वही सही संदर्भ में समझने में समर्थ है जो भारतीय परंपरा से भली भाँति परिचित हो। शर्माजी के शब्दों में, 'व्याकरण के किसी सिद्धांत की चर्चा में मीमांसा या न्याय की किसी पंक्ति का आ जाना बिल्कुल स्वाभाविक है।' इसका बड़ा अच्छा उदाहरण है *काव्यप्रकाश* के अंतर्गत संकेतग्रह के विवेचनक्रम में मम्मट द्वारा व्याकरण, न्याय, मीमांसा और बौद्ध-दर्शन के मतों का एक-एक दो-दो शब्दों में उपस्थापन।

आचार्य शर्माजी की यह सुदृढ़ मान्यता रही थी कि भारतीय भाषाविज्ञान के क्षेत्र में काम करनेवाले नवयुवक विद्वानों के लिए आधुनिक भाषाविज्ञान की नवीनतम उपलब्धियों की जानकारी के साथ यह भी आवश्यक है कि भारत की प्राचीन भाषा चिंतन परंपरा का उन्हें गहरा ज्ञान हो। उनके मत में, आधुनिक भाषा चिंतन के मूल तत्त्वों के समानांतर भारतीय भाषाशास्त्र में प्राय: वे सभी वैचारिक तत्त्व मिल जाते हैं, जिन्हें आज हम 'आधुनिक' की संज्ञा देते हैं और जिन्हें हम परंपरा के विरोध में खड़ा करने का प्रयत्न करते हैं। उनके मतानुसार तो भारतीय भाषा चिंतन के इन भाषाई तत्त्वों पर न केवल आधुनिक भाषाविज्ञान के साथ चिंतकों की तुलना में कहीं अधिक गहराई से प्रकाश डाला है बल्कि उसे कहीं अधिक समन्वित और पुष्ट रूप में प्रस्तुत किया है। अपने लेख 'भर्तृहरि और आधुनिक भाषा चिंतन: एक तुलनात्मक अध्ययन' में उन्होंने यह रेखांकित करना चाहा है कि बीसवीं शताब्दी का नवीनतम पाश्चात्य भाषा चिंतन प्राचीनतम भारतीय चिंतन से अनेक अंशों में पीछे है और जो नवीनतम और क्रांतिकारी माना जाता है, वह भारत में बहुत अधिक व्यवस्थित रूप में कहा जा चुका है।

इस लेख में उन्होंने एक ओर सस्यूर द्वारा प्रतिपादित सिद्धांतों की चर्चा की है और दूसरी तरफ़ भाषादर्शन संबंधी चॉम्स्की की दार्शनिक मान्यता के कतिपय पक्षों को अपने अध्ययन-क्षेत्र में समेटा है। इन दो प्रमुख विद्वानों के भाषा-संबंधी सिद्धांतों का उल्लेख करते हुए उन्होंने पहले यह दिखाना चाहा है कि भारतीय चिंतन में, विशेषकर भर्तृहरि के भाषादर्शन में, उनका कितना साम्य है। अपने तुलनात्मक अध्ययन के अंत में वे इस निष्कर्ष पर ही पहुँचे हैं कि भारतीय भाषा चिंतन अधिक सर्वांगीण और अधिक तर्कसम्मत है। उदाहरण के लिए सस्यूर द्वारा प्रस्तावित 'लांग' (भाषा व्यवस्था) और 'परोल' (भाषा व्यवहार) के द्विभाजन को ही लें जिसका प्राय: हिंदी में 'भाषा' (लैंगुएज) और 'वाक्' (स्पीच) के रूप में अनुवाद किया जाता है। इसकी चर्चा पहले हम कर चुके हैं कि 'लांग' भाषा का वह मानसिक पक्ष है जो अपनी सारी

विशेषताओं के साथ भाषा-प्रयोक्ता के मन में बैठी होती है। 'परोल' इसी भाषा का व्यक्ति द्वारा उच्चरित प्रयोगजन्य रूप है। 'लांग' और 'परोल' द्विभाजन सस्यूर की एक महत्त्वपूर्ण उपलब्धि मानी जाती है। आचार्य देवेन्द्रनाथ शर्मा इसके समानांतर भारतीय परंपरा में प्रचलित भाषा की चार स्थितियों की चर्चा करते हुए कहते हैं, 'भारतीय परंपरा में भाषा के चार रूप माने गए हैं – परा, पश्यन्ती, मध्यमा और वैखरी। यहाँ परा और पश्यन्ती की चर्चा अपेक्षित नहीं है। मध्यमा बुद्धिस्थ भाषा है और वैखरी करणस्थ भाषा अर्थात् मध्यमा की स्थिति बुद्धि या मन में मानी जाती है और वैखरी की वागेन्द्रियों में। मध्यमा वह है जो मन में स्थित होने के कारण अगोचर होती है, सुनाई नहीं पड़ती। इसके विपरीत वैखरी वह है जो श्रुतिगोचर होती है, सुनाई पड़ती है। एक प्रकार से ऐसे भी कह सकते हैं कि मध्यमा केवल अपने ज्ञान का विषय होती है, एक में स्व-संवेदन है, दूसरी में स्व-पर-संवेदन। अब देखें तो बात स्पष्ट हो जाती है कि सस्यूर द्वारा निरूपित लांग भारतीय चिंतन की मध्यमा ठहरती है और परोल वैखरी। सस्यूर लांग और परोल अर्थात् मध्यमा और वैखरी तक रुक गए, भारतीय मनीषी दो कोटि और पहले गये, परा और पश्यन्ती तक।'

प्रोफ़ेसर शर्मा सस्यूर की मान्यताओं के समानांतर भारतीय चिंतन पक्ष को ही प्रस्तुत नहीं करते, अपितु चॉम्स्की के दार्शनिक पक्ष के समतुल्य भारतीय अवधारणा की भी विस्तृत चर्चा करते हैं। चॉम्स्की के मतानुसार, बच्चे में जन्मजात जाति विशिष्ट भाषिक क्षमता होती है, जिसे वह 'अंतर्जात' भाषा अर्जनयुक्ति की संज्ञा देते हैं। भर्तृहरि के *वाक्यपदीय* के सूत्र 1/121-22 के माध्यम से प्रोफ़ेसर शर्मा का कहना है कि भारतीय चिंतनधारा के अनुसार लोक के समस्त कार्यकलाप भाषा पर ही निर्भर करते हैं, इस बात का संस्कार बच्चे में पहले से ही मौजूद रहता है। बोलने के लिए पहली बार वागिन्द्रिय का संचलन, वायु को ऊपर की ओर फेंकना तथा विभिन्न ध्वनियों के उच्चारण के लिए तत्तत् स्थानों का स्पर्श तब तक संभव नहीं है, जब तक मन में शब्द का अर्थात् भाषा का संस्कार न हो। 'भाषा-ग्रहण की इन तीन प्रक्रियाओं का भर्तृहरि ने पंद्रह सौ वर्ष पहले जैसा विचारवर्णन किया है वह आधुनिक मनोविज्ञान की विकसित अवस्था में भी चॉम्स्की के जैसा पण्डित नहीं कर सका है।'

भर्तृहरि और आधुनिक भाषा चिंतन के इस तुलनात्मक विश्लेषण प्रस्तुत करने के पीछे प्रोफ़ेसर शर्मा का एक विशेष मंतव्य था। वे इस अध्ययन के द्वारा यह प्रदर्शित और प्रमाणित करना चाहते थे कि 'जिन पाश्चात्य सिद्धांतों से बहुत सारे लोग अभिभूत या चकित हैं, उनमें कोई ऐसी चीज़ नहीं

है। भारतीय सिद्धांतों के साथ तुलना करने पर यह स्पष्ट हो जाएगा कि वे बड़े सहज भाव से भारतीय चिंतन में चर्चित हुए हैं।'

प्रोफ़ेसर देवेन्द्रनाथ शर्मा ने हिंदी में *भाषाविज्ञान की भूमिका* नामक एक पुस्तक भी लिखी है जिसके अब तक कई संस्करण प्रकाशित हो चुके हैं। इस पुस्तक के प्रणयन के प्रेरणा-स्रोत रहे हैं लंदन विश्वविद्यालय के भाषाविज्ञान विभाग के यशस्वी विद्वान प्रोफ़ेसर जे. आर. फ़र्थ। प्रोफ़ेसर फ़र्थ ने ही शर्माजी से भाषाविज्ञान के विविध पक्षों पर हिंदी में पुस्तक लिखने का स्निग्ध आग्रह किया था। शर्माजी के ही शब्दों में, 'उनका आग्रह एक प्रकार का आदेश था। भाषाविज्ञान संबंधी विचार-विमर्श के प्रसंग में जब कभी मैं पाश्चात्य विचारों के समानांतर भारतीय विचारों को रखता तो वे उनकी सूक्ष्मता एवं गंभीरता से आह्लादित हो उठते और प्राय: इसी बात पर आक्रोश व्यक्त करते कि भारत से भाषाविज्ञान का अध्ययन करने के लिए विदेश आनेवाले विद्यार्थी उन विचारों से परिचित नहीं होते।' यह पुस्तक लिखने के उद्देश्य के पीछे दो और प्रेरक तत्त्व रहे हैं : 'एक तो भाषाविज्ञान को प्रांजल एवं संश्लिष्ट रूप में प्रस्तुत करना; दूसरा, भाषाविज्ञान के क्षेत्र में भारत की उपलब्धियों को यथासंभव उभारकर रखना।'

इसमें संदेह नहीं कि प्रोफ़ेसर शर्मा ने अपनी इस प्रामाणिक पुस्तक द्वारा अपने इन दोनों लक्ष्यों को अत्यंत गंभीरता के साथ साधा है। अपने सुविचारित विचारों द्वारा उन्होंने भारतीय आचार्यों के भाषा चिंतन को न केवल आधुनिक संदर्भ प्रदान किया है, बल्कि भारतीय भाषा चिंतन धारा की अस्मिता के लिए उन्होंने स्तुत्य प्रयास भी किया है।

2

सस्यूर और आधुनिक भाषाविज्ञान

1

सस्यूर का नाम आधुनिक भाषाविज्ञान के जनक के रूप में लिया जाता है। भाषा की प्रकृति को लेकर जिस प्रकार के प्रश्नों को उन्होंने उभारा और जिस सैद्धांतिक संदर्भ के साथ उनके उत्तर ढूँढ़ने का उन्होंने प्रयत्न किया, उसने न केवल भाषाविज्ञान की आधारभूत मान्यताओं को आधुनिक संदर्भ दिया, बल्कि मानविकी के अन्य क्षेत्रों को भी उसने दूर तक प्रभावित किया। आज जिस 'संरचनावाद' (Structuralism) अथवा 'प्रतीकविज्ञान' (Semiology) की चर्चा चल रही है, उसकी आधारशिला सस्यूर ने ही रखी थी। इसी प्रकार आधुनिक भाषाविज्ञान की अधिकांश मूलभूत संकल्पनाओं का बीज भी सस्यूर ने ही रोपा था। आधुनिक बौद्धिक चिंतन के इतिहास-निर्माण में इसीलिए सस्यूर का नाम स्वर्णाक्षरों में लिखा मिलता है।

यह अत्यंत आश्चर्य का विषय है कि आधुनिक चिंतनधारा को दिशा एवं रूप देनेवाले सस्यूर ने स्वयं ऐसा कुछ भी नहीं लिखा जिससे उनकी ख्याति बढ़े। उन्होंने अपने पीछे अप्रकाशित रचनाओं का ऐसा पुलिंदा भी नही छोड़ा जिससे उनके कृतित्व का पता चले। कुछ थोड़े-से शोध-लेखों के अतिरिक्त उनके हाथ का लिखा कुछ भी प्रकाशित नहीं। वस्तुतः भाषाविज्ञान एवं मानविकी के अन्य क्षेत्रों को उनकी जिस वस्तु ने प्रभावित किया, वह है जेनेवा विश्वविद्यालय में प्रोफ़ेसर पद से कक्षाओं में दिए गए कुछ अध्यापकीय भाषण। सस्यूर ने 1907 से 1911 के बीच सामान्य भाषाविज्ञान विषय पर कक्षाएँ ली थीं। उनकी मृत्यु के उपरांत उनके कुछ शिष्यों ने 1913 में यह निश्चय किया कि कक्षा में लिए गए 'नोट' के आधार पर अपने अध्यापक सस्यूर के नाम से सामान्य भाषाविज्ञान की पुस्तक प्रकाशित की जाए। यही सामान्य भाषाविज्ञान की पुस्तक (Cours de linguistique generale = Course in General Linguistics) सबसे पहले सन् 1916 में बैली (C. Bally) और सेचेहाये (A. Sechehaye) के संपादकत्व में प्रकाशित हुई। इस पुस्तक के बारे में आगे चर्चा की जाएगी, पर यहाँ यह उल्लेख कर देना अनुचित न होगा कि सस्यूर

की जो ख्याति आज है और चिंतक के रूप में जो उनकी प्रतिष्ठा है, वह वस्तुत: उनके दो सहयोगियों द्वारा संपादित सामान्य भाषाविज्ञान-संबंधी इसी पुस्तक के कारण है।

2
व्यक्तित्व

सस्यूर का पूरा नाम फर्दिनेंड द सस्यूर (Ferdinand de Saussure) है। इनका जन्म सन् 1857 में जेनेवा में हुआ था। इनके परिवार में प्राकृतिक विज्ञान में विशेषता प्राप्त करने की परंपरा थी। सस्यूर के पिता स्वयं एक जाने-माने वैज्ञानिक थे। पर सस्यूर की रुचि भाषा सीखने की ओर भी थी। इसी कारण जेनेवा विश्वविद्यालय में 1875 में भौतिक शास्त्र और रसायनशास्त्र में प्रवेश पाने के पहले ग्रीक भाषा के साथ-साथ फ्रेंच, जर्मन, अंग्रेजी और लैटिन भाषाओं से वे परिचित हो चुके थे। विश्वविद्यालय में प्रवेश लेने के पहले वे 'भाषाओं की सामान्य व्यवस्था' (Essai sur les langues) नाम से 1872 में अपना लेख भी लिख चुके थे। पंद्रह वर्ष की आयु में लिखे अपने इस लेख में उन्होंने यह दिखलाने का प्रयास किया था कि संसार की सभी भाषाओं के मूल में तीन आधारभूत व्यंजनों की व्यवस्था है।

यह भाषा अध्ययन के प्रति लगाव का ही परिणाम था कि विश्वविद्यालय में प्राकृतिक विज्ञान के क्षेत्र में प्रवेश लेने के उपरांत भी वे पेरिस के भाषा-वैज्ञानिक संघ के सदस्य बने। एक साल के भीतर ही उन्हें यह लगने लगा कि प्राकृतिक विज्ञान का अध्ययन-क्षेत्र उनकी रुचि का विषय नहीं है। उन्होंने अपने माता-पिता को इस बात के लिए मना लिया कि उन्हें भारोपीय भाषाओं के उच्च अध्ययन के लिए लेपजिंग विश्वविद्यालय में भेजा जाए। जिस समय सस्यूर ने लेपजिंग जाने का निर्णय लिया उस समय क्लासिकी भाषाओं के अध्ययन के लिए जर्मनी सबसे अधिक उपयुक्त स्थान था। लेपजिंग विश्वविद्यालय स्वयं में 'नव्य-व्याकरणकारों' (Junggramitiker =Neogrammarians) के कार्यस्थल के रूप में स्वीकृत हो चुका था। नव्य व्याकरणकारों में प्रमुख 'ब्रुगमान' उस समय इसी विश्वविद्यालय में पढ़ा रहे थे। सस्यूर को यह देखकर आश्चर्य हुआ की ब्रुगमान जिस 'नासिक्य अनुनाद' (nasal sonans) के नियम की चर्चा कर रहे हैं, उसी दिशा में वैसे ही नियम की खोज वे पहले कर चुके थे, पर उसे प्रकाशित उन्होंने केवल इसलिए नहीं किया था कि उनके द्वारा प्रतिपादित यह नियम, उस समय के मान्य चिंतन के प्रतिकूल था। यह बात अवश्य थी कि नव्य-व्याकरणकारों के बीच आकर

उन्हें न केवल भाषा चिंतन की कुछ नई दिशाएँ मिलीं अपितु जिस दिशा में वे भाषा-संबंधी अनुसंधान कर रहे थे उसके प्रति उनमें आत्मविश्वास भी बढ़ा।

जर्मनी में सस्यूर लगभग चार वर्ष तक छात्र के रूप में रहे। लगभग डेढ़ वर्ष वे बर्लिन में थे, शेष समय लेपजिंग में ही अध्ययन करते हुए उन्होंने बिताया था। जर्मनी में रहते हुए उन्होंने 1878 में भारोपीय भाषाओं की अधारभूत स्वर-व्यवस्था (Memoire sur le systeme primitif des voyelles dans les langues indo-europeans=Memoir on the Primitive System of Vowels in Indo-European Languages) नामक अपना प्रसिद्ध लेख प्रकाशित किया। यह लेख उन्होंने उस समय लिखा जब उनकी उम्र केवल 21 वर्ष की थी। इस लेख में उन्होंने अपने समय की अनेक आधारभूत संकल्पनाओं पर न केवल सैद्धांतिक प्रहार किया था वरन् भाषा-संबंधी अनुसंधान के क्षेत्र में प्रणालीगत विश्लेषण की बात भी उठाई थी। 'तुलनात्मक भाषाविज्ञान' (comparative philology) और 'ऐतिहासिक भाषाविज्ञान' (historical linguistics) के बीच के संबंधों के आधार पर लिखे इस लेख को उस समय के छोटे-बड़े सभी भाषाविदों ने सराहा। अधिकांश विद्वानों को तो यह विश्वास भी नहीं हो पा रहा था कि 21 वर्षीय यह नवयुवक ही इस विचारोत्तेजक लेख का लेखक है। जब सस्यूर बर्लिन से लेपजिंग पहुँचे, तब एक प्रोफ़ेसर ने उन्हीं से पूछा था कि क्या तुम उपर्युक्त क्षेत्र के प्रसिद्ध स्विस लेखक सस्यूर से किसी प्रकार संबंधित हो। विद्वता के क्षेत्र में यह लेख उनके लिए पहला दीपस्तंभ बना जिसके प्रकाश में उनके नाम से लोग परिचित हुए। दूसरे शोध विषय का संबंध 'संस्कृत भाषा में संबंध कारक की प्रकृति और प्रयोग' से था (De l'emploi de genetifte Absolu in sanskrit=The Use of Genetive in Sanskrit)। डॉक्टरेट की उपाधि के बाद सस्यूर जर्मनी में और नहीं रुके, क्योंकि उन्हें जर्मनी का सामाजिक और शैक्षिक वातावरण अधिक रास नहीं आया।

सन् 1880 में सस्यूर जर्मनी छोड़कर फ्रांस आए। पेरिस में उन्होंने लगभग दस वर्षों (1881-90) तक ऐतिहासिक भाषाविज्ञान का अध्यापन किया। संस्कृत, गाथिक, प्राचीन जर्मन के अतिरिक्त उन्होंने यूरोपीय भाषाओं को अपने अध्ययन-अध्यापन का क्षेत्र चुना था। वस्तुतः अपने पेरिस प्रवासकाल में सस्यूर भाषाविज्ञान से संबद्ध गोष्ठियों में सक्रिय भाग लेते रहे। पेरिस की भाषाविज्ञान संबंधी संस्था (Societe de linguistique de Paris) के सदस्य तो वे 1876 में ही बन चुके थे। जर्मनी से लौटने के बाद उसके एक सक्रिय सदस्य के रूप में नवयुवक भाषाविद् समाज में सस्यूर ने एक महत्त्वपूर्ण स्थान बना लिया था। पर जब जेनेवा में उन्हें 1891 में प्रोफ़ेसर पद के लिए निमंत्रण मिला, तब उन्होंने बिना किसी दुविधा के स्विट्जरलैंड लौटने का निर्णय ले लिया।

पेरिस के उनके सहयोगी विद्वानों ने उन्हें रोकने के कई ढंग से प्रयास किए, उन्हें यहाँ भी 'प्रोफ़ेसर' पद से सम्मानित करने की कोशिश की, पर सस्यूर अपनी मातृभूमि लौटने का अंतिम निर्णय ले चुके थे जिसे धन और पद संबंधी कोई भी प्रलोभन बदल नहीं सका।

इसमें संदेह नहीं कि जेनेवा में भाषाविज्ञान का शैक्षिक वातावरण पेरिस जैसा न था। यहाँ न तो उस समय कोई प्रसिद्ध भाषाविद् था जिससे वे मुक्त भाव से विचार-विनिमय कर सकते और न ही भाषाविज्ञान के क्षेत्र में प्रशिक्षित शोध-छात्रों का ही कोई वर्ग था जिसको अपने निर्देशन में प्रशिक्षित करते। वैसे जेनेवा विश्वविद्यालय में पढ़ाने के लिए उन्हें दो विषय दिए गए थे – संस्कृत भाषा और ऐतिहासिक भाषाविज्ञान। उनके सहयोगी प्रोफ़ेसर के सेवानिवृत्त होने के बाद ही उन्हें सन् 1907 में पहली बार 'सामान्य भाषाविज्ञान' विषय पढ़ाने का अवसर मिला। एक-एक वर्ष के अंतराल पर उन्होंने इस विषय को 1907, 1909 और 1911 में तीन बार पढ़ाया। यह भाषणमाला ही उनकी प्रसिद्ध पुस्तक का आधार बनी, जिसे उनके दो प्रबुद्ध सहयोगियों –बैली और सेचेहाये ने `Cours de linguistique generale' नाम से 1916 में संपादित किया।

संपादन का यह काम कोई मामूली न था। सस्यूर के अपने 'नोट्स' नहीं के बराबर थे, अतः संपादकों को सस्यूर के छात्रों द्वारा लिए गए उनके अध्यापकीय भाषणों के 'नोट्स' का ही एकमात्र सहारा लेना पड़ा। दूसरी कठिनाई यह भी थी कि तीन बार के भाषणों में न तो सस्यूर ने विषयक्रम को एक रखा था और न ही विषयवस्तु को एक ही दृष्टि से देखा था। हर वर्ष उन्होंने अपने पाठ-बिंदुओं का अभिविन्यास भिन्न रखा था, पुस्तक के संपादक द्वय में से किसी एक ने भी सस्यूर की कक्षाओं में बैठकर भाषण नहीं सुना था, अतः उन्हें अपनी सूझ-बूझ के अनुसार ही भाषणों को रूप देना पड़ा। उन्होंने छात्रों के 'नोट्स' के रूप में सामान्य भाषाविज्ञान-संबंधी सस्यूर के बिखरे हुए विचारों को अपनी दृष्टि से ही क्रमबद्ध करके एक संश्लिष्ट रूप में ढाल दिया।

सामान्य भाषाविज्ञान-संबंधी इस पुस्तक का पहला संस्करण 1916 में और दूसरा 1922 में प्रकाशित हुआ। इसका अंग्रेज़ी अनुवाद वेड बास्किन (Wade Baskin) ने किया जो सर्वप्रथम 1960 में प्रकाशित होकर सामने आया। सन् 1963 में मारो (Tullio de Mauro) ने इस पुस्तक का एक नया संस्करण संपादित किया जिसमें सस्यूर के छात्रों द्वारा लिये गए 'नोट्स' में मिलनेवाले पाठ-भेदों की न केवल विस्तृत जानकारी दी गई है वरन् सस्यूर से संबद्ध जीवनीपरक सूचनाएँ और महत्त्वपूर्ण विचारबिंदुओं पर टिप्पणी भी शामिल की गई है। एंगलर (Rudolf Engler) पहले व्यक्ति हैं जिन्होंने इस पुस्तक के अपने

संस्करण (1967-74) में सस्यूर के शिष्यों द्वारा लिये गए उन सभी 'नोट्स' के साथ पुस्तक को दो खंडों में प्रकाशित किया जिनके आधार पर बैली एवं सेचेहाये ने सस्यूर के नाम से सामान्य भाषाविज्ञान-संबंधी इस पुस्तक की पाठ-सामग्री का निर्माण किया था।

सस्यूर की मृत्यु सन् 1913 के फरवरी महीने में हुई। मृत्यु के समय उनकी उम्र 56 वर्ष थी। अपने जीवनकाल में सस्यूर ने स्वयं बहुत कम लिखा। डॉक्टरेट उपाधि के लिए लिखे गए अपने शोध-ग्रंथ के अतिरिक्त उन्होंने कोई पुस्तक नहीं लिखी। उनकी स्वयं की लिखी सामग्री में शोध-ग्रंथ के अतिरिक्त केवल इने-गिने कुछ लेख हैं। 4 जनवरी, 1894 को लिखे हुए उनके अपने एक पत्र से यह संकेत अवश्य मिलता है कि वे भाषाविज्ञान पर एक सैद्धांतिक पुस्तक लिखना अवश्य चाहते थे। पुस्तक न लिख पाने के कारण का उल्लेख करते हुए उन्होंने अपने समय की लेखन-स्थिति पर प्रकाश भी डाला है। उन्हीं के शब्दों में, 'संप्रति प्रचलित पारिभाषिक शब्दावली की अपरिपूर्णता, उसके सुधार की आवश्यकता और इनके साथ यह दिखलाने और प्रमाणित करने की जरूरत कि साध्य भाषा की अपनी वास्तविक प्रकृति क्या है – भाषा-संबंधी मेरे जिज्ञासु मन के सुख-संतोष में बराबर बाधक बनते रहे हैं, यद्यपि भाषा की सामान्य प्रकृति की खोज से अधिक प्रिय वस्तु मेरे लिए कुछ और नहीं रही है। निस्संदेह इस खोज का परिणाम मेरे लिए एक पुस्तक होगी जिसमें बिना किसी अतिरिक्त उत्साह या उछाह के यह दिखलाने का प्रयत्न करूँगा कि भाषाविज्ञान में इस समय प्रचलित एक भी ऐसा पारिभाषिक शब्द नहीं है जो मेरे लिए सार्थक हो। मैं यह मानता हूँ कि ऐसा करने के बाद ही मैं उस जगह से आगे लिखने का अपना काम बढ़ा सकता हूँ जहाँ पर आज मैं खड़ा हूँ।'

सस्यूर ने स्वयं बहुत कम लिखा है। पर इतना कम लिखकर भी वे आज भाषा चिंतन के क्षेत्र में अमर हैं। वे स्वयं इस बात के अनूठे उदाहरण हैं कि एक अध्यापक-चिंतक के लिए अध्यापन, लेखन से अधिक प्रभावशाली हो सकता है।

3

सस्यूर का भाषा-सिद्धांत

सस्यूर के भाषा-सिद्धांत की वैज्ञानिक उपलब्धि और परवर्ती चिंतन परंपरा में उसकी स्वीकृति के पीछे एक महत्त्वपूर्ण कारण है। पहला कारण यह है कि उन्होंने सबसे पहले सही ढंग से कुछ आधारभूत प्रश्न उठाए। उदाहरण के

लिए उन्होंने यह पूछना चाहा कि उनकी अध्ययन-वस्तु एवं विश्लेषण सामग्री (भाषा) की अपनी प्रकृति क्या है। इसके साथ ही उन्होंने न केवल भाषा-संबंधी अपने सिद्धांत को प्रतिपादित करना चाहा, बल्कि उस तक पहुँचने के लिए अपनी अध्ययन प्रणाली को तर्कसंगत और वैज्ञानिक बनाने का प्रयत्न किया।

उदाहरण के लिए भाषा की आभ्यंतर प्रकृति को उसके उचित संदर्भ में समझने के लिए उन्होंने एक ओर 'प्रतीकविज्ञान' (semiology) की अवधारणा को सामने रखा और दूसरी तरफ स्वयं 'प्रतीक' (sign) की प्रकृति को समझने-समझाने का प्रयत्न किया। सस्यूर ने 'प्रतीकविज्ञान' पर विस्तार से प्रकाश नहीं डाला है पर उनकी यह मान्यता थी कि भाषा पर कोई गंभीर बात तभी उठाई जा सकती है जब हम भाषाविज्ञान अध्ययन को प्रतीकविज्ञान के संदर्भ में करने की ओर प्रवृत्त होंगे। उन्होंने स्पष्ट शब्दों में कहा कि 'भाषा प्रतीकों की व्यवस्था है, अत: उसको समझने के लिए प्रतीकों से संबंधित विज्ञान के अध्ययन का रास्ता अपनाना होगा।'

प्रतीकविज्ञान की संकल्पना

भाषा को सस्यूर मानवीय व्यवहार के एक अन्यतम उदाहरण के रूप में देखते थे, अत: वे मानव व्यवहार के अन्य क्षेत्रों से काटकर उसे नहीं देखना चाहते थे। उनकी इस समग्र दृष्टि ने ही प्रतीकविज्ञान के क्षेत्र की कल्पना की। उन्हीं के शब्दों में–

> भाषा प्रतीकों की वह व्यवस्था है जिसके सहारे हम विचारों को व्यक्त करते हैं। इसी कारण इस व्यवस्था की तुलना लेखन पद्धति, गूंगे-बहरों द्वारा व्यवहृत वर्णमाला-व्यवस्था, प्रतीकात्मक कर्मकांड विधान, शिष्टाचार के नियम, सैनिक संकेत चिह्नों आदि के साथ करना संभव है। वस्तुत: इन विभिन्न क्षेत्रों के बीच भाषा की अपनी व्यवस्था सबसे अधिक महत्त्वपूर्ण है।

मानवीय व्यवहार की इन विभिन्न प्रतीकात्मक व्यवस्थाओं को ध्यान में रखकर ही सस्यूर ने प्रतीकविज्ञान की संकल्पना को आगे बढ़ाया। उनका कहना था–

> इसीलिए हम एक ऐसे विज्ञान की कल्पना कर सकते हैं जो समाज के भीतर प्रतीकों के जीवन प्रयोग एवं प्रकार्य का अध्ययन करता हो! ... ग्रीक शब्द (semeion = प्रतीक) के आधार पर हम इसे प्रतीकविज्ञान (semiology) की संज्ञा दे सकते हैं।

यह तथ्य कम महत्त्वपूर्ण नहीं है कि जिस समय सस्यूर भाषा को 'प्रतीकों' की व्यवस्था के रूप में परिभाषित कर रहे थे, उस समय अध्ययन का कोई क्षेत्र

'प्रतीकविज्ञान' के रूप में मान्य नहीं था। इसलिए सस्यूर ने 'प्रतीकविज्ञान' के बारे में मात्र संकेत भर किया है।

> यह (प्रतीकविज्ञान) हमें यह बताएगा कि प्रतीकों के मूलभूत तत्त्व क्या हैं, उनके नियामक एवं निर्धारक नियम क्या हैं। चूँकि ऐसे विज्ञान का आज कोई अस्तित्व नहीं है, हम यह कहने की स्थिति में नहीं हैं कि इस अध्ययन क्षेत्र की प्रकृति क्या होगी। लेकिन इसकी स्थापना होनी है और भविष्य में इसकी सत्ता असंदिग्ध रूप से स्वीकृत होगी। भाषाविज्ञान (प्रतीकों के) इस सामान्य विज्ञान का मात्र एक उपांग है क्योंकि प्रतीकविज्ञान के जो नियम होंगे, वे भाषाविज्ञान के क्षेत्र में भी लागू होंगे और इस प्रकार वे व्यवहार मात्र के एक विशिष्ट और निर्धारित कार्यव्यापार से जुड़कर अपनी सार्थकता पाएँगे।

सस्यूर द्वारा प्रस्तावित प्रतीकविज्ञान के संबंध में दो-तीन बातों की ओर ध्यान देना आवश्यक है। पहली बात तो यह है कि प्रतीकविज्ञान, उनके लिए भाषा अध्ययन का एक व्यापक संदर्भ बना। प्रतीकविज्ञान के संदर्भ में ही उन्होंने भाषा की मूल प्रकृति को समझने का प्रयास किया। उनका यह कहना था कि अगर भाषाविज्ञान को प्रतीकविज्ञान का एक उपांग मानकर चलें तब हमारे लिए यह दिखलाना संभव है कि भाषा के जिन पक्षों को अब तक हम महत्त्व देते आये हैं वे वस्तुत: उसके गौण पक्ष हैं। उदाहरण के लिए, अगर भाषा को पहले हम 'प्रतीकों की व्यवस्था' के रूप में देखें और फिर उसे अन्य प्रकार के प्रतीकों के साथ जोड़ते हुए प्रतीकों के एक सामान्य नियम की खोज की ओर बढ़ें, तब भाषा व्यवहार का वागिन्द्रिय पक्ष (उच्चारण आधार) अपने आप गौण पड़ जाएगा क्योंकि भाषा का यह पक्ष भाषा को अन्य प्रतीकों की व्यवस्था से मात्र अलग करने का काम करता है।

प्रतीकविज्ञान और भाषाविज्ञान के संबंधों के बारे में दूसरा महत्त्वपूर्ण तथ्य यह है कि एक ओर प्रतीकविज्ञान अगर भाषा की आभ्यंतर प्रकृति को समझने में सहायक है, तो दूसरी ओर भाषाविज्ञान, अन्य प्रतीकों की व्यवस्था पर प्रकाश डालने में भी समर्थ है। सस्यूर के मतानुसार भाषा प्रतीक व्यवस्था का अन्यतम उदाहरण है क्योंकि सामाजिक अर्थ का वह सर्वाधिक सक्षम उपकरण है। सस्यूर ने इस तथ्य की ओर स्पष्ट शब्दों में संकेत किया है–

> समाज में प्रयुक्त अभिव्यक्ति का हर उपकरण एक 'सामूहिक मानक' (collective norm) के सिद्धांत द्वारा नियंत्रित होता है। इस 'सामूहिक मानक' को ही दूसरे शब्दों में 'रूढ़ि' (convention) कहा जाता है– प्रतीकों की यह रूढ़िगत प्रकृति (न कि उनका आंतरिक मूल्य)

सामाजिक व्यापार का आधार बनती है। अतः हम यह कह सकते हैं कि पूरी तरह से यादृच्छिक (arbitrary) प्रतीक वे होते हैं जो इस प्रतीक वैज्ञानिक आदर्श के सबसे नजदीक हों। यही कारण है कि अभिव्यक्ति प्रकारों में यद्यपि भाषा सर्वाधिक व्यापक और सर्वाधिक जटिल है, फिर भी वही इस प्रतीक वैज्ञानिक आदर्श के सर्वाधिक निकट है (भाषिक प्रतीक अपनी प्रकृति में मूलतः यादृच्छिक और रूढ़िगत होता है)। और यही कारण है कि प्रतीकविज्ञान के लिए भाषा विज्ञान एक 'मॉडल' बन जाता है यद्यपि वह प्रतीकविज्ञान की मात्र एक उपव्यवस्था है।

निष्कर्ष रूप में यह कहना संभव है कि भाषा की अपनी प्रकृति को समझने के लिए सस्यूर ने 'प्रतीकविज्ञान' की संकल्पना को आगे बढ़ाया, पर सामाजिक व्यापार में भाषा की महत्ता को पहचानते हुए इस 'प्रतीकविज्ञान' के केंद्रक के रूप में 'भाषिक प्रतीकों की व्यवस्था' को ही स्थापित करने का प्रयत्न किया। अतः भाषा-संबंधी उनके चिंतन को समझने के लिए यह आवश्यक हो जाता है कि पहले हम यह देखें कि 'प्रतीक' हैं क्या और 'भाषिक प्रतीक' से उनका तात्पर्य क्या है ?

प्रतीक और भाषिक प्रतीक

सस्यूर ने 'प्रतीक' को कथ्य (signified) और अभिव्यक्ति (signifier) के संबंधों के रूप में देखा। उनके लिए प्रतीक कथ्य और अभिव्यक्ति के पक्षों से जुड़ी एक संश्लिष्ट और सार्थक इकाई है। कथ्य और अभिव्यक्ति इस संश्लिष्ट इकाई के न तो दो स्तर हैं और न ही उसके दो खंड। वे एक ही वस्तु के दो पक्ष हैं। कथ्य और अभिव्यक्ति के इसी एकीकरण का यह परिणाम है कि सम्प्रेष्य कथ्य के अभाव में अभिव्यक्ति पक्ष और अभिव्यक्ति के अभाव में कथ्य पक्ष, प्रतीक रूप में सिद्ध नहीं माना जा सकता। एक के बिना दूसरे की सत्ता की कल्पना नहीं की जा सकती। किसी प्रतीक के अभिव्यक्ति-पक्ष के आने के साथ ही उसका कथ्य पक्ष भी मन में तत्काल उभरता है (जैसे 'घोड़ा' शब्द सुनते ही श्रोता की कल्पना में उसका कथ्य उभर आता है) और कथ्य की मन में अवधारणा आते ही उसका अभिव्यक्ति पक्ष (नाम) सामने आ जाता है।

इस कथ्य और अभिव्यक्ति के संबंधों की प्रकृति के आधार पर तीन प्रकार के प्रतीकों की ओर संकेत किया जाता है– 1. प्रतिमापरक प्रतीक (iconic sign), 2. संकेतपरक प्रतीक (indexical sign), और 3. सामान्य प्रतीक (sign proper)। प्रतिमापरक प्रतीक में कथ्य और अभिव्यक्ति के संबंध का आधार 'सदृश्य' होता है। किसी व्यक्ति-विशेष का 'पोट्रेट' अथवा किसी देश का 'नक्शा' सादृश्य तत्त्व के आधार पर अपने संकेतार्थ को व्यंजित करता है। संकेतपरक प्रतीक में कथ्य और अभिव्यक्ति के बीच के संबंधों में कार्य-कारण का सहज और प्राकृतिक संबंध रहता है। धुआँ आग के होने का प्रतीक है। उमड़ते हुए बादल वर्षा की ओर संकेत देते हैं, चेहरे का लाल होकर तमतमा जाना भावोद्रेक (क्रोध या लज्जा) को व्यक्त करता है। यह कार्य-कारण संबंध जीवन-व्यापार के अन्य संदर्भों में भी दिखाई देता है। उदाहरण के लिए, औषधि की दुनिया में 'सिम्पटम' को देखकर रोग का पता लगाया जाता है, आर्थिक क्षेत्रों में चीजों के मूल्य और विवरण-संबंधी सूचनाओं के आधार पर आर्थिक ढाँचे की प्रकृति का संकेत पाया जा सकता है, आदि। इन दोनों प्रतीक-प्रकारों के विपरीत सामान्य प्रतीक अपनी प्रकृति में यादृच्छिक और रूढ़िपरक होते हैं। यादृच्छिक होने के नाते सामान्य प्रतीकों के कथ्य और अभिव्यक्ति में कोई नैसर्गिक संबंध नहीं होता। यही कारण है कि एक ही 'कथ्य' को कई प्रकार से व्यक्त करना संभव है। रूढ़िपरक कहने का तात्पर्य यह है कि कथ्य और अभिव्यक्ति का संबंध समाज द्वारा स्वीकृत मान्यता पर आधारित होता है। वस्तुत: यह संबंध अर्थ के उस पक्ष की ओर संकेत देता है जिसका आधार 'सामूहिक मानक' का सिद्धांत रहता है।

सस्यूर ने भाषिक प्रतीकों की प्रकृति पर विचार करते हुए यह संकेत दिया कि आज तक के सभी भाषाविद् स्पष्टत: या प्रच्छन्न रूप से यह मानते रहे हैं कि भाषिक प्रतीक मूलत: अपनी प्रकृति में 'सामान्य' (यादृच्छिक एवं रूढ़िपरक) हैं। पर किसी सच्चाई को स्वीकार करना एक बात है और उस सच्चाई को अपनी सैद्धांतिक योजना के भीतर उचित स्थान देना उससे अलग बात है। सस्यूर की विशेषता भी यही रही कि न केवल उन्होंने भाषिक प्रतीकों की यादृच्छिक और रूढ़िपरक प्रकृति की वास्तविकता को स्वीकार किया बल्कि अपने भाषावैज्ञानिक सिद्धांतों की धुरी के रूप में उसे प्रतिष्ठित किया। इस एक मान्यता की स्वीकृति ने भाषा-संबंधी उनकी अन्य मान्यताओं को जो रूप एवं रंग दिया, उसने भाषा को देखने की दृष्टि को ही पूरी तरह बदल डाला।

यह भाषिक प्रतीक की यादृच्छिक एवं रूढ़िपरक प्रकृति का ही परिणाम है कि हमें भाषा में पर्यायवाची शब्द या अभिव्यक्तियाँ मिलती हैं ; यथा घोड़ा, अश्व, तुरंग आदि और एक ही कथ्य/प्रत्यय (signified) के लिए भिन्न-भिन्न भाषाओं में भिन्न-भिन्न अभिव्यक्ति रूप, यथा संस्कृत में 'अश्व', हिंदी में 'घोड़ा', अंग्रेज़ी में 'हार्स', रूसी में 'कोन्य', फ्रेंच में 'शेवल' आदि। पर क्या इन उदाहरणों के आधार पर यह कहा जा सकता है कि भाषा के ये प्रतीक नामपद्धति

(nomenclature) के दृष्टांत हैं ? क्या हम यह कह सकते हैं कि भाषा और कुछ नहीं केवल सार्वभौमिक संकल्पनाओं एवं वस्तुओं के लिए यादृच्छिक रूप से चुने गये नामों की व्यवस्था है? इसमें संदेह नहीं कि हर भाषा के पास किसी संकल्पना के लिए अपना यादृच्छिक 'नाम' होता है, पर सस्यूर के अनुसार, भाषा, मात्र नाम की व्यवस्था नहीं है। अगर ऐसा होता तो एक भाषा से दूसरी भाषा में अनुवाद सरल और सहज होता। अनुवादक हिंदी से अंग्रेज़ी में अनुवाद करते समय हिंदी के नामशब्दों के स्थान पर अंग्रेज़ी के नामशब्द रखकर काम चला लेता। लेकिन हर अनुवादक यह जानता है कि किन्हीं भी दो भाषाओं के संकेतार्थ/प्रत्यय/कथ्य (signified) समरूपी (identical) नहीं होते। उदाहरण के लिए अंग्रेज़ी के 'ब्राउन' रंग शब्द का अर्थ हिंदीभाषी 'भूरा', 'मटियाला' और 'कत्थई' आदि शब्दों द्वारा ग्रहण करता है; हिंदी में जिस 'नीले' रंग को एक संदर्भ में 'हल्का नीला' और दूसरे संदर्भ में 'गाढ़ा नीला' कहा जाता है उसके लिए रूसी में दो अलग-अलग नाम हैं। अंग्रेज़ी के 'अंकल' शब्द में हिंदी के 'ताऊ, चाचा, मामा, मौसा, फूफा' आदि समा जाते हैं और उसके 'सिस्टर इन लॉ' अभिव्यक्ति के भीतर 'ननद, साली और भाभी' जैसे हिंदी के कई संकेतार्थ मिलते हैं। ये सभी तथ्य इस बात की ओर संकेत देते हैं कि भाषा केवल 'नामपद्धति' नहीं है, क्योंकि हर भाषा भौतिक और अनुभव-संसार को अपने-अपने ढंग से व्यवस्थित करती है। भाषा, पूर्वनिर्धारित जगत् और उसकी वस्तुओं के लिए केवल 'नाम' नहीं ढूँढ़ती, वह उसे पहले अपने अनुभव-खंडों में नियोजित कर उसकी अभिव्यक्ति के लिए रास्ता ढूँढ़ती है। इसीलिए भाषा में परिवर्तन संभव है; 'कृष्ण' से 'कान्ह' शब्द बनना संभव है, भले ही ये दोनों शब्द एक ही संकेतार्थ के लिए प्रयुक्त हों। यह अभिव्यक्ति और कथ्य पक्ष के यादृच्छिक संबंधों का ही परिणाम कहा जा सकता है कि अभिव्यक्ति पक्ष में परिवर्तन के बिना ही प्रतीक के संकेतार्थ में परिवर्तन आ जाता है। भाषिक प्रतीकों में पाई जानेवाली अर्थ-विस्तार एवं अर्थ-संकोच की प्रक्रिया इसके स्पष्ट उदाहरण हैं। उदाहरण के लिए 'तेल' शब्द पहले 'तिल के तेल' को द्योतित करता था, अब यह प्रतीक अपने संकेतार्थ का विस्तार करके किसी भी प्रकार के तेल को संकेतित करता है। इसी प्रकार 'मृग' शब्द पहले किसी भी जानवर के लिए प्रयुक्त प्रतीक था, पर आज उसका संकेतार्थ जानवर विशेष (हरिण) तक संकुचित हो गया है।

एक-दो उदाहरण ऐसे देखे जा सकते हैं जिनमें प्रतीकों की प्रकृति यादृच्छिक नहीं होती। ऐसे प्रतीकों में अभिव्यक्ति और कथ्य पक्षों के संबंधों की प्रकृति सहेतुक (motivated) होती है। सभी अनुरणनात्मक (onomatopoeic) शब्दों के संकेतार्थ के ध्वनिसाम्य के आधार पर अभिव्यक्ति की प्रकृति

निर्धारित होती है, जैसे खट-खट, पट-पट, चट-पट या फिर बिल्ली की 'म्याऊँ' आवाज। एक अन्य संदर्भ में भी प्रतीकों की प्रकृति सहेतुक मानी जा सकती है। हम जब एक शब्द के आधार पर व्युत्पन्न दूसरा शब्द बनाते हैं, तब वस्तुतः प्रतीकों के अभिव्यक्ति और कथ्य पक्ष के संबंधों में एक तर्कजन्य संगति बैठाकर ही शब्द गढ़ लेते हैं। उदाहरण के लिए 'लेखक', 'पाठक' की तरह 'टंकण' से हम जब 'टंकक' शब्द गढ़ते हैं तब इस प्रतीक के निर्माण के पीछे हमें एक निश्चित तर्कपरक सिद्धांत दिखलाई पड़ता है। निश्चय ही प्रतीक के रूप में 'टंकक' एक सहेतुक शब्द है। सस्यूर के मत में अनुरणनात्मक एवं सहेतुक प्रतीक, भाषिक प्रतीकों की यादृच्छिक प्रकृति को नकारते नहीं। वे मात्र इसके अपवाद हैं क्योंकि ऐसे भाषिक प्रतीकों की संख्या, सामान्य प्रतीकों की तुलना में नगण्य है।

भाषिक प्रतीक एक दूसरे अर्थ में भी यादृच्छिक होते हैं। यह ध्यान देने की बात है कि चाहे भाषा का अभिव्यक्ति पक्ष हो अथवा उसका कथ्य पक्ष, अपने उपादान (substance) में सतत या प्रवाही (continuous) होता है। उदाहरण के लिए अभिव्यक्ति माध्यम के रूप में ध्वनि को लें। किसी शब्द या वाक्य बोलने के समय ध्वनि प्रवाही होती है। इसी प्रकार अगर कथ्य के रूप में रंगावली के 'स्पेक्ट्रम' को लें तो एक सिरे से दूसरे सिरे तक रंगों का एक अनवरत प्रवाह मिलता है। सस्यूर ने यह संकेत किया कि ध्वनि अथवा रंगावली का कोई प्राकृतिक विभाजन नहीं मिलता। प्रत्येक भाषा समुदाय ने इसे यादृच्छिक ढंग से विभाजित कर रखा है क्योंकि स्वयं उसके उपादान में ऐसा कुछ अंतर्निहित नहीं होता जिसके आधार पर उसे विभक्त किया जा सके। उदाहरण के लिए, रंगावली का 'स्पेक्ट्रम' भौतिक प्रकृति में एक ही है, पर जहाँ अंग्रेज़ी भाषा इस स्पेक्ट्रम को सात रंगों में विभाजित करती है वहाँ नाइज़ीरिया की 'तीव' भाषा केवल तीन रंगों में। इस भाषा के बोलनेवाले गहरे हरे, नीले और सलेटी रंगों को 'ई' शब्द ; नीले, सलेटी और सफ़ेद रंगों को 'पुपु' शब्द और लाल से पीले तक सभी रंगों को 'न्यिअन' शब्द द्वारा पहचानते हैं, इसका यह अर्थ नहीं कि 'तीव' भाषाभाषी वर्णान्धता (colour blindness) के शिकार हैं। वे भी सभी रंगों के अंतर को भौतिक धरातल पर पहचानते हैं, पर भाषिक यथार्थ के रूप में वे रंगों की दुनिया को तीन वर्गों में ही विभाजित करते हैं। इसी प्रकार अगर हम 'क-वर्ग' की ध्वनियों पर ध्यान दें तब जहाँ उर्दू बोलने वाले 'क, क़ और ख' में विभेद करते हैं वहाँ अंग्रेज़ी बोलने-वाले sky के 'क', cow के 'क़' और key के 'ख' में अंतर नहीं करते।

सस्यूर ने यह जानना चाहा कि अगर हर भाषा अभिव्यक्ति और कथ्य

के उपादान को अपने-अपने ढंग से विभाजित करती है, तब इस विभाजन का आधार क्या है ? उन्होंने यह भी जानना चाहा कि वह कौन-सी भाषिक प्रक्रिया है जो हमारे प्रत्यक्षण (perception) का संकेतन (encoding) करती है। प्रत्यक्षण प्रक्रिया का वह कौन-सा आधार है जो 'क, क़ और ख' ऐसी विभिन्न ध्वनियों को उनकी तमाम भौतिक विभिन्नताओं के बावजूद अंग्रेज़ीभाषी को एक-जैसी ध्वनि का अनुभव कराती है ? इस अभिनिर्धारण (identification) के पीछे के व्यापार का रहस्य क्या है ? इन्हीं सवालों के बीच से उन्होंने यह प्रश्न भी उठाया कि भाषा (के प्रतीकों) की वास्तविक प्रकृति क्या है ?

भाषा की प्रकृति

भाषिक प्रतीकों के संदर्भ में पहले सस्यूर ने यह सिद्ध किया कि अपनी प्रकृति में मूलतः वे यादृच्छिक हैं, फिर उन्होंने यह भी दिखलाया कि वे यादृच्छिक इसलिए हैं कि हर भाषा भौतिक धरातल पर पाए जानेवाले प्रवाही तथ्य को अपने-अपने ढंग से भाषिक यथार्थ के रूप में विभाजित करती है। इन्हीं दो तथ्यों के आधार पर उन्होंने यह भी प्रमाणित किया कि भाषिक प्रतीक अपने में कोई स्वनिष्ठ इकाई नहीं होते बल्कि वे 'प्रतीकों की व्यवस्था' का एक अंग बनकर ही अपनी सार्थकता पाते हैं। उनके अनुसार, यह अंग्रेज़ी भाषा की ध्वनि व्यवस्था ही है जो 'क, क़ और ख' ध्वनियों को एक ध्वनि-वर्ग में रखती है, और यह 'तीव' भाषा की रंग-व्यवस्था का ही परिणाम है कि उसके 'न्यिअन' शब्द के अर्थ के भीतर स्पेक्ट्रम के लाल से पीले तक के सभी रंग समा जाते हैं।

सस्यूर ने प्रतीकों की व्यवस्था को वस्तुतः प्रतीकों की 'भेदक' व्यवस्था के रूप में परिभाषित किया है। उन्होंने यह सवाल किया कि 'तीव' भाषा के 'न्यिअन' शब्द का संकेतार्थ वही क्यों है जो उस भाषा द्वारा संकेतित है। वह हिंदी भाषा के 'लाल' और 'पीला' का पर्याय क्यों नहीं ? उनका उत्तर था कि किसी भी भाषा के रंगों से संबंधित शब्द का संकेतार्थ वस्तुतः उस भाषा की भेदक व्यवस्था का परिणाम होता है। 'न्यिअन' का संकेतार्थ वह है जो उसके अन्य दो शब्दों–'ई' और 'पुपु' का नहीं है। अतः अगर 'न्यिअन' शब्द को रंग-संबंधी एक 'मूल्य' के रूप में देखें, तब उसके मूल्य का निर्धारण 'तीव' भाषा में व्यवहृत रंग-संबंधी अन्य प्रतीकों से उत्पन्न व्यवस्था के आधार पर ही किया जाना संभव है। इस व्यवस्था की निर्माण प्रक्रिया के पीछे वस्तुतः प्रतीकों के भेदक लक्षण काम करते हैं। सस्यूर के शब्दों में –

> प्रत्येक स्थिति में हम (प्रतीकों के माध्यम से) किसी पूर्वनिर्धारित संकल्पना का पता नहीं लगाते बल्कि (प्रतीकों की) व्यवस्था से उत्पन्न

> 'मूल्यों' से परिचित होते हैं। जब हम यह कहते हैं कि ये मूल्य, संकल्पना से संवादी (corresponding) हैं, तब उसका अर्थ यही है कि ये संकल्पनाएं अपनी प्रकृति में शुद्ध रूप से भेदक लक्षणों से युक्त हैं अर्थात् वे अपने कथ्य/प्रत्यय के सात्विक लक्षणों द्वारा घनात्मक रूप से परिभाषित नहीं होतीं बल्कि व्यवस्था के अन्य प्रतीकों के साथ अपने संबंधों के आधार पर ऋणात्मक रूप से परिभाषित होती हैं। उनकी सबसे सटीक विशेषता यह है कि वह वह हैं जो कि दूसरे नहीं हैं।

अतः 'तीव' भाषाभाषियों के लिए 'न्यिअन' के पीछे की संकल्पना वह है जो 'ई' और 'पुपु' की नहीं है। सस्यूर के मत में सभी भाषिक इकाइयाँ अपनी प्रकृति में 'संबंधपरक' (relational) होती हैं और यही 'संबंध' भाषा को 'रूप' देता है। सस्यूर ने इसीलिए भाषा को शुद्ध 'रूप' (form) के संदर्भ में देखा है। उनका तर्क था कि भाषा के शुद्ध रूप में केवल भेदक तत्त्व (differences) होते हैं और ये भेदक तत्त्व ही एक भाषिक इकाई को दूसरी इकाई से अलग कर हमारी प्रत्यक्षण (perception) प्रक्रिया का आधार बनते हैं। भाषिक प्रतीकों के भौतिक उपादान या लक्षण द्वारा हम उन्हें नहीं पहचानते, बल्कि उनकी पहचान का आधार वे 'मूल्य' हैं जिन्हें 'व्यवस्था' उनके लिए निर्धारित करती है। इस तथ्य को उन्होंने 'शतरंज' के खेल के उदाहरण द्वारा समझाने की कोशिश की।

शतरंज के खेल में प्रयुक्त होनेवाले मोहरे एक 'मूल्य' के रूप में पहचाने जाते हैं। यह मूल्य खेल में उनके प्रकार्य (function) को बताता है। 'प्यादा' एक घर चलता है और दूसरे मोहरे को तिरछे मारता है, 'हाथी' सीधे कई घर चलकर सीधे ही दूसरे मोहरे को मारता है, 'घोड़ा' ढाई घर दूसरे मोहरों को फाँदकर चल सकता है, आदि। ये मोहरे अपने रूप-आकार में छोटे-बड़े हो सकते हैं, वे अपने उपादान में प्लास्टिक, कागज, लकड़ी, धातु आदि किसी भी वस्तु का प्रयोग कर सकते हैं। आवश्यकता केवल इस बात की होती है कि हम एक मोहरे 'प्यादा' को दूसरे मोहरों 'हाथी', 'घोड़ा' आदि से किसी भेदक लक्षण के आधार पर अलग कर सकें। सस्यूर का कहना है कि ये मोहरें अपने भौतिक उपादानों या बाह्य रूप-रंग के आधार पर खेल में भाग नहीं लेते, बल्कि उस 'मूल्य' के रूप में शामिल होते हैं जो शतरंज का खेल उसे एक 'व्यवस्था' के रूप में प्रदान करता है। यही कारण है कि अगर कोई मोहरा खो जाए, तब हम उसे किसी भी अन्य 'वस्तु' द्वारा उसका 'मूल्य' देकर काम चला लेते हैं। जरूरी केवल यह होता है कि वह 'वस्तु' अन्य मोहरों से अलग दिखाई दे। शतरंज का खेल मोहरों के भौतिक लक्षणों

के आधार पर नहीं खेला जाता। उसका खेल उस मूल्य के आधार पर खेला जाता है जो विभिन्न मोहरों को खेल के विधान द्वारा मिला हुआ है। सस्यूर के मत में भाषा-व्यवस्था की प्रकृति को भी शतरंज के खेल के सादृश्य पर समझा जा सकता है क्योंकि किसी भाषा की किसी ध्वनि (यथा 'क्') अथवा उसके रंगनाम (यथा 'लाल') की अपनी सार्थकता उसके भौतिक उपादानों में नहीं होती, वह तो उस 'मूल्य' में होती है जिसे भाषा की अपनी व्यवस्था उसे प्रदान करती है।

सस्यूर इस बात से दुखी थे कि उनके पूर्ववर्ती भाषाविदों ने भाषा की आभ्यंतर प्रकृति पर न तो तर्कसंगत रीति से विचार करने की कोशिश की है और न ही उसे संक्रियात्मक ढंग से परिभाषित करने का प्रयत्न किया है। उन्होंने स्पष्टतः यह कहा–'अभी तक भाषाविदों ने उस "वस्तु" की प्रकृति को निर्धारित एवं निरूपित करने का प्रयत्न नहीं किया जिसका वे अध्ययन कर रहे हैं और जब तक संक्रियात्मक (operational) ढंग से इस पर विचार नहीं किया जाता, उसका विज्ञान भी सही ढंग की प्रणाली का विकास नहीं कर सकता।'

प्रणालीगत अध्ययन की भूमिका के रूप में ही उन्होंने पारिभाषिक शब्दावली के निम्नलिखित सार्थक युग्म किए –

(i) कथ्य (signified) और अभिव्यक्ति (signifier)
(ii) उपादान (substance) और रूप (form)
(iii) भाषा व्यवस्था (langue) और भाषा व्यवहार (parole)
(iv) विन्यासक्रमी (syntagmatic) और सहचारक्रमी (paradigmatic) संबंध।
(v) एककालिक (synchronic) और कालक्रमिक (diachronic) संदर्भ

हम (i) और (ii) युग्मों की पहले ही चर्चा कर चुके हैं। नीचे (iii), (iv) और (v) के संबंध में सस्यूर के विचारों पर प्रकाश डालने का प्रयत्न किया जाएगा।

भाषा व्यवस्था और भाषा व्यवहार

सस्यूर द्वारा प्रस्तावित यह सबसे अधिक चर्चित और चिंतन की दृष्टि से सबसे अधिक महत्त्वपूर्ण युग्म है। सस्यूर ने भाषा (le langage) के जिस रूप की अवधारणा की है वह एक ओर 'सामाजिक वस्तु' है और दूसरी ओर अपनी प्रकृति में वह सतत परिवर्तनशील और गत्यात्मक है। सामाजिक होने के कारण उसका एक पक्ष संस्थागत है, जिसे सस्यूर ने 'भाषा व्यवस्था' (la langue) की

संकल्पना द्वारा पकड़ना चाहा। सतत परिवर्तनशील होने के कारण भाषा-भेद 'भाषा' की अपनी नियति है। इस पक्ष को उन्होंने 'भाषा व्यवहार' (la parole) की अपनी संकल्पना द्वारा परिभाषित करना चाहा। उनकी धारणा के अनुसार 'भाषा व्यवस्था' (la langue) और 'भाषा व्यवहार' (la parole) मिलकर ही 'भाषा' (le langage) की सही संकल्पना का निरूपण करने की स्थिति में हैं। (हिंदी की कुछ पुस्तकों में la langue के लिए 'भाषा' और la parole के लिए 'वाक्' का प्रयोग मिलता है जिसका आधार अंग्रेज़ी के शब्द language और speech हैं। मेरे मत में ये शब्द-प्रयोग, सस्यूर की भाषा संबंधी संकल्पना को सही रूप में व्यंजित नहीं करते)।

'भाषा व्यवहार' अपने व्यक्त रूप में मानव संबंधों की तरह बहुरूपी और व्यक्तिगत आवश्यकताओं की तरह वैविध्यपूर्ण और विषमरूपी (heterogeneous) होते हैं। वैयक्तिक संदर्भों से जुड़े होने के कारण यह भाषा का व्यष्टि रूप है। व्यक्ति की अपनी यथार्थता से जुड़े होने, के कारण 'भाषा व्यवहार' कौडीकरण की उस प्रक्रिया से संबद्ध होता है जो व्यक्ति के अपने संदर्भ, श्रोता की भूमिका, देश और काल के परिस्थितिगत दबाव आदि द्वारा प्रभावित और नियंत्रित रहता है। अतः 'भाषा व्यवहार' अपनी मूल प्रकृति में नव प्रवर्तनकारी (innovative) हुआ करता है। इसके विपरीत 'भाषा व्यवस्था' संस्थागत (institutional) होती है। यह वस्तुतः समूहगत अनुबंध (collective contract) का परिणाम होती है। यह भाषिक प्रतीकों की उस संहिता (code) से संबद्ध होती है जो किसी भी प्रकार से वक्ता की निजी इच्छा, या प्रतीकों के अपने माध्यम या उपादान (substance) से बाधित नहीं होती। अगर 'भाषा व्यवहार' अपनी प्रकृति में विशिष्ट (token) होता है तब 'भाषा व्यवस्था', निर्विशिष्ट होकर 'टाइप' बन जाती है। वास्तविकता तो यह है कि निर्विशिष्ट होकर ही यह समरूपी (homogeneous) हो पाती है। निर्विशिष्ट होने का यह मतलब नहीं कि 'भाषा व्यवस्था', भौतिक विज्ञान के क्षेत्र में प्रचलित वैज्ञानिकों की 'सैद्धान्तिक' इकाइयों की तरह अमूर्त है और समाज-निरपेक्ष है। सस्यूर ने इस बात को जोर देकर बार-बार बताने की चेष्टा की है कि भाषिक प्रतीकों के भेदक तत्त्वों का आधार उनके भौतिक उपादान नहीं होते, बल्कि उनका आधार केवल सामाजिक प्रकार्य (social function) होता है। इसीलिए सस्यूर के मत में 'भाषा व्यवस्था' सामाजिक संस्थान की तरह एक सामाजिक वास्तविकता है, वह स्वयं में एक प्रतीकबद्ध सामाजिक वस्तु है, जो व्यक्ति से जुड़ी रहकर भी व्यक्ति की अपनी सीमाओं से मुक्त (supra-individual) होती है।

सस्यूर ने 'भाषा व्यवस्था' को एक ओर मूल्यों (values/functions)

की व्यवस्था कहा है और इस व्यवस्था को उसी रूप में स्वनिष्ठ एवं गत्यात्मक माना है जिस प्रकार शतरंज के खेल के अपने नियम स्वनिष्ठ एवं गत्यात्मक होते हैं। मूल्य हमेशा वस्तुगत इकाइयों के भेदक लक्षण (distinctive feature) के आधार पर अपनी अर्थवत्ता ग्रहण करते हैं। हिंदी में 'क्' और 'ख्' ध्वनियाँ महाप्राणत्व के भेदक लक्षण के आधार पर दो सार्थक इकाइयाँ हैं क्योंकि उस भाषा में 'कल' और 'खल' अथवा 'काल' और 'खाल' जैसे अर्थपरक शब्द-युग्म देखे जा सकते हैं। अंग्रेज़ी में ऐसे शब्द-युग्म नहीं मिलते अत: उस भाषा में महाप्राणत्व, सार्थकता के साथ भेदक लक्षण के रूप में कार्य नहीं करता।

सस्यूर ने भाषावैज्ञानिकों के लक्ष्य की बात उठाते हुए यह निर्देश दिया है कि 'भाषा व्यवस्था' (लांग) की प्रकृति की समझ ही उनका उद्देश्य होना चाहिए। उनके अनुसार, इनके प्रमुखत: दो कारण हैं। पहला कारण तो यह है कि 'भाषा व्यवस्था' का अध्ययन करने से हम भाषा के उन सामाजिक तत्त्वों पर बल देंगे जो व्यक्ति की अपनी वैयक्तिक सीमाओं एवं विकल्पन से मुक्त होते हैं। ऐसा करने से भाषा के उन सारभूत तत्त्वों का हम पता लगा सकेंगे जो उसके लिए न तो 'आकस्मिक' (accidental) है और न ही मात्र आनुषंगिक (ancillary)। दूसरा कारण यह है कि भाषा अपनी मूल प्रकृति में 'मूल्यों की व्यवस्था' है, यह व्यवस्था, 'लांग' को एक 'संगतिपूर्ण और विश्लेष्य वस्तु' बनाती है, अत: संक्रियात्मक ढंग से इसका अध्ययन-विश्लेषण संभव है।

'भाषा व्यवस्था' और 'भाषा व्यवहार' की बात करते समय आज के वैज्ञानिक प्राय: यह बात भूल जाते हैं कि सस्यूर ने इन दोनों को भाषा (le langage) के दो अभिन्न पक्षों के रूप में स्वीकार किया था। सस्यूर के अनुसार 'भाषा व्यवस्था' के रूप में 'लांग' और 'भाषा व्यवहार' के रूप में 'परोल' एक-दूसरे का संदर्भ लेकर ही परिभाषित किए जा सकते हैं। भाषा तभी जीवंत मानी जा सकती है जब ये दोनों पक्ष संस्थागत और वैयक्तिक द्वंद्वात्मक (dialectical) प्रक्रिया की स्थिति में हों। 'भाषा व्यवस्था' को ही व्यक्ति विविध संदर्भों में भाषा व्यवहार के द्वारा मूर्तमान बनाता है। और दूसरी ओर 'भाषा व्यवहार' की विशिष्ट और मूर्तमान घटनाओं को ही समाज अपनी सामूहिक चेतना में निर्विशिष्ट और साधारणीकृत रूप में ग्रहण करता है। इसीलिए 'भाषा व्यवस्था' और 'भाषा व्यवहार' सापेक्ष संकल्पनाएँ हैं। यह ठीक है कि भाषा व्यवहार, बिना भाषा व्यवस्था के, संभव नहीं क्योंकि नियम संहिता के बिना उसका व्यक्ति के आचरण में प्रतिफलन भी संभव नहीं। लेकिन इसके साथ यह भी सच है कि व्यक्ति, भाषा व्यवस्था को भाषा व्यवहार की विविध घटनाओं के आधार पर ही आत्मसात् करता है। यह कहा जा सकता है कि 'भाषा व्यवस्था', 'भाषा व्यवहार' के लिए एक साथ एक अपेक्षित

साधन (instrument) भी है और सामाजिक चेतना के धरातल पर भाषा व्यवस्था के संचित कोष के रूप में उसका परिणाम (result) भी। एक साथ 'साधन' और 'परिणाम' होने के कारण 'भाषा व्यवस्था' को समझने के लिए 'भाषा व्यवहार' का संदर्भ केवल अपेक्षित ही नहीं वरन् आवश्यक और अपरिहार्य भी हो जाता है।

विन्यासक्रमी और सहचारक्रमी संबंध

सस्यूर ने भाषा को भाषिक प्रतीकों के बीच पाए जानेवाले 'संबंधों की व्यवस्था' के रूप में देखा था। उनके अनुसार, संबंधों की यह व्यवस्था दो आयामों पर प्रतिफलित होती है– विन्यासक्रमी (syntagmatic) और सहचारक्रमी (associative) आयाम।

विन्यासक्रम, संबंधों का वह आयाम है जो प्रतीकों के रेखीय (linear) संयोजन से बनता है। रेखीय संयोजन इस बात की माँग करता है कि प्रतीक, कड़ी के रूप में आए और 'स्थान' और 'समय' की दृष्टि से एक खास क्रम में प्रयुक्त हों। उदाहरण के लिए यह वाक्य लें--'लड़का फल खा चुका है।' इसमें 'लड़का, फल, खा' आदि भाषिक प्रतीकों का संबंध विन्यासक्रमी इसीलिए है कि उनमें संयोजन रेखीय है। 'लड़का, फल, खा' आदि वाक्य में एक निश्चित 'स्थान' ग्रहण किए हुए है। साथ ही जिस समय 'लड़का' का उच्चारण होगा, 'फल' का उच्चारण उस समय नहीं हो सकता और जिस समय 'फल' का उच्चारण होगा, उस समय 'खा चुका है' का उच्चारण संभव नहीं। इस संयोजन व्यवस्था में हर भाषिक प्रतीक अपना 'मूल्य' अपने पूर्ववर्ती और परवर्ती प्रतीकों के विरोध में निर्मित करता है। ऊपर के उदाहरण में फल, और 'खाने' के संदर्भ में 'लड़का', कर्ता का मूल्य ग्रहण करता है, और 'लड़का' तथा 'खाने' के संदर्भ में फल, कर्म का।

सहचारक्रम, संबंधों का वह आयाम है जो प्रतीकों की वर्गयुक्त संकल्पना को अपना आधार बनाता है। इसके लिए हमें एक ओर 'स्मृतियों' का सहारा लेना पड़ता है और दूसरी तरफ प्रतीकों के आपसी साहचर्य (association) का। उदाहरण के लिए अगर हम यही वाक्य लें, 'लड़का फल खा चुका है', तब इसमें 'लड़का' जिस वर्ग की संकल्पना को उभारता है उसमें 'आदमी, मोहन, नौकर' आदि कई प्रतीक आ जाते हैं। पर इस वर्ग में 'मिट्टी, मेज, सुंदरता, तेजी' आदि प्रतीक नहीं आ पाते। इसी प्रकार अगर हम यह उक्ति लें–'अबला जीवन, हाय, तुम्हारी यही कहानी', तब इसमें 'अबला' प्रतीक जिस वर्ग की संकल्पना को उभारता है, उसमें साहचर्य के आधार पर कई अन्य संकल्पनाएँ स्मृति में उभरती हैं, यथा नारी, स्त्री, रमणी आदि। 'अबला' प्रतीक अपने अर्थ

की सार्थकता इनके विरोध में आकर ही पाता है।

भाषिक व्यवस्था का संरचनात्मक रूप वस्तुतः प्रतीकों के विन्यासक्रमी और सहचारक्रमी संबंधों की द्वंद्वात्मक स्थिति का ही परिणाम होता है। यह ध्यान देने की बात है कि विन्यासक्रमी संबंधों का आयाम समस्तरी (horizontal) होता है, जबकि प्रतीकों के साहचर्य संबंधों पर आधारित होने के कारण सहचारक्रमी संबंधों का आयाम ऊर्ध्वस्तरी (vertical) होता है। इन दो आयामों को निम्नलिखित ढंग से दिखाना संभव है :

विन्यासक्रमी – – – – → कख ग
↑ के खे गे
| कै खै गै
सहचारक्रमी

संबंधों के ये दो आयाम भाषिक प्रतीकों की व्यवस्था तक ही सीमित नहीं होते। इन्हें हम संस्थागत उन सभी आचरणों में देख सकते हैं जिसका अध्ययन अपने व्यापक संदर्भ में 'प्रतीक विज्ञान' करता है। उदाहरण के लिए 'भोजन', 'पोशाक' आदि व्यवहार क्षेत्रों में भी ये संबंध देखे जा सकते हैं। जैसे 'हिंदी भाषाई समाज' में खाने के क्रम में हम पहले रोटी, फिर चावल, उसके बाद मिष्ठान्न और अंत में पान-इलायची का क्रम पाते हैं। सस्यूर ने जिस ओर संकेत दिया वह यह है कि इस विन्यासक्रम का आधार प्रतीकों (वस्तुओं) के भौतिक गुण नहीं होते। उनका आधार संस्थागत रूढ़ियाँ हैं। अतः यह क्रम विभिन्न समाजों में विभिन्न रूपों में देखने को मिलता है। उदाहरण के लिए पंजाबी भाषाई समाज में 'रोटी और चावल' का क्रम बदलकर 'चावल और रोटी' हो जाता है। इसी प्रकार हिंदी में अगर वाक्यों में 'कर्ता+कर्म+क्रिया' का विन्यासक्रम मिलता है तो अंग्रेज़ी भाषा में कर्ता+क्रिया+कर्म का।

विन्यासक्रमी और सहचारक्रमी संबंध वस्तुतः हमारे मन की दो भिन्न शक्तियों पर आधारित हैं। प्रतीकों के विन्यासक्रमी संबंधों का आधार संयोजन है जो प्रतीकों को एक कड़ी के रूप में बाँधने का काम करता है। इसके विपरीत सहचारक्रमी संबंधों का आधार चयन है जो प्रतीकों के साहचर्य के आधार पर बने वर्गों में से किसी एक इकाई को चुनने का काम करता है। वाचाघात (aphasia) की स्थिति में इन दोनों आयामों पर मानसिक विकार संभव है। जो रोगी चयन/सहचारक्रमी पर मानसिक शक्ति खो बैठता है, उसके लिए यह आवश्यक नहीं कि वह मन की संयोजन/विन्यासक्रमी शक्ति भी खो बैठे। वे केवल 'लैम्प' के लिए 'मेज', 'चाकू' के लिए 'कैंची' शब्द का प्रयोग करते हैं पर उनका वाक्यविन्यास सही और व्यवस्थित रहता है। इसके विपरीत जो रोगी विन्यासक्रमी आयाम पर अपनी मानसिक शक्ति खो बैठता है, वह वस्तुओं

को उनके सही नाम से पहचान लेता है, लेकिन उन वस्तुओं के बीच पाए जानेवाले संबंधों को सही वाक्यविन्यास के साथ व्यक्त नहीं कर पाता। सस्यूर ने यह दिखलाने की चेष्टा की कि भाषा, 'जिन संबंधों की व्यवस्था' है, उनके लिए चयन (सहचारक्रम) और संयोजन (विन्यासक्रम), दोनों ही प्रकार की मानसिक शक्ति की आवश्यकता बनी रहती है।

एककालिक और कालक्रमिक संदर्भ

सस्यूर ने भाषा अध्ययन के दो संदर्भों की चर्चा की है–भाषिक व्यवस्था के अध्ययन-विश्लेषण के लिए अध्ययन का एककालिक (synchronic) संदर्भ और भाषा विकास अथवा परिवर्तन के अध्ययन-विश्लेषण के लिए अध्ययन का कालक्रमिक (diachronic) संदर्भ। एककालिक संदर्भ किसी स्थिति विशेष में भाषिक व्यवस्था का काल-तटस्थ विवरण प्रस्तुत करता है। इसके विपरीत कालक्रमिक संदर्भ भाषा के काल-सापेक्ष विकास का चित्र खींचता है।

यह कहा जाता है कि सस्यूर ने यद्यपि भाषा अध्ययन के दो निश्चित संदर्भों की बात उठाई, पर उन्होंने भाषा अध्ययन के एककालिक संदर्भ पर अनावश्यक रूप से अधिक बल दिया है। इस आलोचना पर टिप्पणी देने के पहले एक ओर यह देख लेना अधिक उचित होगा कि सस्यूर के अपने भाषा सिद्धांत के वे कौन-से प्रेरक तत्त्व थे जिन्होंने उन्हें कालक्रमिक संदर्भ की तुलना में भाषा अध्ययन के एककालिक संदर्भ पर बल देने पर विवश किया। दूसरी तरफ़ यह देखना भी अनुचित न होगा कि सस्यूर जिस युग में अपना सिद्धांत प्रतिपादित कर रहे थे, उसकी प्रवृत्ति क्या थी।

सस्यूर ने जिस समय भाषाविज्ञान के क्षेत्र में प्रवेश किया, उस समय नव्य-व्याकरणकारों का बोलबाला था। उन्नीसवीं शताब्दी ऐतिहासिक भाषा-विज्ञान के कठोर प्रणालीगत विश्लेषण से गुज़र चुकी थी। ध्वनि परिवर्तन के नियमित (regular) नियमों के निर्धारक तत्त्वों की खोज संपन्न हो चुकी थी। भाषा व्यवहार के नियमित आचरणों के पीछे काम करनेवाले (मनोवैज्ञानिक) सिद्धांतों की जबर्दस्त चर्चा उठाई जा चुकी थी। सस्यूर ने इस परंपरा से जुड़कर इसके विरोध में अपनी मान्यताओं को सामने रखा। उन्होंने यह बात स्वीकार की कि भाषा परिवर्तन, भाषा की नियति है। उन्होंने अपने प्रतीक सिद्धांत को सामने रखते हुए यह भी कहा कि भाषिक प्रतीक का ऐसा कोई भी केंद्रीय अंश नहीं होता जो सिद्धांततः परिवर्तनशील न हो। उनके मत में प्रतीक के दोनों पक्षों–कथ्य और अभिव्यक्ति–में परिवर्तन संभव है। अतः उनकी यही पहली मान्यता थी कि भाषा एक ऐतिहासिक इकाई है और इसलिए उसमें परिवर्तन आना एक स्वाभाविक बात है।

पर भाषा के इस ऐतिहासिक संदर्भ की बात को स्वीकार करने के उपरांत भी उन्होंने भाषावैज्ञानिक अध्ययन के लिए उसके एककालिक संदर्भ को ही उचित ठहराया। उनका तर्क यह था कि भाषावैज्ञानिक अध्ययन का लक्ष्य 'प्रतीकों के संबंधों की व्यवस्था' है और भाषिक परिवर्तन हमेशा इस व्यवस्था के बाहर की चीज़ होती है। भाषा परिवर्तन, उनके मत में, न तो सहेतुक होता है और न 'व्यवस्था' से प्रेरित रहता है। यह परिवर्तन, पूर्णतावादी (telic) भी नहीं होता क्योंकि भाषा परिवर्तन से न तो भाषिक व्यवस्था को कोई लाभ पहुँचता है और न ही उससे यह व्यवस्था अधिक सक्षम होती है।

ऊपर की मान्यता के साक्ष्य में उन्होंने अंग्रेज़ी भाषा के असामान्य बहुवचन रूप feet, geese, teeth के ऐतिहासिक परिवर्तन की बात उठाई और यह दिखलाने का प्रयत्न किया कि किस प्रकार इसमें आनेवाले परिवर्तन, भाषिक व्यवस्था के बाहर के तत्त्व हैं; एंग्लो-सैक्सन से आधुनिक अंग्रेज़ी में इसके विकास को निम्नलिखित तीन चरणों में बाँटा जा सकता है :

पहला चरण

एकवचन	बहुवचन
fōt	fōti
gōs	gōsi

दूसरा चरण

fōt	fēti
gōs	gēsi

तीसरा चरण

fōt	fēt
gōs	gēs

इन तीन चरणों पर foot (fōt) और goose (gōs) शब्दों के बहुवचन रूपों में जो परिवर्तन आए, उन पर ध्यान देने से निम्नलिखित तथ्य सामने आते हैं। पहले से दूसरे चरण में परिवर्तन को हम 'इ-विकार' के रूप में जानते हैं। यह नियम बताता है कि जब भी 'इ' (i) बलाघात अक्षर के बाद आता है, तब बलाघात अक्षर के स्वर में परिवर्तन आ जाता है। 'इ' स्वर के प्रभाव से 'पश्च' स्वर 'अग्र' बन जाता है। परिणामस्वरूप पहले का ō स्वर, दूसरे चरण में ē बन जाता है (fōti > fēti)। सस्यूर का सवाल यह है कि ō > ē परिवर्तन से क्या पहले चरण की भाषिक व्यवस्था, दूसरे चरण में आकर अपनी प्रकृति में कुछ बदली ? उनका उत्तर है–कि ये तो निरर्थक (non-significant) ध्वनिक परिवर्तन है क्योंकि इस परिवर्तन से बहुवचन की

व्यवस्था में कोई गुणात्मक भेद नहीं आया। इस प्रकार दूसरे से तीसरे चरण में आने की प्रक्रिया में जो भाषा परिवर्तन दिखलाई देता है उसमें शब्दांत 'इ' स्वर का लोप हो जाता है (fēti >fēt)। (बाद में ग्रेट इंगलिश वावेल शिफ्ट के अनुसार ओ (o) का ऊ (u) में तथा ए (e) का ई (i) में परिवर्तन होता है जिससे फ़ूट (foot) , फ़ेट (fēt) बनता है और फेट (fēt), फ़ीट (feet)। सस्यूर ने यह तर्क सामने रखा कि तीसरे चरण में जो इ-लोप की प्रक्रिया दिखलाई पड़ रही है, उससे बहुवचन की अपनी व्यवस्था पर तो कोई प्रभाव पड़ा ही नहीं। इस उदाहरण के सहारे वे यह सिद्ध करना चाहते थे, कि बहुवचन को व्यक्त करनेवाले प्रतीकों के बाहरी रूपों में तो समय के साथ परिवर्तन आया, पर बहुवचन की अपनी व्यवस्था 'तीसरे'चरण पर भी वैसी ही बनी रही, जैसी कि वह 'पहले' और 'दूसरे' चरण पर थी।

एक दूसरे परिप्रेक्ष्य में भी सस्यूर ने भाषा अध्ययन के एककालिक संदर्भ की महत्ता स्थापित की। उनके अनुसार किसी भाषा के कालक्रमिक अध्ययन का रास्ता भी एककालिक अध्ययन का रास्ता है। उनका सवाल पहले यह है कि किसी भाषिक परिवर्तन के जानने का रास्ता क्या है ? पहले हम चरण 1 पर भाषा व्यवस्था का एककालिक अध्ययन करते हैं और उसके अनुसार भाषा का विवरण प्रस्तुत करते हैं। मान लीजिए कि चरण-1 से संबद्ध विवरण काल-'क' का है। फिर हम चरण 2 पर भाषा व्यवस्था का एककालिक अध्ययन कर उसके प्रतीकों का विवरण देते हैं। मान लीजिए कि चरण 2 से संबंधित विवरण काल 'ख' का है। भाषा परिवर्तन (अर्थात् कालक्रमिक अध्ययन) तो काल 'क' और 'ख' के संदर्भ में प्राप्त दो चरणों के भाषा, विवरण के भेद के आधार पर ही देखा जा सकता है। अगर यह बात सही है तब सस्यूर का यह तर्क भी सही है कि कालक्रमिक अध्ययन का संदर्भ, भाषा व्यवस्था के एककालिक अध्ययन की अपेक्षा रखता है।

सस्यूर, यह भी मानते थे कि भाषा परिवर्तन पहले 'भाषा व्यवहार' (parole) से शुरू होता है। उनके अनुसार भाषा परिवर्तन पहले भाषाविज्ञान के रूप में वैयक्तिक स्तर पर प्रारंभ होता है। यह विकार अंत में जाकर 'भाषा व्यवस्था' (langue) को प्रभावित करता है। अतः पहले 'प्रतीक' में विकार आता है और उसके काफ़ी बाद प्रतीकों के संबंधों की व्यवस्था में उसके फलस्वरूप परिवर्तन होता है। उनकी दूसरी मान्यता यह थी कि भाषा विकार की अपनी कोई व्यवस्था नहीं होती, इसीलिए भाषा परिवर्तन एककालिक संदर्भ से उपलब्ध 'संबंधों की व्यवस्था' के बाहर की चीज़ है, भले ही बाहर रहकर वह व्यवस्था को प्रभावित ही क्यों न करता हो। (सस्यूर द्वारा प्रस्तावित भाषा अध्ययन के दो संदर्भ—एककालिक और कालक्रमिक—आज भी मान्य हैं, पर उनकी

इस मान्यता का वाइनराइख, लेबोव आदि खंडन कर चुके हैं कि भाषा परिवर्तन, भाषिक व्यवस्था के बाहर की चीज है।)

4

आधुनिक भाषा चिंतन के संदर्भ में सस्यूर के महत्त्व के बारे में जो भी कहा जाए, वह अपर्याप्त ही होगा। वे आधुनिक भाषाविज्ञान के 'जनक' के रूप में जाने जाते हैं। पर सच तो यह है कि चिंतक के रूप में वे आज भी हमारे बीच जीवित हैं, क्योंकि भाषाविज्ञान का आज कोई भी 'स्कूल' क्यों न हो, भाषा सिद्धांत की कोई भी नई 'स्थापना' क्यों न प्रस्तावित हो रही हो और भाषा अनुसंधान का कोई भी नया क्षेत्र क्यों न आ रहा हो, बिना 'सस्यूर' द्वारा प्रतिपादित सिद्धांतों से टकराए वे अपनी मान्यता नहीं प्राप्त कर सकते।

सस्यूर जिस किसी भी समस्या को उठाते थे, उसका विधिवत् परीक्षण करते थे। उदाहरण के लिए वे भारोपीय भाषा में स्वर विकल्पन की समस्या में वर्षों जूझते रहे। सवाल यह पता लगाने का था कि भारोपीय भाषा के मूल में वह कौन-सी स्वर व्यवस्था थी जिसके आधार पर इससे जन्मी अन्य ज्ञात भाषाओं की स्वर व्यवस्था एवं उनमें मिलनेवाले विकल्पनों को समझा जा सके। इनमें सबसे बड़ी समस्या– अ (a) स्वर की थी। कुछ विद्वानों ने कई 'अ' की कल्पना की थी और उसी विभिन्न 'अ' के द्वारा स्वर विकल्पन की व्याख्या कर रहे थे। सस्यूर को उनकी व्याख्या असंतोषपूर्ण लगी। अपने अध्ययन के आधार पर जिस स्वर इकाई की उन्होंने कल्पना की, उसको स्वनिक रूप तो नहीं दिया, पर उसके प्रकार्यात्मक रूप (functional form) की ओर उन्होंने स्पष्ट संकेत दिया। उनके अनुसार, इस इकाई का संबंध 'अ' (या उससे उत्पन्न 'ए' और 'ओ') से नहीं था। उनकी यह मान्यता थी कि यह इकाई एक ओर आक्षरिक गुणों से युक्त थी (क्योंकि वह बिना किसी अन्य इकाई की सहायता से अपनी सत्ता ग्रहण कर सकती थी), और दूसरी तरफ़ व्यंजनों की तरह के दूसरे स्वरों से संयुक्त भी हो सकती थी। इस ध्वनि इकाई को सस्यूर ने sonant coefficient कहा। यह देखकर आश्चर्य होता है कि सस्यूर द्वारा प्रस्तावित इस प्रकार्यात्मक इकाई की सत्ता का प्रमाण ठीक उसके पचास वर्ष बाद मिला। क्यूनिफ़ार्म हिट्टाइट की खोज के बाद यह पता चला कि उसकी व्यवस्था में 'ह' लिपि-चिह्न है जो उसी रूप में व्यवहार करता था जैसा की सस्यूर ने अपने वैज्ञानिक शोध के आधार पर अनुमान लगाया था। आज यह ध्वनि और सिद्धांत काकलीय (laryngeal) के रूप में जाना-माना जाता है।

अगर सस्यूर के सिद्धांतों और विचार संदर्भ को आज की चिंतनधारा

से जोड़कर देखें, तब आज की दो मुख्य प्रवृत्तियों के प्रेरणास्रोत वे ही माने जाएँगे। उनमें से एक है 'संरचनावाद', जो आज की चिंतनधारा में 'वाद' से अधिक एक 'आंदोलन' के रूप में सामने आया है। दूसरा है 'प्रतीकविज्ञान' का क्षेत्र, जो नृतत्त्वशास्त्र, शैलीविज्ञान आदि का आज मूलाधार बन चुका है। जहाँ तक भाषाविज्ञान के अपने 'स्कूल' का संबंध है, सस्यूर द्वारा प्रतिपादित सिद्धांत जिन तीन क्लासिकल स्कूलों को जन्म दे चुका है, वे हैं–प्राग का 'प्रकार्यात्मक भाषाविज्ञान', कोपनहेगन का 'ग्लासमैटिक्स' और अमेरिका का 'संरचनात्मक भाषाविज्ञान'।

3

भाषा : परिभाषा और अभिलक्षण

किसी भी वस्तु की परिभाषा उस वस्तु की अपनी प्रकृति और उसके अपने प्रयोजन पर आधारित होती है। भाषा की परिभाषा पर विचार करते समय यह बात ध्यान देने योग्य है कि भाषा केवल अपनी प्रकृति में ही अत्यंत जटिल और बहुस्तरीय नहीं है वरन् अपने प्रयोजन में भी बहुमुखी है। उदाहरण के लिए अगर भाषा व्यक्ति के निजी अनुभवों एवं विचारों को व्यक्त करने का माध्यम है ; तब इसके साथ ही वह सामाजिक संबंधों की अभिव्यक्ति का उपकरण भी है, एक ओर अगर वह हमारे मानसिक व्यापार (चिंतन प्रक्रिया) का आधार है तब दूसरी तरफ़ वह हमारे सामाजिक व्यापार (संप्रेषण प्रक्रिया) का साधन भी है। इसी प्रकार संरचना के स्तर पर जहाँ भाषा अपनी विभिन्न इकाइयों में संबंध स्थापित कर अपना संश्लिष्ट रूप ग्रहण करती है वहीं दूसरी ओर वह उन सामाजिक स्थितियों से भी संबंध स्थापित करती है जिनमें वह प्रयुक्त होती है। प्रयोजन की विविधता ही भाषा को विभिन्न सन्दर्भों में देखने के लिए बाध्य करती है। यही कारण है कि विभिन्न विद्वानों ने इसे विभिन्न रूपों में देखने और परिभाषित करने का प्रयत्न किया है। विद्वानों का एक वर्ग उसे **मानव मन की सर्जनात्मक शक्ति** के रूप में देखता है तो दूसरा वर्ग इसे **मानव व्यवहार की सामाजिक शक्ति के रूप में**। परिणाम भी स्पष्ट है। भाषा की आज कोई भी ऐसी परिभाषा नहीं दी जा सकती जो सर्वमान्य और उसके सभी प्रकार्यों की दृष्टि से पर्याप्त हो।

सुविधा के लिए यह कहा जा सकता है कि अपनी प्रकृति में **भाषा प्रतीकों की व्यवस्था** है। इस रूप में भाषा को परिभाषित करते समय दो प्रश्न उठाए जा सकते हैं– 1. प्रतीक या भाषिक प्रतीक की प्रकृति क्या है और 2. इन प्रतीकों की व्यवस्था से हमारा क्या तात्पर्य है ? इन दो प्रश्नों के समुचित उत्तर पाने के बाद ही हम इस परिभाषा के सही अर्थ को समझ सकते हैं।

प्रतीक और भाषिक प्रतीक

प्रतीक वह वस्तु है जो किसी (व्याख्याता) के लिए किसी अन्य वस्तु के स्थान

पर प्रयुक्त होती है। प्रसिद्ध विद्वान पीयर्स (C. S. Pierce) के शब्दों में यह कहा जा सकता है –A sign is something that stands to somebody for something else in some respect or capacity. उदाहरण के लिए हम कह सकते हैं कि शिवलिंग, भगवान शिव का प्रतीक है क्योंकि व्याख्याता (भक्तों) के लिए शिवलिंग वह 'वस्तु' है जो अन्य वस्तु (भगवान शिव) के लिए कुछ विशेष संदर्भों में प्रयुक्त होता है। इसी प्रकार जब हम 'घोड़ा' शब्द के रूप पर विचार करते हैं, तब उसको भी प्रतीकवत् प्रयुक्त पाते हैं। उच्चरित या लिखित रूप में शब्द घोड़ा, स्वयं घोड़ा नहीं होता। वह तो घोड़ा-वस्तु के लिए प्रयुक्त प्रतीकजन्य वह भाषिक वस्तु है जिसे उसके प्रयोगकर्ता (व्याख्याता) वास्तविक घोड़े के स्थान पर व्यवहार में लाते हैं।

वस्तुतः प्रतीक की अवधारणा त्रिवर्गीय संकेतन संबंधों पर आधारित है। ये संबंध तीन इकाइयों के आधार पर बनते हैं। इन तीन इकाइयों को क्रमशः 'संकेतित वस्तु', 'संकेतार्थ' और 'संकेत प्रतीक' कहा जाता है। संकेतित वस्तु, बाह्य जगत में स्थित इकाई है– यथा, घोड़ा, किताब आदि। 'संकेतार्थ', व्याख्याता प्रयोगकर्ता के मन में स्थित उस इकाई की संकल्पना है। प्रतीक इस संकेतार्थ को अभिव्यक्ति देनेवाली इकाई है जो संकेतित वस्तु के स्थान पर कुछ विशेष संदर्भों में प्रयुक्त होती है। इन तीनों इकाईयों के परस्पर संबंध को निम्नलिखित चित्र द्वारा समझा जा सकता है।

संकेतित वस्तु (बाह्य जगत में स्थित घोड़ा)

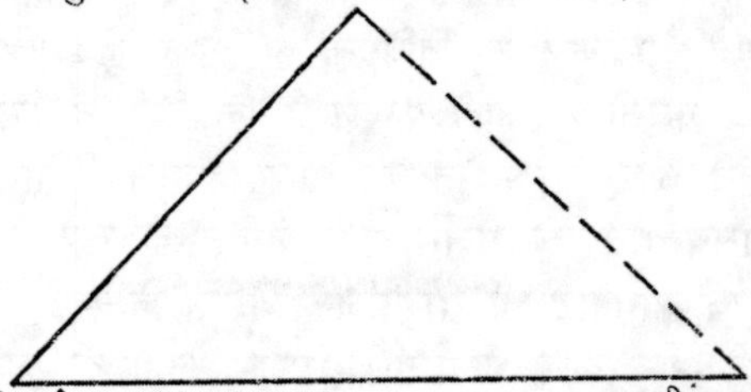

संकेतार्थ (–व्याख्याता के मन में स्थित घोड़ा)

प्रतीक (–शब्द रूप में प्रयुक्त घोड़ा)

यहां दो तथ्यों पर ध्यान देना आवश्यक है। पहला, संकेतित वस्तु और संकेतार्थ में सीधा संबंध है। संकेतार्थ और प्रतीक के बीच का भी संबंध सीधा है पर संकेतित वस्तु और प्रतीक का संबंध सहज और सीधा नहीं है। प्रतीक, सीधे संकेतित वस्तु को संकेतित नहीं करता, बल्कि उसको संकेतित करने के लिए उसे संकेतार्थ का रास्ता चुनना पड़ता है। अतः यह कहा जा सकता है कि संकेतित वस्तु और प्रतीक के संबंध 'आरोपित' हैं। (चित्र में सीधी रेखा, सीधे संबंध को व्यक्त करती है जबकि बिंदु रेखा, आरोपित संबंध को।) दूसरे

संकेतार्थ के निर्माण में केवल बाह्य जगत् की वस्तुएँ ही योग नहीं देतीं, अपितु व्याख्याता या प्रयोगकर्ता का जातीय इतिहास, उसकी सभ्यता और संस्कृति भी अपना योग देती है। इसीलिए भाषिक प्रतीक के रूप में प्रयुक्त शब्दों का सामाजिक एवं सांस्कृतिक अर्थ भी हुआ करता है। उदाहरण के लिए 'गुलाब' शब्द भाषिक प्रतीक के संकेतार्थ के रूप में किसी फूल विशेष को केवल संकेतित ही नहीं करता, बल्कि सामंती ऐश्वर्य के सामाजिक अर्थ का द्योतन भी करता है। इसके विपरीत 'कमल' शब्द, जिस सांस्कृतिक अर्थ को व्यंजित करता है वह 'गुलाब' के सामाजिक अर्थ से भिन्न है।

प्रसिद्ध वि॥॥न सस्यूर के अनुसार, भाषा की प्रत्येक सार्थक इकाई, एक भाषिक प्रतीक है। भाषिक प्रतीक को उन्होंने कथ्य और अभिव्यक्ति की एक संश्लिष्ट इकाई के रूप में माना है। यहाँ कथ्य से तात्पर्य प्रतीक के संकेतार्थ से है जबकि अभिव्यक्ति से तात्पर्य इस संकेतार्थ को व्यक्त करनेवाले ध्वनिसमूह से। उदाहरण के लिए अगर 'घोड़ा' शब्द को एक भाषिक प्रतीक मानें, तब कथ्य इस शब्द का संकेतार्थ माना जाएगा जबकि अभिव्यक्ति इस शब्द का ध्वनि संयोजन– घ् + ओ ड़ + आ। कथ्य और अभिव्यक्ति के एकीकरण का ही यह परिणाम होता है कि कथ्य के अभाव में अभिव्यक्ति पक्ष और अभिव्यक्ति के अभाव में कथ्य पक्ष, प्रतीक रूप में सिद्ध नहीं माना जा सकता। एक के बिना दूसरे की संकल्पना नहीं की जा सकती। किसी प्रतीक के अभिव्यक्ति पक्ष के आने के साथ ही उसका कथ्य पक्ष भी मन में तत्काल उभरता है (जैसे 'घोड़ा' शब्द सुनते ही श्रोता की कल्पना में उसका कथ्य अर्थात् घोड़े की संकल्पना उभर आती है) और कथ्य की मन में अवधारणा आते ही उसका अभिव्यक्ति पक्ष (नाम) सामने आ जाता है।

भाषिक प्रतीक अपने अभिव्यक्ति पक्ष के लिए जिस माध्यम को अपनाता है, उसका आधार वागेन्द्रिय होता है। अपने विचारों को दूसरे तक पहुँचाने के लिए जब व्यक्ति भाषिक प्रतीक का सहारा लेता है तब वह वक्ता के रूप में शब्दों का उच्चारण करता है और श्रोता के रूप में दूसरा व्यक्ति उसे कानों में सुनता है। अतः **भाषिक प्रतीक अपनी मूल प्रकृति में ध्वनिपरक** होता है। यहाँ इस बात की ओर संकेत दे देना अनुचित न होगा कि अपने विचारों को दूसरों तक पहुँचाने के लिए व्यक्ति ध्वनि माध्यम के अतिरिक्त अन्य साधन भी व्यवहार में ला सकता है। जैसे हाथ हिलाकर, आँख नचाकर तथा झंडी दिखाकर वह अपने संकेतार्थ को व्यक्त कर सकता है, पर उसे सही अर्थों में न तो भाषिक प्रतीक कहा जा सकता है और न ही भाषा।

भाषिक प्रतीक अपनी मूल प्रकृति में ध्वनिपरक होता है पर प्रत्येक ध्वनि प्रतीक, भाषिक नहीं होता। उदाहरण के लिए सीटी या चुटकी बजाकर

हम संकेतार्थ को व्यक्त कर सकते हैं या फिर घंटी बजाकर या टिक-टिक की ध्वनि पैदाकर अपने विचार को दूसरे तक पहुंचा सकते हैं पर ऐसे ध्वनि-प्रतीकों को भाषिक नहीं कहा जाता। भाषिक प्रतीक जिस ध्वनि को अपना अभिव्यक्ति माध्यम बनाता है वह वागेन्द्रिय द्वारा निःसृत होनी चाहिए। अतः यह कहा जा सकता है कि **भाषिक प्रतीक का अभिव्यक्ति माध्यम मनुष्यों के वागेन्द्रिय द्वारा निःसृत ध्वनियाँ हैं।**

कथ्य और अभिव्यक्ति के संबंधों की प्रकृति के आधार पर भी भाषिक प्रतीक की प्रकृति को समझ लेना आवश्यक है। इन संबंधों के आधार पर प्रतीकों के सामान्यतः तीन प्रकार बताए जाते हैं– 1. प्रतिमापरक (iconic) प्रतीक, 2. संकेतपरक (indexical) प्रतीक और 3. सामान्य प्रतीक (sign proper)। **प्रतिमापरक प्रतीक** में कथ्य और अभिव्यक्ति के संबंधों का आधार 'सादृश्य' होता है। किसी व्यक्ति विशेष का 'पोर्ट्रेट' अथवा किसी देश का 'चित्र' सादृश्य तत्व के आधार पर संकेतार्थ को व्यक्त करता है। **सूचनापरक प्रतीक** में कथ्य और अभिव्यक्ति के बीच के संबंधों का आधार कार्य-करण का सहज और प्राकृतिक संबंध रहता है। धुआँ, आग के होने का प्रतीक है, उमड़ते हुए बादल वर्षा की ओर संकेत देते हैं, चेहरे का लाल होकर तमतमा जाना भावोद्रेक (क्रोध या लज्जा) को व्यक्त करता है। यहाँ हम कार्य-कारण का सहज संबंध देखते हैं। सामान्य प्रतीक में कथ्य और अभिव्यक्ति के बीच संबंधों की प्रकृति यादृच्छिक और रूढ़िपरक होती है। यादृच्छिक होने के कारण कथ्य और अभिव्यक्ति में कोई नैसर्गिक संबंध नहीं होता। रूढ़िपरक कहने का तात्पर्य यह है कि कथ्य और अभिव्यक्ति का संबंध समाज द्वारा स्वीकृत मान्यता पर आधारित होता है।

भाषिक प्रतीक अपनी प्रकृति में मूलतः सामान्य (यादृच्छिक और रूढ़िपरक) होता है। यही कारण है कि हमें भाषा में पर्यायवाची शब्द या अभिव्यक्तियाँ मिलती हैं, यथा– घोड़ा, अश्व, तुरंग आदि और एक ही कथ्य के लिए भिन्न भाषाओं में भिन्न-भिन्न अभिव्यक्ति रूप मिलते हैं, यथा संस्कृत में 'अश्व', हिंदी में 'घोड़ा', अंग्रेज़ी में 'हार्स', रूसी में 'कोन्य', फ्रेंच में 'शेवल', आदि। यह अभिव्यक्ति और कथ्य पक्ष के यादृच्छिक संबंधों का ही परिणाम कहा जा सकता है कि अभिव्यक्ति पक्ष में परिवर्तन के बिना ही भाषिक प्रतीकों के संकेतार्थ में परिवर्तन आ जाता है। भाषिक प्रतीकों में पाए जानेवाले अर्थ विस्तार एवं अर्थ संकोच की प्रक्रिया इसके स्पष्ट उदाहरण हैं। उदाहरण के लिए 'तेल' शब्द पहले 'तिल के तेल' को संकेतित करता था, अब वह प्रतीक अपने संकेतार्थ का विस्तार पाकर किसी भी प्रकार के तेल को व्यंजित करता है। इसी प्रकार 'मृग' शब्द पहले किसी भी जानवर के लिए प्रयुक्त भाषिक

प्रतीक था, पर आज उसका संकेतार्थ जानवर विशेष (हरिण) तक संकुचित हो गया है।

भाषा से संदर्भ में एक-दो उदाहरण ऐसे भी देखे जा सकते हैं जिनमें प्रतीकों की प्रकृति यादृच्छिक नहीं होती। ऐसे प्रतीकों में अभिव्यक्ति और कथ्य पक्षों के संबंधों की प्रकृति सहेतुक होती है। सभी अनुरणात्मक शब्दों के संकेतार्थ में ध्वनि-साम्य के आधार पर अभिव्यक्ति की प्रकृति निर्धारित होती है, जैसे खट-खट, पट-पट या फिर बिल्ली की 'म्याऊँ' आवाज़। एक दूसरे संदर्भ में भी प्रतीकों की प्रकृति सहेतुक मानी जा सकती है। हम जब एक शब्द के आधार पर दूसरा व्युत्पन्न शब्द बनाते हैं, तब वस्तुतः प्रतीकों के अभिव्यक्ति और कथ्य पक्ष के संबंधों में तर्कजन्य संगति बैठाकर ही शब्द गढ़ लेते हैं। उदाहरण के लिए लेखक, पाठक की तरह टंकण से हम 'टाइपिस्ट' के लिए जब 'टंकक' शब्द गढ़ते हैं तब इस प्रतीक के निर्माण के पीछे हमें एक निश्चित तर्कपरक सिद्धांत दिखलाई पड़ता है। निश्चित ही प्रतीक के रूप में 'टंकक' सहेतुक भाषिक प्रतीक है। सस्यूर के मत में अनुरणनात्मक एवं सहेतुक प्रतीक, भाषिक प्रतीकों की यादृच्छिक प्रकृति को नकारते नहीं। वे मात्र इसके अपवाद हैं, क्योंकि भाषा में ऐसे प्रतीकों की संख्या सामान्य प्रतीकों की तुलना में नगण्य है।

निष्कर्ष रूप में हम यह कह सकते हैं कि भाषिक प्रतीक अपनी प्रकृति में मूलतः सामान्य (यादृच्छिक और रूढ़िपरक) होता है और इनके अभिव्यक्ति माध्यम का आधार वागेन्द्रिय द्वारा निःसृत ध्वनियाँ होती हैं।

प्रतीकों की व्यवस्था

भाषा केवल भाषिक प्रतीकों का जमघट नहीं, और न ही वह इनकी कड़ी है। वह तो भाषिक प्रतीकों की सार्थक व्यवस्था है, उनकी एक व्यवस्थित कड़ी है। इसलिए यह कहा जा सकता है कि भाषा या वाक्य, भाषिक प्रतीकों की कड़ी तो होता है पर भाषिक प्रतीकों की हर कड़ी भाषा या वाक्य का दर्जा नहीं पाती। प्रत्येक मातृभाषी अपनी भाषा में प्रयुक्त प्रतीकों की इस व्यवस्था को ज्ञात या अज्ञात रूप में पहचानता है और उसके आधार पर उन भाषिक प्रतीकों को पहचानने में सक्षम होता है जो मान्य होते हैं। उदाहरण के लिए शब्द स्तर पर भाषिक प्रतीक 'कलम' या 'कमल' को हिंदीभाषी मान्यता देता है पर इन्हीं ध्वनियों के उस संयोजन को स्वीकार नहीं करता जो 'मकल' या 'लकम' को जन्म देता है। इसी प्रकार वाक्य के स्तर पर भाषिक प्रतीक, शब्दों की कड़ी के रूप में देखा जा सकता है। यह व्यवस्था का ज्ञान ही है जिसके आधार पर हिंदीभाषी नीचे दिए गए 'क' वाक्य को तो स्वीकार कर लेता है

पर 'ख' वाक्य में प्रयुक्त शब्दों की कड़ी को अपनी 'भाषा का वाक्य नहीं मानता (यद्यपि 'ख' वाक्य में भी वे ही शब्द हैं जो 'क' में हैं) –

(क) लड़के ने मोहन को किताब दे दी थी।

(ख) ने थी को लड़के ने मोहन दी किताब।

यह तथ्य भी ध्यान देने योग्य है कि भाषिक प्रतीकों की व्यवस्था, भाषा सापेक्ष होती है और हर व्यवस्था, कुछेक संरचनात्मक नियमों की अपेक्षा रखती है। भाषा सापेक्ष कहने का तात्पर्य केवल इतना है कि प्रत्येक भाषा अपने को भाषिक प्रतीकों की कड़ी के रूप में पिरोती है। हिंदी में अगर हम कर्ता+कर्म+क्रिया के क्रम का निर्वाह करते हुए बोलते हैं तो अंग्रेज़ी में कर्ता+क्रिया+कर्म का। इसी के साथ यह भी कहा जा सकता है कि अगर कहीं व्यवस्था है तो उसके पीछे कुछ नियम भी अवश्य होंगे। ऊपर के उदाहरण से यह स्पष्ट है कि भाषिक प्रतीकों के क्रम का नियम हिंदी में 'कर्म' को 'क्रिया' के पहले रखता है जबकि अंग्रेज़ी में उसे 'क्रिया' के बाद लाता है।

ये नियम ही भाषिक संरचना और उस संरचना के आधार पर बने भाषिक प्रतीकों की अभिरचना (पैटर्न) का निर्माण करते हैं। संरचना, भाषिक प्रतीकों की व्यवस्था न होकर उनके प्रकार्यों की व्यवस्था होती है। उदाहरण के लिए दो वाक्यों को ही लें–(क) मोहन घर आएगा और (ख) पत्र घर आएगा। इन दो वाक्यों की संरचना भिन्न है क्योंकि 'मोहन' (संज्ञा) जिस प्रकार्य की ओर संकेत दे रहा है उससे भिन्न प्रकार्य की ओर 'पत्र' (संज्ञा) संकेत दे रहा है। पहले वाक्य में संज्ञा (मोहन) सजीव कर्ता है जो क्रिया (आने का काम) का सम्पादन स्वयं करनेवाला है, जबकि दूसरे वाक्य में संज्ञा (पत्र) निर्जीव है अत: आने की क्रिया का सम्पादन वह स्वयं नहीं करनेवाला है। भाषिक प्रतीकों की व्यवस्था इन दोनों वाक्यों में एक जैसी है यथा संज्ञा+संज्ञा+क्रिया, पर उनकी संरचनात्मक प्रकृति में अंतर है। यह संरचनात्मक प्रकृति का अंतर ही है कि (क) संरचना के विस्तार के रूप में हम कह सकते हैं–'मोहन जानबूझकर घर नहीं आया', पर (ख) संदर्भ में हम यह नहीं कह सकते–'पत्र जानबूझकर घर नहीं आया।' ऊपर दिए गए उदाहरणों के आधार पर हम यह कह सकते हैं कि **भाषिक प्रतीकों की व्यवस्था अपनी प्रकृति में संरचनात्मक और प्रतिफल में भाषा सापेक्ष** होती है।

अगर हम भाषिक प्रतीक तथा उनकी अपनी व्यवस्था की प्रकृति के आधार पर भाषा को परिभाषित करें, तो ऊपर की चर्चा के आधार पर हम कह सकते हैं कि '**भाषा वागेन्द्रिय द्वारा नि:सृत उन ध्वनि प्रतीकों की संरचनात्मक व्यवस्था है जो अपनी मूल प्रकृति में सामान्य (यादृच्छिक एवं रूढ़िपरक) होते हैं।**

ऊपर दी गई परिभाषा, भाषा की आभ्यंतर प्रकृति का उद्घाटन करती है। पर इस परिभाषा के बाह्य प्रयोजन स्पष्ट नहीं होते। आभ्यंतर प्रकृति यह तो बताती है कि 'भाषा क्या है ?' पर इस ओर संकेत नहीं करती कि 'भाषा किसलिए है ?' भाषा की परिभाषा पर विचार करते समय इसीलिए भाषा के प्रयोजन पर भी संक्षेप में विचार कर लेना आवश्यक है।

भाषिक प्रयोजन

भाषा हमारी कई आवश्यकताओं की पूर्ति का साधन है। विद्वानों ने उपकरण के रूप में भाषा प्रयोग के निम्नलिखित तीन संदर्भों की ओर संकेत दिया है–

1. अभिव्यक्ति संदर्भ; 2. संप्रेषण संदर्भ; 3. सूचक संदर्भ

अभिव्यक्ति संदर्भ के रूप में भाषा, व्यक्ति के जीवन और जगत संबंधी अनुभवों एवं विचारों की अभिव्यक्ति का साधन है। ऐसा करते समय भाषा हमारे अनुभवों को एक संरचनात्मक व्यवस्था में बाँधती है, जीवन और जगत् को देखने की दृष्टि को नियंत्रित भी करती है।

संप्रेषण संदर्भ के रूप में भाषा हमारी बातचीत का माध्यम है। हम भाषा के सहारे केवल सोचते-विचारते ही नहीं, बल्कि एक-दूसरे तक अपने विचारों का संप्रेषण करते हैं। इसमें संदेह नहीं कि भाषा, संप्रेषण व्यवस्था का अन्यतम उदाहरण है।

सूचक संदर्भ के रूप में भाषा व्यक्ति की सामाजिक अस्मिता, उसके सामाजिक पद तथा वक्ता एवं श्रोता के अन्त:संबंधों की प्रकृति की सूचना देती है। उदाहरण के लिए भारतीय समाज में अंग्रेज़ी भाषा का प्रयोग वक्ता की सामाजिक प्रतिष्ठा का सूचक है, और किसी व्यक्ति द्वारा भाषा के औपचारिक अथवा अनौपचारिक रूप का प्रयोग उसके और श्रोता के आपसी संबंधों की प्रकृति को सूचित करता है।

इन विभिन्न प्रयोजनों की दृष्टि से हम यह कह सकते हैं कि भाषा के माध्यम से हम अपने अनुभवों को व्यक्त करते हैं, अपने विचारों को दूसरे तक संप्रेषित करते हैं तथा अपनी सामाजिक अस्मिता, सामाजिक पद तथा अपने अंतर्वैयक्तिक संबंधों को सूचित करते हैं।

भाषा की प्रकृति और उसके विभिन्न प्रयोजनों को ध्यान में रखते हुए अंततः भाषा को इस रूप में परिभाषित करना संभव है :

भाषा, वागेन्द्रिय द्वारा नि:सृत उन ध्वनि प्रतीकों की संरचनात्मक व्यवस्था है जो अपनी मूल प्रकृति में यादृच्छिक एवं रूढ़िपरक होते हैं और जिनके द्वारा किसी भाषा-समुदाय के व्यक्ति अपने अनुभवों को व्यक्त करते

हैं, अपने विचारों को संप्रेषित करते हैं और अपनी सामाजिक अस्मिता, पद तथा अंतर्वैयक्तिक संबंधों को सूचित करते हैं।

भाषा अभिलक्षण

भाषाविज्ञान के क्षेत्र में जिस भाषा को अध्ययन-वस्तु बनाया जाता है, वह वस्तुतः 'मानव भाषा' होती है। मानव भाषा की अपनी विशेष प्रकृति और अपने विशेष अभिलक्षण हैं। अतः यह आवश्यक है कि हम मानव भाषा को पशु-पक्षियों की भाषा तथा मनुष्य द्वारा प्रयोग में लाए जानेवाले अन्य संप्रेषण माध्यमों से अलग करने के लिए उसके अभिलक्षणों पर विचार कर लें।

नीचे भाषा के कुछ ऐसे अभिलक्षणों की चर्चा की जा रही है, जो मानव भाषा की अपनी प्रकृति से संबद्ध हैं–

1. **मौखिक-श्रव्य माध्यम**– मानव भाषा अपने संकेतार्थ को व्यक्त करने के लिए जिस अभिव्यक्ति माध्यम का सहारा लेती है उसकी प्रकृति मूलतः मौखिक-श्रव्य है। संकेतार्थ के रूप में किसी संदेश को भेजनेवाला व्यक्ति (वक्ता) पहले भाषिक प्रतीक को मुख से उच्चरित करता है और उस संदेश को ग्रहण करनेवाला व्यक्ति (श्रोता) उसे कान से सुनता है; यह अभिलक्षण इस ओर भी संकेत करता है कि भाषा मूलतः मौखिक होती है। उसका लिखित रूप इस मौखिक रूप पर ही आधारित होता है। अन्य जीव-जन्तु संदेश को भेजने के लिए भिन्न प्रकार के माध्यम का प्रयोग करते हैं। उदाहरण के लिए अपने शत्रुओं की सूचना देने के लिए कुछ जीव-जन्तु तेज बदबूदार गंध का प्रयोग करते हैं। इसी प्रकार पराग और शहद के स्थान की सूचना देने के लिए मधुमक्खी नृत्य का माध्यम अपनाती है, पर गंध अथवा नृत्य का अभिव्यक्ति माध्यम मानव भाषा का अभिलक्षण नहीं है।

2. **अंतर्विनिमेयता**– सामान्यतः यह स्वीकार किया जाता है कि मनुष्य एक बोलनेवाला प्राणी है पर वास्तविकता तो यह है कि मनुष्य केवल बोलता ही नहीं वरन् 'बातचीत' करता है। वार्तालाप में दो व्यक्तियों का होना आवश्यक है–एक वक्ता और दूसरा श्रोता। अंतर्विनिमेयता का लक्षण यह बतलाता है कि वार्तालाप तभी संभव है जब वक्ता और श्रोता बोलने और सुनने की अपनी भूमिका को बदलते रहें अर्थात् बातचीत के दौरान जो एक समय वक्ता है वह दूसरे समय श्रोता की भूमिका अपनाए और जो श्रोता है वह वक्ता की भूमिका निभाए।

3. याद‍ृच्छिकता – यह अभिलक्षण संकेत देता है कि मानव भाषा में कथ्य और अभिव्यक्ति के संबंध के बीच कोई सादृश्यपरक अथवा कार्य-कारण

का संबंध नहीं होता। इनके संबंधों की प्रकृति यादृच्छिक होती है। यही कारण है कि एक ही कथ्य के लिए भिन्न भाषाओं में अलग-अलग शब्द मिलते हैं और एक ही भाषा में अनेक पर्यायवाची शब्द।

4. **परंपरा** – यह अभिलक्षण इस ओर संकेत देता है कि कथ्य और अभिव्यक्ति के संबंध सामाजिक परंपरा द्वारा निर्धारित होते हैं। इसीलिए उनके बीच के संबंधों की यादृच्छिक प्रकृति रूढ़िगत होती है। इस रूढ़िप्रयोग को व्यक्ति परंपरा से अर्जित करता है। यह अभिलक्षण मानव-भाषा को सामाजिक परंपरा से अर्जित संस्कार के रुप में देखने का आग्रह करता है।

5. **विविक्तता** – जब हम भाषा के माध्यम द्वारा किसी विचार को व्यक्त करते हैं तब विचार अविरल धारा के रूप में होता है। विचार की इस धारा को जिन ध्वनियों द्वारा हम अभिव्यक्त करते हैं वे भी भौतिक स्तर पर एक अविच्छिन्न प्रवाह के रूप में होती हैं। यही कारण है कि बोलते समय हम अपने विचार को उसके संपूर्ण रूप में व्यक्त करना चाहते हैं और उसके लिए ध्वनियों की एक अटूट कड़ी का प्रयोग करते हैं। स्वाभाविक रूप से बोले गए किसी वाक्य में भौतिक धरातल (वायु तरंगों) पर हम कोई विराम या मौन की स्थिति नहीं पाते फिर भी जब हम किसी वाक्य पर ध्यान देते हैं तो उसे शब्दों में और शब्दों को ध्वनि इकाइयों में खंडित पाते हैं। यह अभिलक्षण इस तथ्य की ओर संकेत देता है कि मानव भाषा कथ्य और अभिव्यक्ति के अविच्छिन्न प्रवाह को विविक्त (विच्छिन्न) इकाइयों के संचित कोश के रूप में ग्रहण करती है।

6. **अभिरचना द्वित्व** – किसी 'संदेश' को व्यक्त करने की प्रक्रिया पर ध्यान देने पर स्पष्ट हो जाता है कि उसके दो निश्चित स्तर हैं। पहले स्तर का संबंध कथ्य (अर्थ) से है। इस स्तर पर अविच्छिन्न विचार को अर्थ की दृष्टि से न्यूनतम इकाइयों की कड़ी में बाँधा जाता है अभिव्यक्ति के दूसरे स्तर का संबंध अभिव्यक्ति माध्यम (ध्वनि) की इकाइयों से रहता है। उदाहरण के लिए अगर विचार की न्यूनतम इकाई 'जल' है तब उसकी अभिव्यक्ति की न्यूनतम इकाइयाँ हैं– ज्+अ+ल्+अ। ध्वनि की इन इकाइयों का कोई अपना अर्थ नहीं होता, केवल इनका अपना रूप और प्रकार्य होता है, जिसके सहारे एक शब्द को दूसरे शब्द से अलग करना संभव है (जैसे, कल, बल, नल, आदि)। यह अभिलक्षण इस ओर संकेत देता है कि मानव भाषा एक साथ दो अभिरचनाओं के प्रतिफलन का परिणाम है, जिसमें पहली अभिरचना विचार की न्यूनतम इकाइयों का परिणाम होती है और दूसरी अभिरचना प्रभेदन में संबद्ध इकाइयों का।

7. **विस्थापन** – अपना संदेश देने के लिए अन्य जीव-जंतु भी संप्रेषण प्रक्रिया का सहारा लेते हैं लेकिन उनकी यह विशेषता है कि वे संदेश तभी देते हैं जब उसके प्रेरक तत्त्व वर्तमान में प्रत्यक्ष हों। उदाहरण के लिए अगर किसी पशु को शत्रु की सूचना दूसरे तक पहुँचानी होती है तब उसके लिए यह ज़रूरी है कि वह शत्रु पक्ष पशु के सामने वर्तमान में प्रत्यक्ष हो। यह अभिलक्षण इस ओर संकेत देता है कि मानव भाषा में 'समय' और 'स्थान' की यह अनिवार्यता नहीं होती। इसका प्रयोक्ता जिस संदेश को व्यक्त करना चाहता है उसकी विषय वस्तु 'समय' और 'स्थान' की दृष्टि से विस्थापित भी हो सकती है। मनुष्य के स्मृतिकोश और चिंतन प्रक्रिया का आधार भी भाषा ही है। इस अभिलक्षण का ही परिणाम है कि हम भाषा में 'भूतकाल' और 'भविष्यकाल' की संरचनाएँ पाते हैं क्योंकि मानव भाषा हमें यह सामर्थ्य प्रदान करती है कि हम एक ओर विगत घटनाओं पर विचार कर सकें और दूसरी ओर भविष्य की घटनाओं की कल्पना कर सकें।

भाषा (Langue) और वाक् (Parole)

भाषा अध्ययन के लिए पारिभाषिक शब्दावली के जो कुछ सार्थक युग्म आधुनिक भाषाविज्ञान के जनक सस्यूर ने प्रस्तावित किये हैं, उनमें यह सबसे अधिक चर्चित युग्म है। उन्होंने भाषा के जिस रूप की कल्पना की है, वह एक ओर सामाजिक वस्तु है और दूसरी ओर अपनी प्रकृति में वह सतत परिवर्तनशील है। सामाजिक होने के कारण उसका एक पक्ष संस्थागत है; जिसे सस्यूर ने 'भाषा व्यवस्था' (la langue) की संकल्पना द्वारा पकड़ना चाहा। सतत परिवर्तनशील होने के कारण भाषा का एक दूसरा पक्ष भी है, जिसे उन्होंने 'भाषा व्यवहार' (la parole) की अपनी संकल्पना द्वारा परिभाषित करना चाहा। उनकी धारणा के अनुसार 'भाषा व्यवस्था' (लाँग) और 'भाषा व्यवहार' (परोल) मिलकर ही भाषा की सही संकल्पना का निरूपण करते हैं।

(नोट : हिंदी की कुछ पुस्तकों में la langue के लिए 'भाषा' और la parole के लिए 'वाक्' का प्रयोग मिलता है जिसका आधार अंग्रेज़ी के शब्द language और speech हैं। मेरे मत में, ये शब्द प्रयोग सस्यूर की भाषा संबंधी संकल्पना को सही रूप में व्यंजित नहीं करते। भ्रम की स्थिति तो तभी उत्पन्न हो जाती है जबकि 'भाषा' की प्रकृति को सही संदर्भ में रखने के लिए प्रतिस्पर्धा संकल्पना के रूप में 'वाक्' के विरोध में 'भाषा' को सामने लाया गया। भाषा के ही दो आयाम हैं–भाषा और वाक्। वस्तुतः "लाँग" के लिए भाषा व्यवस्था और 'परोल' के लिए भाषा व्यवहार कहीं अधिक संगत पारिभाषिक शब्द हैं।)

भाषा व्यवस्था संस्थागत होती है : वह वस्तुतः समूहगत अनुबंधन का परिणाम है। वह भाषिक प्रतीकों की उस संहिता (कोड) से संबद्ध होती है जो किसी भी प्रकार से वक्ता की निजी इच्छा या प्रतीकों के अपने माध्यम (उच्चारण या लेखन) से नियंत्रित नहीं होती। इसीलिए सस्यूर के मत में भाषा व्यवस्था सामाजिक संस्थान की तरह एक सामाजिक व्यवस्था है, वह स्वयं में एक प्रतीकबद्ध सामाजिक वस्तु है, जो व्यक्ति से जुड़ी रहकर भी व्यक्ति की अपनी सीमा से मुक्त होती है। व्यक्तिभेद से मुक्त होने के कारण वह अपनी प्रकृति में समरूपी (homogeneous) होती है।

सस्यूर ने **भाषा व्यवस्था को मूल्यपरक व्यवस्था** के रूप में समझाना चाहा। मूल्यपरक होने के कारण ही उन्होंने भाषा व्यवस्था को शुद्ध 'रूप' (form) के संदर्भ में देखा है। उनका तर्क था कि भाषा के शुद्ध रूप में केवल 'मूल्य' होते हैं जो भाषिक प्रतीकों के भौतिक उपादान या लक्षण द्वारा नियंत्रित नहीं किए जा सकते। इस तथ्य को उन्होंने शतरंज के खेल के उदाहरण द्वारा समझाने की कोशिश की। शतरंज के खेल में प्रयुक्त होनेवाले मोहरे एक 'मूल्य' के रूप में पहचाने जाते हैं। यह मूल्य खेल में उनके प्रकार्य (Function) को बताता है। 'प्यादा' एक घर चलता है और दूसरे मोहरों को तिरछे मारता है, 'हाथी' सीधे कई घर चलकर सीधे ही दूसरे मोहरे को मारता है, घोड़ा ढाई घर दूसरे मोहरों को फाँदकर चल सकता है–आदि। ये मोहरे अपने रूप-आकार में छोटे-बड़े हो सकते हैं, वे अपने उपादान में प्लास्टिक, कागज, लकड़ी, धातु आदि किसी भी वस्तु का प्रयोग कर सकते हैं। आवश्यकता केवल इस बात की होती है कि हम एक मोहरे 'प्यादा' को दूसरे मोहरों 'हाथी', 'घोड़ा' आदि से किसी भेदक लक्षण के आधार पर अलग कर सकें। सस्यूर का कहना है कि ये मोहरे अपने भौतिक उपादानों या बाह्य रूप-रंग के आधार पर खेल में भाग नहीं लेते, बल्कि उस मूल्य के रूप में शामिल होते हैं, जिसे शतरंज का खेल एक 'व्यवस्था' के रूप में उसे प्रदान करता है। यही कारण है कि अगर कोई मोहरा खो जाए तब हम उसे किसी भी अन्य 'वस्तु' द्वारा उसका 'मूल्य' देकर काम चला लेते हैं। जरूरी केवल यह होता है कि वह 'वस्तु' अन्य मोहरों से अलग दिखाई दे। शतरंज का खेल मोहरों के भौतिक लक्षणों के आधार पर नहीं खेला जाता, वरन् उसका खेल उस मूल्य के आधार पर खेला जाता है, जो विभिन्न मोहरों को खेल के विधान द्वारा मिला हुआ है। सस्यूर के मत में भाषाव्यवस्था की प्रकृति को भी शतरंज के खेल के सादृश्य पर समझा जा सकता है क्योंकि किसी भाषा की किसी ध्वनि (यथा–क्, ख्) अथवा उसके रंगनाम (यथा–नीला, लाल) की अपनी सार्थकता उसके भौतिक उपादानों में नहीं होती, वह तो उस मूल्य में होती है जिसे भाषा की अपनी

व्यवस्था या विधान उसे प्रदान करती है।

भाषा व्यवहार (परोल) वस्तुत: भाषा व्यवस्था का व्यक्त रूप है। अपने व्यक्त रूप में वह मानव संबंधों की तरह बहुरूपी और व्यक्तिगत आवश्यकताओं की तरह वैविध्यपूर्ण और विषमरूपी (heterogeneous) होता है। वैयक्तिक संबंधों से जुड़े होने के कारण वह भाषा का व्यष्टि रूप है। व्यक्ति की अपनी यथार्थता से जुड़े होने के कारण यह संप्रेषण की उस प्रक्रिया से संबद्ध होता है जो व्यक्ति के अपने संदर्भ, वक्ता या श्रोता की भूमिका, देश और काल के परिस्थितिगत दबाव आदि द्वारा प्रभावित रहता है। यही कारण है कि **'भाषा व्यवस्था अपनी मूल प्रकृति में नवप्रवर्तनकारी** (innovative) **होती है।'**

भाषा व्यवस्था और भाषा व्यवहार के आधारभूत अंतर को निम्नलिखित तालिका द्वारा समझा जा सकता है –

	भाषा व्यवस्था	भाषा व्यवहार
1.	समूहगत अनुबंधन होने के कारण सामाजिक यथार्थ।	व्यक्तिजन्य प्रयोग होने के कारण वैयक्तिक यथार्थ।
2.	प्रकृति में संस्थानगत होने के कारण समरूपी।	प्रकृति में नवप्रवर्तनकारी होने के कारण विषमरूपी।
3.	प्रकृति में मूल्यपरक होने के कारण अमूर्त एवं रूपपरक।	प्रकृति में स्थितिपरक होने के कारण मूर्तमान एवं अभिव्यक्तिपरक।
4.	व्यवस्थापरक होने के कारण प्रकृति में मानसिक एवं भाषिक क्षमतायुक्त।	प्रयोगपरक होने के कारण प्रकृति में व्यवहारजन्य एवं भाषिक प्रतिफलनयुक्त।

भाषा व्यवस्था और भाषा व्यवहार की बात करते समय प्राय: यह बात भुला दी जाती है कि सस्यूर ने इन दोनों को भाषा के दो अभिन्न पक्षों में स्वीकार किया था। उनके अनुसार भाषा व्यवस्था के रूप में 'लांग' और भाषा व्यवहार के रूप में 'परोल' एक दूसरे का संदर्भ लेकर ही परिभाषित किए जा सकते हैं। भाषा तभी जीवंत मानी जा सकती है जब कि ये दोनों पक्ष–संस्थागत और वैयक्तिक-द्वंद्वात्मक प्रवृत्ति की स्थिति में हों। भाषा व्यवस्था को ही व्यक्ति विविध संदर्भों में भाषा व्यवहार के द्वारा मूर्तमान बनाता है और भाषा व्यवहार की विशिष्ट और मूर्तमान घटनाओं को ही समाज अपनी सामाजिक चेतना में निर्विशिष्ट रूप में ग्रहण करता है। इसीलिए **भाषा व्यवस्था और भाषा व्यवहार सापेक्ष संकल्पनाएँ हैं।**

भाषा और बोली

(क) भाषा के संदर्भ में 'बोली' शब्द का प्रयोग दो अर्थों में मिलता है। अपने

पहले अर्थ में वह भाषा का क्षेत्रीय अथवा सामाजिक प्रभेदक शैलीरूप है जिसे निश्चित शब्दसमूह और व्याकरणिक संरचना द्वारा पहचाना जा सकता है। दूसरे शब्दों में, यह कहा जा सकता है कि भाषा अपने व्यवहार में वैविध्यपूर्ण और विषमरूपी होती है। भाषा की यह विविधता न तो यादृच्छिक होती है और न ही किसी त्रुटि का परिणाम। इसीलिए भाषा-वैविध्य के भीतर एक निश्चित व्यवस्था या पैटर्न देखा जा सकता है। भाषा की यह विविधता जब उसके प्रयोग करनेवालों के स्थान (भौगोलिक क्षेत्र) का परिणाम होती है तब उसको क्षेत्रीय बोली के अंतर्गत रखा जाता है। क्षेत्रीय शैली के हिंदी में हम कई उदाहरण देख सकते हैं। एक क्षेत्र में हम 'ऐ', 'औ' ध्वनियों को मूलस्वर के रूप में बोलते हैं तो दूसरे क्षेत्र में संध्यक्षर के रूप में। (उदाहरण : पैसा-पइसा, और –अउर।) एक स्थान पर हम संख्यावाचक शब्दों 'इ' का प्रयोग करते हैं तो दूसरे स्थान पर 'ए' का। (उदाहरण: इक्कीस–एक्कीस, इकसठ–एकसठ।) शब्दों के स्तर पर भी यह भेद देखा जा सकता है। एक क्षेत्र में जिसे हम 'जुराब' कहते हैं उसी को दूसरे क्षेत्र में 'मोजा'। इसी प्रकार एक भौगोलिक क्षेत्र में जिसे हम 'घिया' और 'तोरी' कहते हैं, उसी को दूसरे क्षेत्र में 'लौकी' और 'नेनुआ' कहा जाता है।

जब भाषा वैविध्य का कारण वक्ता का सामाजिक स्तरभेद (उच्च, मध्य एवं निम्नवर्ग), जातिभेद, लिंगभेद (पुरुष-स्त्री) आदि होता तब उसे सामाजिक बोली के अंतर्गत रखा जाता है। हिंदीभाषी बोलते समय अंग्रेज़ी या संस्कृत के शब्दों या अभिव्यक्तियों के उच्चारण द्वारा अपनी सामाजिक बोली का परिचय, कई तरह से देते हैं, जैसे 'स्टेशन' के लिए 'इस्टेशन', 'टेशन' या 'टीसन' का प्रयोग। इसी प्रकार उच्च शिक्षित वर्ग के व्यक्ति 'पीला' शब्द का प्रयोग करते हैं तब निम्न अशिक्षित वर्ग के व्यक्ति उसे 'पीअर' कहते हैं। सामाजिक बोली वस्तुतः समाज के स्तरीकृत होने का परिणाम होती है। समाज में जब विभिन्न स्तर अपनी अस्मिता या पहचान का भाषिक आधार ढूँढ़ने की ओर प्रवृत्त होते हैं तब सामाजिक बोली पैदा हो जाती है। द्रविड़ कुल की कुछ भाषाओं में वर्ग के आधार पर भी बोलीभेद दिखलाई पड़ता है। वहाँ ब्राह्मण जाति के लोगों की बोली ब्राह्मणेतर जाति के लोगों की बोली से भिन्न होती है। अंग्रेज़ी में भी सामाजिक बोली के आधार पर भाषाभेद देखा जा सकता है। अगर एक व्यक्ति बोलता है– He ain't got it, और दूसरा व्यक्ति कहता है– He hasn't got it, तब सामाजिक बोलीभेद के आधार पर यह कहना संभव है कि पहला व्यक्ति, अपने सामाजिक पद में दूसरे की तुलना में निम्न स्तर का है।

भौगोलिक और सामाजिक बोलीभेद के संदर्भ में यह देखा जा सकता है कि किसी क्षेत्रविशेष के किसी सामाजिक वर्ग की बोली कुछ कारणों से अपनी प्रतिष्ठा अर्जित कर 'मानक' रूप में स्वीकृत हो जाती है। एक बार 'मानक बोली' की मान्यता प्राप्त होने पर वह उच्च वर्ग के शिक्षित व्यक्तियों की बोली के रूप में स्वीकार्य हो जाती है। यह बात भी ध्यान देने योग्य है कि उच्च वर्ग के शिक्षित व्यक्तियों द्वारा प्रयुक्त होनेवाली इस 'मानक बोली' में अन्य बोलियों की अपेक्षा भाषा-वैविध्य कम मिलता है। वस्तुत: बोली के मानक रूप बनने की प्रक्रिया में ही भाषा में विकल्पन की प्रवृत्ति कम होने लगती है। **अंतत: क्षेत्र विशेष के किसी विशेष वर्ग की बोली के आधार पर प्रतिष्ठा प्राप्त 'मानक बोली' ही भाषा का दर्जा पाती है।** इस तथ्य को हम नीचे दिए गए चित्र द्वारा समझ सकते हैं।

इस चित्र से कुछ तथ्य स्पष्ट हो जाते हैं–

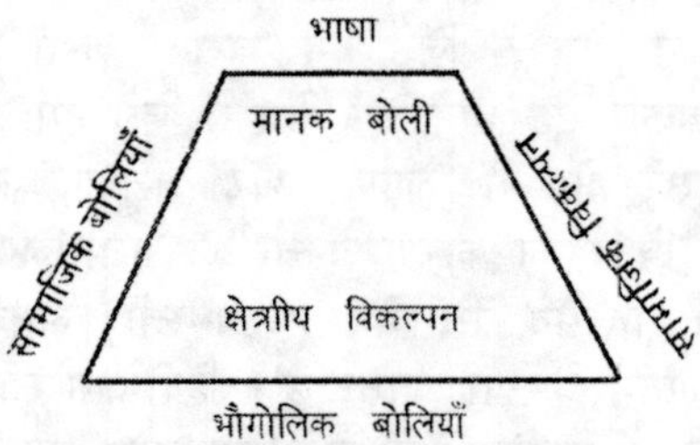

1. भाषा व्यवहार का शीर्षस्थ 'मानक बोली' है जिसे भाषा-बोलीभेद के संदर्भ में भाषा का पर्याय कहा जा सकता है।
2. भाषा भी एक प्रकार की बोली है।
3. भाषा की तुलना में बोली में भाषिक विकल्पन की मात्रा अधिक होती है।

(ख) अपने दूसरे अर्थ में 'बोली' किसी भाषा का कोई प्रभेदक शैलीरूप न होकर स्वयं भाषा होती है जो अपने सामाजिक प्रकार्य में किसी अन्य भाषा पर आश्रित होती है। दूसरे शब्दों में यह कहा जा सकता है कि शुद्ध भाषावैज्ञानिक दृष्टि से इस संदर्भ में बोली और भाषा में भेद करना संभव नहीं। उदाहरण के लिए खड़ी बोली के रूप में मान्य जिसे हम हिंदी भाषा कहते हैं, उसमें तथा ब्रज, अवधी, भोजपुरी, मैथिली आदि उसकी बोलियों में शब्द, रूपरचना या व्याकरण के आधार पर भाषा-बोली का भेद करना संभव नहीं। शुद्ध भाषिक रचना की दृष्टि से जिस प्रकार खड़ीबोली एक 'भाषा' है उसी प्रकार ये बोलियाँ भी 'भाषा' हैं क्योंकि इनमें भी उसी प्रकार भाषिक प्रतीकों

की संरचनात्मक व्यवस्था मिलती है, जिस प्रकार खड़ी बोली में।

दूसरे अर्थ में भाषा-बोलीभेद का आधार वह भाषिक चेतना है जिसकी प्रकृति संस्थागत है। इसीलिए इनमें भेद का कारण भाषावैज्ञानिक न होकर समाजभाषावैज्ञानिक होता है। प्रायः यह देखा गया है कि जातीय पुनर्गठन की सामाजिक प्रक्रिया के दौरान कोई 'बोली' व्यापार, राजनीति या संस्कृति के कारण अन्य जनपदीय बोलियों की तुलना में विशेष महत्त्व प्राप्त कर लेती है और फलस्वरूप अन्य बोलियों के बोलनेवालों के बीच संपर्क साधन का भी काम करने लगती है। बाद में चलकर अन्य बोलियों का प्रयोग करनेवाले व्यक्ति भी इस प्रतिष्ठित और संपर्क साधन के रूप में प्रयुक्त बोली के साथ अपनी सामाजिक अस्मिता जोड़ने लगते हैं। भाषा-बोतीभेद के संदर्भ में यह कहा जा सकता है कि विभिन्न बोलियों के बीच संपर्क साधन का कार्य करनेवाली प्रतिष्ठाप्राप्त बोली ही 'भाषा' कहलाती है जबकि अन्य जनपदीय बोलियाँ, मात्र 'बोली'। आज की स्थिति में 'खड़ीबोली' के पर्याय के रूप में मान्य 'हिंदी' तो भाषा है पर ब्रज, अवधी, भोजपुरी आदि मात्र उसकी बोलियाँ।

सामाजिक प्रयोजन एवं प्रतिष्ठा के संदर्भ में भाषा-बोलीभेद के संबंध में निम्नलिखित तथ्यों की ओर संकेत दिया जा सकता है–

1. अपने सामाजिक प्रकार्य में भाषा, स्वनिष्ठ एवं स्वायत्त होती है। अपनी प्रकृति में वह अध्यारोपित (superordinate) है। इसके विपरीत बोली अपनी प्रकृति में पदावलंबी एवं आश्रित (subordinate) होती है। इसीलिए हम कहते हैं कि (हिंदी) भाषा की निम्नलिखित बोलियाँ हैं पर यह नहीं कह सकते कि इन बोलियों की भाषा, हिंदी है।

2. भाषा का व्यवहार क्षेत्र व्यापक होता है जबकि बोली का सीमित।

3. भाषा-बोलीभेद के संदर्भ में यह कहा जा सकता है कि अपनी बोलियों की तुलना में भाषा सापेक्ष तथा अधिक विकसित एवं परिनिष्ठित होती है।

(ग) भाषा-बोली के संबंधों पर विचार करते समय कुछ विद्वानों ने 'बोधगम्यता' के सिद्धांत को सामने रखकर यह संकेत दिया है कि भाषा और बोली में व्याकरणिक भेद तो होता है पर इतना नहीं कि उनके बोलनेवाले एक-दूसरे की बात समझ न सकें। इस दृष्टि से दो बोलियाँ जब परस्पर बोधगम्य न होंगी तब दो भाषाएँ कहलाएँगी। इसके विपरीत जब उनमें बोधगम्यता की स्थिति होगी, तब वे एक ही भाषा की दो बोलियाँ कही जाएँगी। भाषा-बोलीभेद की बोधगम्यता का यह आधार भ्रामक है। चीनी भाषा की मान्य कई बोलियाँ (मंडारिन, केन्टीनीज, पेशिंबीज) आपस में बोधगम्य नहीं, क्योंकि उनके बोलनेवाले एक-दूसरे की बात नहीं समझ पाते, फिर भी वे एक भाषा

की भिन्न बोलियाँ हैं। इसके विपरीत फ्रेंच और इतालवी अपनी-अपनी भाषा में बात करते हैं और वे एक-दूसरे की बात समझ लेते हैं फिर भी जातीय इतिहास, साहित्य, संस्कृति एवं राजनैतिक आधार उन्हें दो भिन्न भाषा-भाषी बना देते हैं। इसी प्रकार मगही और ब्रज, हिंदी भाषा की दो बोलियाँ है जबकि इनकी भाषिक संरचना एक-दूसरे से पर्याप्त भिन्न है, और उनके बोलनेवाले एक-दूसरे की बोली कठिनाई से ही समझ पाते हैं। इसके विपरीत हिंदी और पंजाबी दो भिन्न भाषाएँ हैं जबकि इनकी भाषिक संरचना में पर्याप्त समानता है और उनके प्रयोक्ता काफी आसानी से एक-दूसरे की बात समझ लेते हैं। ऊपर के उदाहरण के आधार पर यह निष्कर्ष निकाला जा सकता है कि **भाषा-बोलीभेद का बोधगम्यता का आधार तर्कसंगत नहीं।**

(घ) जैसा ऊपर संकेत दिया गया है, भाषा-बोली के अंतर का आधार भाषावैज्ञानिक न होकर समाज-भाषावैज्ञानिक होता है। इस संदर्भ में यह भी कहा जा सकता है कि **एक समय जो भाषा 'बोली' के रूप में जानी जाती है अपने इतिहास के दौरान सामाजिक प्रतिष्ठा प्राप्त कर दूसरे समय 'भाषा' का दर्जा प्राप्त कर सकती है।** उदाहरण के लिए 'खड़ीबोली' पहले मात्र 'बोली' थी जैसा कि उसके नाम से ध्वनित है। पर आज अपने प्रकार्य, प्रयोजन एवं सामाजिक पद में 'भाषा' का दर्जा पाकर न केवल हिंदीभाषी प्रांतों में बोली और समझी जाती है वरन् भारत संघ की 'राजभाषा' के रूप में स्वीकृत है। इसी प्रकार भाषाओं का इतिहास यह भी बताता है कि जो **'भाषा' कभी भाषा के रूप में मान्य थी वह ऐतिहासिक प्रक्रिया के कारण बाद में 'बोली' के पद पर अपदस्थ भी हो सकती है।** 'ब्रजभाषा' इसका एक स्पष्ट उदाहरण है। मध्ययुग में यह प्रत्येक दृष्टि से 'भाषा' के रूप में समाज में व्यवहृत थी, जैसा कि उसके नाम से ही व्यंजित है। साहित्यिक वैभव, सांस्कृतिक संपदा, सामाजिक महत्त्व, मानक भाषा प्रयोग आदि सभी दृष्टियों से वह एक 'स्वायत्त' और 'अध्यारोपित' भाषा थी, पर आज यह मात्र हिंदी भाषा की एक 'बोली' के रूप में मान्य है।

भाषा और बोली के आधारभूत अंतर को निम्नलिखित तालिका द्वारा समझा जा सकता है—

	भाषा	बोली
1.	सामाजिक प्रकार्य में भाषा अध्यारोपित (superordinate) होती है।	सामाजिक प्रकार्य में बोली 'भाषा' के अधीन (subordinate) होती है।
2.	भाषा का क्षेत्रीय आधार अपेक्षाकृत अधिक विस्तृत होता है।	बोली का क्षेत्र, भाषा की तुलना में अपेक्षाकृत छोटा होता है।
3.	भाषा का प्रयुक्ति क्षेत्र अधिक बहुमुखी होता	बोली का प्रयुक्ति क्षेत्र सीमित होता है।

	है, क्योंकि यह साहित्य, शिक्षा, प्रशासन आदि अनेक व्यवहार क्षेत्रों में प्रयुक्त होती है।	
4.	भाषा, समाज में 'प्रतिष्ठा' और 'प्रभुता' की द्योतक होती है।	'बोली' समाज में प्रतिष्ठा का कारण नहीं बनती। उसका प्रयोग 'आत्मीयता' का व्यंजक होता है।
5.	भाषा का प्रयोग औपचारिक संदर्भों में होता है।	बोली का प्रयोग प्रायः अनौपचारिक संदर्भों में होता है।
6.	भाषा, सापेक्षतया अधिक मानकीकृत होती है।	बोली में भाषा विकल्पन सापेक्षतया अधिक होता है।
7.	भाषा, अपनी विभिन्न बोलियों के प्रयोगकर्ता के बीच संपर्क भाषा का भी काम करती है।	बोली, प्रायः मातृभाषा के रूप में ही प्रयुक्त होती है।

भाषा के प्रकार्य

भाषा अध्ययन के दो पक्ष देखे जा सकते हैं—रूपात्मक और प्रकार्यात्मक। रूपात्मक पक्ष भाषा की प्रकृति को उसकी संरचना के आधार पर स्पष्ट करता है और प्रकार्यात्मक पक्ष सामाजिक और वैयक्तिक संदर्भों में उसकी विभिन्न भूमिकाओं पर प्रकाश डालता है। पहले पक्ष का संबंध भाषा की संरचनात्मक व्यवस्था से है जबकि दूसरे का संबंध मूलतः संप्रेषण व्यापार में उसकी विभिन्न भूमिकाओं के साथ रहता है।

भाषा संप्रेषण व्यवस्था का एक अन्यतम उदाहरण है। भाषा के विभिन्न प्रकार्यों को इस संप्रेषण व्यवस्था के विभिन्न उपादानों के आधार पर निर्धारित करना संभव है।

संप्रेषण व्यवस्था के संदर्भ में यह कहा जा सकता है कि इसमें एक ओर वक्ता (एड्रेसर) होता है जो संदेश (मैसेज) भेजता है और दूसरी तरफ़ श्रोता (एड्रेसी) रहता है जो इस संदेश को ग्रहण करता है। वक्ता और श्रोता के बीच संदेश के आदान-प्रदान को संप्रेषण की संज्ञा दी जाती है। पर संदेश के आदान-प्रदान के लिए यह आवश्यक है कि जिस 'कोड' (नियम-संहिता) द्वारा संदेश को वक्ता भाषाबद्ध करे, उस 'कोड' की जानकारी श्रोता को भी हो। उदाहरण के लिए अगर अपने संदेश की अभिव्यक्ति के लिए वक्ता ने 'रूसी' या 'जापानी' भाषा के 'कोड' का सहारा लिया, जिसका ज्ञान श्रोता को न हो, तब इस स्थिति में संदेश का अर्थग्रहण श्रोता के लिए संभव नहीं हो पाएगा। इसीलिए यह कहना अधिक उचित है कि कोड के समान ज्ञान के आधार पर वक्ता और श्रोता के बीच संदेश का आदान-प्रदान संप्रेषण है।

ध्यान देने की बात है कि कथ्य रूप में अपने भाव, विचार य अनुभूति

को संदेश का रूप देने के लिए ही वक्ता किसी कोड का सहारा लेता है। कथ्य को संदेश रूप में बाँधने की प्रक्रिया को कोडीकरण (एनकोडिंग) कहते हैं। श्रोता भी संदेश के भाव को ग्रहण करने के लिए इसी कोड की सहायता लेता है। संदेश में निहित कथ्य के पाने की प्रक्रिया को विकोडीकरण (डि-कोडिंग) कहा जाता है। विकोडीकरण तभी संभव है जब कोडीकरण के समय वक्ता द्वारा अपनाए गए 'कोड' से श्रोता भी परिचित हो।

प्रत्येक संदेश का अपना कथ्यगत संदर्भ होता है जिसका संबंध वक्ता और श्रोता के बाह्य जगत् और आंतरिक संसार के साथ होता है। इसे हम 'संकेतार्थ' (रेफरेन्स) या संदेश की विषयवस्तु भी कह सकते हैं। संप्रेषण व्यापार की सफलता के लिए यह भी आवश्यक है कि वक्ता और श्रोता के बीच भौतिक और मानसिक धरातल पर संबंध बना रहे। संबंध बनाए रखने की इस भूमिका का काम 'सरणि' (चैनल) द्वारा संपन्न होता है।

ऊपर की चर्चा से स्पष्ट है कि संप्रेषण व्यवस्था में छह उपादानों की आवश्यकता पड़ती है – 1. वक्ता, 2. श्रोता, 3. संदर्भ, 4. संदेश, 5. कोड, और 6. सरणि। नीचे दी गई तालिका में इन विभिन्न उपादानों को उनके अंतरसंबंधों के साथ दिखलाया गया है।

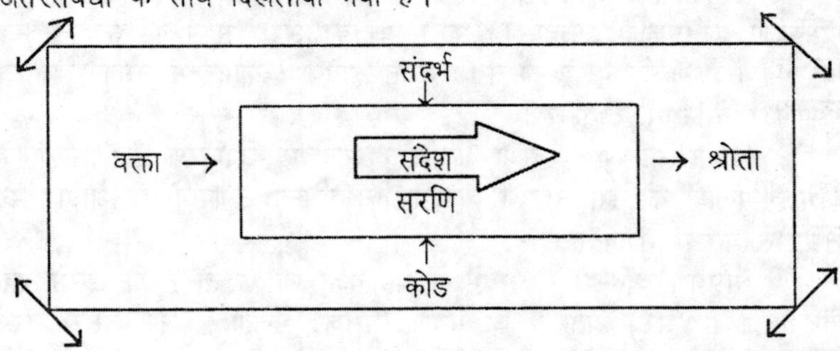

संप्रेषण व्यवस्था के ये छह उपादान भाषा के प्रकार्य की विभिन्न प्रकृति को निर्धारित करते हैं। अतः इन उपादानों के आधार पर भाषा के निम्नलिखित छह प्रकार्य देखे जा सकते हैं।

उपादान		प्रकार्य
1. वक्ता	:	अभिव्यक्तिपरक (भावात्मक) = एक्सप्रेसिव
2. श्रोता	:	निदेशात्मक (क्रियात्मक) = कोनेटिव
3. संदर्भ	:	संकेतपरक (विषयात्मक) = रेफ़रेन्शियल
4. संदेश	:	काव्यपरक (कलात्मक) = एस्थेटिक
5. कोड	:	तर्कपरक (निरूपात्मक) = मेटालिंगुअल

6. सरणि : संपर्कपरक (संबंधात्मक) = फ़ैटिक

भाषा का **अभिव्यक्तिपरक** प्रकार्य विषयवस्तु के प्रति वक्ता के अपने दृष्टिकोण और राग-संबंधों को व्यक्त करता है। विस्मयादिबोधक शब्द (ओह ! अह ! आदि) या भाषिक अभिव्यक्तियाँ (क्या ही सुन्दर दृश्य है) इसके अंतर्गत आती हैं। साहित्यिक विधाओं में 'गीत-काव्य' (लिरिक) इसका अन्यतम उदाहरण है।

निदेशपरक प्रकार्य का संबंध श्रोता के साथ बँधा होता है। व्याकरणिक संरचना की दृष्टि से संबोधनवाचक, प्रश्नवाचक, आज्ञावाचक या अनुरोधजन्य अभिव्यक्तियाँ इसके अंतर्गत आती हैं। साहित्यिक विधाओं में 'नाटक' को इसका उपयुक्त उदाहरण माना जा सकता है।

संकेतपरक प्रकार्य का संबंध विषयवस्तु के साथ रहता है। इस भाषिक प्रकार्य के आधार पर प्राप्त सूचना को अनुभव के आधार पर सच या झूठ प्रमाणित करना संभव है। साहित्यिक विधाओं में 'महाकाव्य' या 'उपन्यास' को इसका उदाहरण माना जा सकता है।

काव्यपरक प्रकार्य का संबंध संदेश के काव्य के साथ न होकर कथन-शैली के साथ रहता है। भाषा के इस प्रकार्य के मूल में अभिव्यक्ति की वे शैलीगत विशिष्टताएँ होती हैं जो विषयवस्तु को काव्यवस्तु बनाने में अपना योग देती हैं। साहित्यिक रचना के संदर्भ में छंद, लय या लाक्षणिक प्रयोग इसके उदाहरण माने जा सकते हैं।

तर्कपरक प्रकार्य का संबंध भाषा व्यवहार के उस शास्त्रीय संदर्भ से जुड़ा होता है जो शब्दों को 'पारिभाषिक' और कथन-रीति को तार्किक और वैज्ञानिक बनाता है। इस प्रकार्य का प्रयोग हम सामान्य भाषा में भी करते हैं। हम जब यह पूछते हैं–'इसका क्या अर्थ है ?' या 'जो मैं कहना चाहता हूँ, क्या वह तुम समझ गए ?' तब वस्तुतः इसी भाषिक प्रकार्य का हम सहारा लेते हैं।

संपर्कपरक प्रकार्य का संबंध वक्ता और श्रोता के बीच भौतिक और मानसिक धरातल पर बननेवाले संबंधों के साथ रहता है। टेलीफ़ोन पर बोला गया पहला शब्द 'हिलो', वार्तालाप शुरू करते समय अभिवादनसूचक अभिव्यक्तियाँ या कथा-कहानी सुनते या सुनाते समय यह कहना–'क्या तुम सुन रहे हो, और श्रोता का कहानी के समय हाँ, हूँ आदि का बोलना इसके उदाहरण हैं।

4

भाषिक संरचना और उसके विभिन्न स्तरण

भाषा शाब्दिक प्रतीकों की संरचनात्मक व्यवस्था है। शाब्दिक प्रतीक होने के कारण उसके संकेतार्थ (वाच्य) और अभिव्यक्ति (वाचक) पक्षों के बीच एक अभिन्न संबंध मिलता है। पर भाषा मात्र शब्दों का समूह नहीं होती। अगर ऐसा होता तो भाषा और उसके शब्दसमूह (शब्दकोश) एक ही माने जाते। पर यह सभी को मालूम है कि शब्दकोष भाषा का केवल एक अंग है, उसका पर्याय नहीं। किसी भाषा के वाक्यनिर्माण के समय हम शब्दों को एक कड़ी के रूप में पिरोते हैं। पर शब्दों की हर कड़ी वाक्य का दर्जा नहीं पाती। इसके साथ यह भी तथ्य ध्यान देने योग्य है कि वाक्य में 'शब्द', 'अनुशासित' रूप में प्रयुक्त होते हैं। शब्द तो एक ही रहता है यथा लड़का, पर जब वह वाक्य में प्रयुक्त होता है तो अनुशासित होकर विभिन्न रूपों में व्यक्त होता है यथा, लड़का, लड़के, लड़कों आदि। संक्षेप में यह कहा जा सकता है कि भाषा में जब शाब्दिक प्रतीक व्यवहृत होते हैं तब उनके पीछे भाषा का एक निश्चित विधान काम करता है। यह विधान ठीक उसी प्रकार काम करता है जैसे शतरंज के खेल का नियम।

शतरंज के खेल के नियम के सादृश्य पर भाषा की प्रकृति पर प्रकाश डालना संभव है। इस संबंध में निम्नलिखित तथ्य ध्यान देने योग्य हैं–

1. जिस प्रकार शतरंज के खेल के नियम पूर्वनिर्धारित होते हैं, जिसके आधार पर उसके खेलनेवाले अपनी चाल चलते हैं उसी प्रकार भाषा के नियम पूर्वनिर्धारित होते हैं और उन्हीं नियमों के आधार पर उसके प्रयोक्ता उसका व्यवहार करते हैं।

2. जिस प्रकार शतरंज के खेल में प्रयुक्त होनेवाली इकाइयाँ ---प्यादा, घोड़ा, हाथी आदि एक निश्चित मूल्य को व्यक्त करती हैं उसी प्रकार भाषिक इकाइयाँ भी अपनी मूल प्रकृति में मूल्यपरक होती हैं और जिस प्रकार शतरंज

के खेल की संरचनात्मक व्यवस्था इकाइयों के मूल्य को निर्धारित करती है, यथा प्यादा एक घर सीधे चलता है और तिरछे मारता है, घोड़ा ढाई घर चलता है आदि, उसी प्रकार भाषा की संरचनात्मक व्यवस्था उसकी इकाइयों के मूल्य को निर्धारित करती है, यथा 'लड़का दौड़ रहा है' वाक्य में 'लड़का' संज्ञा, 'दौड़' क्रिया, आदि।

3. जिस प्रकार शतरंज की इकाइयाँ मूल्यपरक होने के कारण मूल्य प्रकृति में 'रूप' (form) होती हैं और अपने उपादान (substance) से नियंत्रित नहीं रहतीं, उसी प्रकार भाषा की सभी इकाइयाँ अपनी मूल प्रकृति में रूपात्मक होती हैं। उदाहरण के लिए शतरंज की इकाई यथा उसका प्यादा संगमरमर का बना है अथवा लकड़ी या प्लास्टिक का, खेल के लिए महत्त्वपूर्ण नहीं होता, यहाँ तक कि अगर कोई गोट खो भी जाए तब उसके बदले में कोई दूसरी चीज़ रखकर खेल आगे बढ़ाया जा सकता है, शर्त यह है कि उस 'चीज' को उस गोट का मूल्य दे दिया जाए। भाषा में अभिव्यक्ति माध्यम के लिए हम ध्वनि या लेखन अपनाते हैं पर चाहे ध्वनियों का सहारा लेकर हम शब्द का उच्चारण करें अथवा लेखन का सहारा लेकर उसे लिखकर व्यक्त करें, उसका भाषिक मूल्य समान होता है।

शाब्दिक प्रतीक (linguistic sign) के दो निश्चित पक्ष हैं– 1. संकेतार्थ (signified), 2. अभिव्यक्ति (signifier)। इन दोनों पक्षों को इन दो स्तरों पर देखा जा सकता है– 1. उपादान (substance); 2. रूप (form)।

हमारे जैविक एवं भौतिक संसार में उपलब्ध विचार एवं अनुभूतियाँ संकेतार्थ पक्ष के उपादान हैं। उपादान रूप में वे तरल, संरचनारहित और अव्यवस्थित होते हैं। रूप के आधार पर भाषा इनमें व्यवस्था उत्पन्न करती है। व्यवस्था प्राप्त करने के बाद ही तरल विचार एवं अनुभूतियाँ इकाईबद्ध बनकर बोधगम्य हो पातीं हैं। इसी प्रकार अभिव्यक्ति पक्ष के भी दो स्तर हैं। उपादान रूप में मौखिक भाषा, ध्वनि सामग्री का उपयोग करती है, जिसका अध्ययन स्वन-विज्ञान (phonetics) कहलाता है। लेकिन हर भाषा इन ध्वनियों को अपने ढंग से व्यवस्थित करती है। इस ध्वनि व्यवस्था के अध्ययन का क्षेत्र स्वनिम विज्ञान (phonology) कहलाता है।

भाषिक प्रतीक के दोनों पक्ष –संकेतार्थ और अभिव्यक्ति - तथा उनसे संबद्ध दोनों स्तर–उपादान और रूप -को निम्नलिखित चित्र द्वारा समझा जा सकता है–

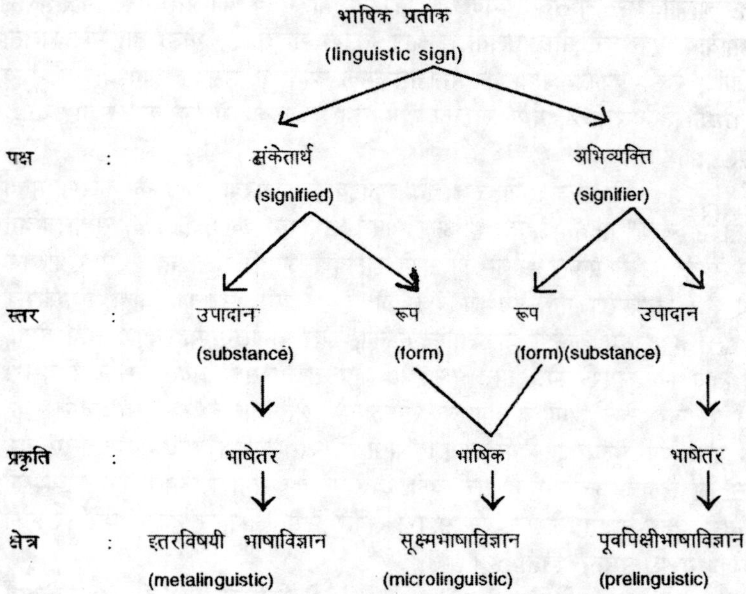

ऊपर दिए गए आरेख के आधार पर निम्नलिखित तथ्यों पर प्रकाश पड़ता है –

1. भाषा अध्ययन का केंद्रक : रूप (form) — भाषा के रूप पक्ष का अध्ययन ही वस्तुतः भाषा का अध्ययन है क्योंकि भाषा अपनी मूल प्रकृति में रूपपरक होती है। यही कारण है कि संकेतार्थ और अभिव्यक्ति के उपादान स्तर को कुछ विद्वानों ने भाषेतर माना है।

2. भाषा अध्ययन के तीन क्षेत्र – भाषा मूलतः रूपपरक है। रूप उसकी इकाइयों के प्रकार्यों (functions) पर आधारित होता है। अतः भाषिक इकाइयों के प्रकार्यों पर आधारित रूप-संरचना का अध्ययन ही भाषिक अध्ययन के मूल में स्थित होता है। भाषा के विभिन्न स्तरों पर प्राप्त इकाइयों की व्यवस्था के अध्ययन को भाषा वैज्ञानिक अध्ययन के केंद्र में रखा जाता है। इस अध्ययन क्षेत्र को सूक्ष्म (केंद्रीय) भाषाविज्ञान (माइक्रो लिंग्विस्टिक्स) कहा जाता है। भाषा अध्ययन के दो अन्य क्षेत्र भी हैं, जिनका संबंध रूप से न होकर भाषिक प्रतीकों के उपादान से रहता है। इनमें से एक का संबंध संकेतार्थ के उपादान से है जिसके अध्ययन क्षेत्र को इतरविषयी भाषाविज्ञान (मिटालिंग्विस्ट्क्स) कहा जाता है। इसके विपरीत अभिव्यक्ति माध्यम के उपादान (ध्वनि या लेखन संकेतचिह्न) का अध्ययन क्षेत्र पूवपिक्षी भाषाविज्ञान (प्रीलिंग्विस्टिक्स) कहलाता है।

अत: भाषाविज्ञान के ये तीन क्षेत्र हैं –1. सूक्ष्म भाषाविज्ञान; 2. इतरविषयी भाषाविज्ञान; 3. पूवपिक्षी भाषाविज्ञान।

भाषिक संरचना की प्रकृति

भाषिक रूप का संबंध, भाषा की संरचनात्मक व्यवस्था के साथ रहता है। भाषा की संरचना और संरचनात्मक नियमों की प्रकृति पर ध्यान देते हुए उनके निम्नलिखित लक्षणों की ओर संकेत दिया जा सकता है–

1. संरचना का संबंध इकाई के रूप के साथ रहता है, न कि उसकी अभिव्यक्ति के माध्यम (उपादान) के साथ। भाषा अपनी व्यवस्था में रूप है, जैसा कि पहले संकेत दिया जा चुका है। इस रूप को भाषा व्यवस्था के संदर्भ में अभिव्यक्ति देने की आवश्यकता पड़ती है। अभिव्यक्ति पक्ष से तात्पर्य उस माध्यम से है जो रूप को व्यक्त करनें का साधन बनता है। भाषा व्यवहार के संदर्भ में सामान्यत: यह माध्यम या तो उच्चारण का स्वरूप लेता है अथवा लेखन का। इसलिए भाषा के दो अभिव्यक्ति माध्यम देखने में आते हैं–मौखिक और लिखित। भाषा का मौखिक रूप उपादान के रूप में ध्वनि को अपनाता है, इसके विपरीत भाषा का लिखित रूप उपादान के रूप में लिपिचिह्नों को स्वीकार करता है। उच्चारण करते समय हवा ध्वनि प्रतीकों को जन्म देती है और लेखन के समय दृश्य प्रतीकों को। उदाहरण के लिए अगर हम 'कमल' शब्द रूप को अभिव्यक्त करना चाहें, तब या तो हम ध्वनि प्रतीकों, यथा 'क् + अ + म् + अ + ल्' का सहारा ले सकते हैं अथवा दृश्य चिह्नों का, यथा 'क + म + ल।' यहाँ इस तथ्य पर ध्यान देना आवश्यक है कि यह दोनों अभिव्यक्ति माध्यम – भाषा का मौखिक पक्ष और उसका लिखित पक्ष अथवा ध्वनि प्रतीक संयोग और लिपि प्रतीक संयोग, एक ही भाषिक इकाई के दो अभिव्यक्त स्वरूप हैं! इसलिए माध्यम भेद से भाषिक इकाइयों की स्वयं की प्रकृति नहीं बदला करती। हम शब्द या वाक्य जैसी सार्थक भाषिक इकाइयों को चाहे बोलकर ध्वनि अभिव्यक्ति माध्यम से अभिव्यक्त करें अथवा लिखकर उन्हें लिपि माध्यम से, अपनी मूल प्रकृति में अर्थात् रूपस्तर पर वे शब्द या वाक्य एक ही माने जाएँगे।

2. किसी भाषिक इकाई की संरचना उस इकाई के भीतर स्थित संबंधों की व्यवस्था है। उदाहरण के लिए अगर हम शब्द स्तर पर 'कमल' और 'कलन' शब्दों की ध्वनिक व्यवस्था पर ध्यान दें तो स्पष्ट हो जाता है कि इन दोनों में समान रूप से तीन अक्षर निहित हैं। लेकिन ध्वनि संयोग के स्तर पर इनके बीच के संबंधों की व्यवस्था भिन्न होने के कारण ये दोनों

दो भिन्न शब्द हैं। इसी प्रकार वाक्य के स्तर पर हम निम्नलिखित उदाहरण देख सकते हैं –(क) 'मोहन कल आएगा।' (ख) 'मोहन आम खाएगा।' इन दोनों वाक्यों में तीन-तीन शब्द हैं पर इन शब्दों के आपसी संबंधों की व्यवस्था के संबंध में ये दो भिन्न-भिन्न संरचनाओं के उदाहरण हैं।

3. संरचना बोधात्मक यथार्थ है, न कि अभिव्यक्तिपरक तथ्य। संरचना अपनी प्रकृति में अमूर्त और संकल्पनात्मक होती है। उदाहरण के लिए अगर इकाई के रूप में हम यह वाक्य लें –'मोहन आम खाएगा' तो इसका संरचनात्मक रूप होगा– कर्ता + कर्म + सकर्मक क्रिया। इस संरचना के बोधात्मक यथार्थ के संदर्भ में 'मोहन आम खाएगा' कथन मात्र अभिव्यक्तिपरक तथ्य समझा जाएगा। क्योंकि ऐसे अन्य कई वाक्य संभव हैं, जैसे 'सोहन फल खाएगा', 'शीला चिट्ठी लिखेगी', 'राकेश लकड़ी काटेगा', 'राधा खाना बनाएगी' आदि। यह ध्यान देने की बात है कि संरचना के बोधात्मक यथार्थ के धरातल पर ये सभी वाक्य समान हैं जब कि अभिव्यक्तिपरक तथ्य के आधार पर ये वाक्य भिन्न-भिन्न माने जाएँगे।

4. संरचनात्मक इकाई का आधार उसके अंगों के बीच पाए जानेवाले संबंधों का प्रकार्य होता है। पर ये संबंध भाषिक इकाइयों के प्रकार्य पर आधारित होते हैं। उदाहरण के लिए इन दो वाक्यों को ही लें – (क) 'मोहन घर आएगा।' (ख) 'पत्र घर आएगा।' इन दोनों वाक्यों की संरचना भिन्न है क्योंकि मोहन (संज्ञा) जिस प्रकार्य की ओर संकेत दे रहा है उससे भिन्न प्रकार्य की ओर पत्र (संज्ञा) संकेत दे रहा है। पहले वाक्य में संज्ञा (मोहन) सजीव कर्ता है जो क्रिया (आने का काम) का संपादन स्वयं करनेवाला है, जबकि दूसरे वाक्य में संज्ञा (पत्र) निर्जीव है। अत: 'आने' की क्रिया का संपादन वह स्वयं नहीं करनेवाला है। यह संरचनात्मक प्रकृति का ही अंतर है कि (क) संरचना के विस्तार में हम कह सकते हैं कि 'मोहन जानबूझकर घर नहीं आया' पर (ख) के संदर्भ में हम यह नहीं कह सकते कि 'पत्र जानबूझकर घर नहीं आया।'

5. संरचना संबंधी नियम अपनी संख्या में सीमित और प्रकृति में सर्जनात्मक होते हैं। यह तथ्य महत्त्वपूर्ण है कि भाषा अपने प्रयोगगत संदर्भ में अगाध और सीमायुक्त होती है। उसके वाक्य संरचनात्मक होते हैं। हम रोज़ नए-नए वाक्यों का प्रयोग करते हैं। यह संभव नहीं कि जितने वाक्य हम बोलें, उतने ही नियमों को भी याद रखें। वस्तुत: संरचनात्मक नियम अपनी संख्या में सीमित होते हैं पर उनकी प्रकृति सर्जनात्मक होती है। इन सीमित पर सर्जनात्मक नियमों के आधार पर ही हम संख्यातीत वाक्यों को व्यवहार में लाने में समर्थ हो पाते हैं।

भाषिक संरचना के विभिन्न स्तरण

भाषा सामान्य ध्वनि प्रतीकों की संरचनात्मक व्यवस्था है। इस संश्लिष्ट व्यवस्था को विभिन्न उपव्यवस्थाओं के समुच्चय के रूप में देखा जा सकता है। संरचनात्मक भाषाविज्ञान के समर्थक प्रसिद्ध भाषाशास्त्री हॉकेट के मतानुसार भाषिक व्यवस्था के पाँच स्तर देखे जा सकते हैं। इन स्तरों पर पाई जानेवाली व्यवस्था को उन्होंने उपव्यवस्था कहा, जिसे उन्होंने दो उपवर्गों में विभाजित किया है– केंद्रीय (central) और परिधीय (peripheral)। केंद्रीय उपवर्ग की संरचनात्मक व्यवस्था का सीधा संबंध भाषिक संसार से नहीं होता, जबकि परिधीय उपवर्ग की संरचनात्मक व्यवस्था का संबंध एक ओर भाषेतर संसार से रहता है और दूसरी ओर केंद्रीय उपव्यवस्था के साथ।

केंद्रीय उपवर्ग में तीन उपव्यवस्थाएँ हैं, जबकि परिधीय उपवर्ग में दो उपव्यवस्थाएँ होती हैं। इन पाँचों उपव्यवस्थाओं को निम्नलिखित ढंग से समझा जा सकता है :–

(क) केंद्रीय

1. **व्याकरणिक उपव्यवस्था** : रूपिमसमूह तथा इकाई के रूप में रूपिमों के वितरण की व्यवस्था।
2. **स्वनिमिक उपव्यवस्था** : स्वनिम समूह और उनके वितरण की व्यवस्था।
3. **रूपस्वनिमिक उपव्यवस्था** : नियमों का वह समूह, जो व्याकरणिक और स्वनिमिक उपव्यवस्था में संबंध स्थापित करता है।

(ख) परिधीय

4. **आर्थी उपव्यवस्था** : जो विभिन्न रूपिमों एवं उनके विभिन्न संयोजनों को भाषिक एवं भाषेतर संदर्भों से जोड़ती है।
5. **स्वनिक उपव्यवस्था** : जो स्वनिमों के उच्चारण, श्रवण तथा प्रसारण से संबद्ध होती है।

व्याकरणिक, स्वनिमिक एवं रूपस्वनिमिक उपव्यवस्थाएँ केंद्रीय उपवर्ग में आती हैं क्योंकि इनके सीखने का रास्ता भाषिक व्यवहार का रास्ता है। जब बालक कोई भाषा सीखता है तब केंद्रीय उपव्यवस्थाओं को वह विभिन्न संदर्भों में बोले गए वाक्यों के माध्यम से सीखता है। इसी प्रकार भाषावैज्ञानिक भी केंद्रीय वर्ग की इन उपव्यवस्थाओं के विश्लेषण के लिए केवल वाक्यों एवं उनके संदर्भों का सहारा लेता है। इसके विपरीत परिधीय वर्ग की उपव्यवस्था को सीखने के लिए यह आवश्यक है कि बालक को बाह्य संसार का ज्ञान हो। उदाहरण के लिए आर्थी उपव्यवस्था की समझ भौतिक और सामाजिक बाह्य

संसार के बिना संभव नहीं। इसी प्रकार स्वनिक उपव्यवस्था को जानने के लिए यह आवश्यक है कि हम वागेन्द्रिय का ज्ञान रखें।

सामान्यतः भाषाविज्ञान का लक्ष्य केंद्रीय वर्ग की तीनों उपव्यवस्थाओं का विश्लेषण ही माना जाता रहा है। इसीलिए विद्वानों ने इनके अध्ययन को सूक्ष्म (केंद्रीय) भाषाविज्ञान से संबोधित किया है। इस दृष्टि के अनुसार आर्थी उपव्यवस्था के अध्ययन को इतरविषयी भाषाविज्ञान (मेटालिंग्विस्टिक्स) कहा गया है और स्वनिक उपव्यवस्था के अध्ययन विश्लेषण को पूवपिक्षी भाषाविज्ञान (प्रीलिंग्विस्टिक्स)।

इन पाँचों उपव्यवस्थाओं (स्तरणों) पर नीचे संक्षेप में प्रकाश डाला जा रहा है :

स्तर 1 : व्याकरणिक उपव्यवस्था

भाषिक प्रतीक में संकेतार्थ (कथ्य) और अभिव्यक्ति (नाम) की अभिन्नता बनी रहती है। **संकेतार्थ और अभिव्यक्ति के बीच के संबंधों का अध्ययन व्याकरण कहलाता है।** पर प्रश्न उठाया जा सकता है कि अगर भाषा की प्रत्येक सार्थक इकाई एक भाषिक प्रतीक है तब व्याकरण की दृष्टि से वह कौन-सी इकाई (भाषिक प्रतीक) है जिसे 'लघुतम' या 'महत्तम' स्वीकार किया जाए। **संरचनात्मक भाषाविज्ञान यह मानता है कि भाषिक प्रतीक के रूप में भाषा की महत्तम इकाई 'वाक्य' और लघुतम इकाई 'रूपिम' है।**

परंपरा अनुमोदित व्याकरण में शब्द को भाषा की सर्वाधिक महत्त्वपूर्ण इकाई माना गया है। परिभाषा के रूप में 'शब्द, **ऐसी स्वतंत्र और सार्थक इकाई है जो भाषा की अपनी वर्णिक ध्वनियों से निर्मित होती है और पद, उपवाक्य, वाक्य आदि भाषिक संरचना की इकाइयों के निर्माण का हेतु बनती** है। 'शब्द' के संदर्भ में निम्नलिखित दो तथ्यों पर ध्यान देना आवश्यक है–

1. शब्द, भाषा की सार्थक इकाई है – शब्द किसी न किसी विचार या प्रकार्य का बोध कराता है। अतः सार्थक से तात्पर्य केवल संकेतार्थ से नहीं होता। उदाहरण के लिए हम 'जाना' शब्द के दो प्रयोगों पर ध्यान दें – (क) लड़का बाज़ार **जाएगा**, और (ख) लड़के से दौड़ा नहीं **जाएगा**। पहले वाक्य में 'जाना' का अपना संकेतार्थ है, जिसको शब्दकोश के आधार पर बताना संभव है। पर दूसरे वाक्य में 'जाना' का कोई कोशीय अर्थ नहीं बताया जा सकता। उसकी सार्थकता, व्याकरणिक प्रकार्य में है क्योंकि वह कर्मवाच्यसूचक शब्द है। प्रयोजन और प्रकार्य के आधार पर इसीलिए शब्दों के दो उपवर्ग संभव हैं – **कोशीय शब्द**, जिसका संकेतार्थ होता है और **व्याकरणिक शब्द**, जिसका अर्थ नहीं होता, पर व्याकरण के संदर्भ में जो सार्थक होता है।

2. शब्द, भाषा की स्वतंत्र इकाई है – शब्द अपनी प्रकृति में सार्थक होने के साथ-साथ प्रयोग में स्वतंत्र भी होता है। ध्यान देने की बात है कि कुछ ध्वनि समूह अपनी प्रकृति में सार्थक तो होते हैं पर प्रयोग में स्वतंत्र या मुक्त नहीं होते। अतः उन्हें शब्द नहीं कहा जा सकता, यथा 'अशुद्धि' का 'अ' या 'दूधवाला' का 'वाला'।

परंपरा अनुमोदित व्याकरण में 'शब्दानुशासन' को व्याकरण का पर्याय भी माना गया है। आज व्याकरण के क्षेत्र को 'शब्द' के आधार पर दो उपवर्गों में विभाजित किया जाता है। जो क्षेत्र 'शब्द संरचना सिद्धांत' पर विचार करता है उसे रूपविज्ञान (morphology) कहा जाता है और जो क्षेत्र शब्द से ऊपर की इकाइयों की संरचना के सिद्धांत पर विचार करता है उसे वाक्यविज्ञान (syntax) कहा जाता है। यह भी ध्यान देने योग्य है कि वाक्यविज्ञान की दृष्टि से सर्वाधिक महत्त्वपूर्ण इकाई 'वाक्य' है जिसे 'सार्थक शब्द समूह की वह सार्थक इकाई कहा जा सकता है जिसमें उद्देश्य और विधेय हों।'

यह ध्यान देने योग्य है कि शब्द, भाषिक कोश की सार्थक, स्वतंत्र और लघुतम इकाई है, पर व्याकरण (शब्दानुशासन) की दृष्टि से लघुतम पर स्वतंत्र एवं सार्थक इकाई 'पद' है। वस्तुतः वाक्य में प्रयुक्त शब्दरूप को पद कहते हैं। वाक्य में प्रयुक्त शब्द, संरचना के संदर्भ में निश्चित प्रकार्य और रूप ग्रहण करते हैं। प्रकार्ययुक्त ऐसे शब्दों को 'चलित शब्द', 'प्रयोगार्ह शब्द', 'पद' आदि नाम से जाना जाता है। शब्द अपना व्याकरणिक (अनुशासित) रूप धारण करके ही वाक्य में प्रयुक्त होता है। पद के निश्चित रूप को 'शब्द रूप' कहा जाता है। प्रयोग और प्रकार्य के आधार पर एक शब्द के कई शब्द रूप संभव हैं, यथा– 'लड़का' और 'रोना' के कुछ शब्द रूप हैं – 'लड़का, लड़के, लड़कों' और 'रो, रोता, रोए, रोओ, रुलाया' आदि।

व्याकरणिक संरचना और उसके स्तरभेद की दृष्टि से 'वाक्य' और 'पद' के अतिरिक्त भाषिक प्रतीकों के अन्य स्तर भी हैं, यथा – रूपिम (morpheme), पदबंध (phrase), उपवाक्य आदि। स्तरों के अनुस्तरण की दृष्टि से इन्हें निम्नलिखित ढंग से समझा जा सकता है –

1. ↑ **वाक्य** ↓ : शब्द समूह की महत्तम सार्थक इकाई जिसमें उद्देश्य और विधेय हों।
2. ↑ **उपवाक्य** ↓ : वाक्य समानार्थी शब्द समूह।
3. ↑ **पदबंध** ↓ : शब्द समानार्थी शब्द समूह।
4. ↑ **पद** ↓ : प्रयोगार्ह (चलित) शब्द।
5. ↑ **रूपिम** ↓ : शब्द की लघुत्तम सार्थक इकाई।

व्याकरणिक स्तरीकरण के संदर्भ में निम्नलिखित तथ्यों की ओर संकेत दिया जा सकता है–

1. व्याकरणिक स्तरीकृत इकाई के सहसंबंधों को देखने की आज दो दृष्टियाँ हैं, जो भाषाविज्ञान के दो सिद्धांतों से संबद्ध हैं। संरचनात्मक भाषाविज्ञान, रूपिम से प्रारंभ कर वाक्य तक पहुँचने का समर्थक है। अत: अपनी विश्लेषण प्रणाली में वह लघुतम (नीचे की) इकाई से महत्तम (ऊपर की) इकाई की ओर बढ़ता है। इसके विपरीत रूपांतरण व्याकरण वाक्य को आधारभूत संरचनात्मक इकाई मानता है। वह अपनी विश्लेषण प्रणाली में महत्तम इकाई से लघुतम इकाई की ओर बढ़ता है। अत: उसकी प्रक्रिया ऊपर से नीचे की इकाई की ओर बढ़ने की समर्थक है।

2. सभी भाषाविद् व्याकरणिक उपव्यवस्था के पाँच स्तरों और उनसे संबद्ध इकाइयों की सत्ता स्वीकार करते हैं। हैलिडे इन स्तरों को rank के नाम से पुकारते हैं, पाइक इन्हें leval कहते हैं और लैम्ब stratum. पर ये तीनों नाम व्याकरणिक उपव्यवस्था के पाँच स्तरों के लिए प्रयुक्त पारिभाषिक शब्दावली हैं।

3. व्याकरणिक उपव्यवस्थाओं के अध्ययन के लिए व्याकरण की दो उपशाखाएँ हैं जिन्हें रूपविज्ञान और वाक्य विज्ञान के नाम से जाना जाता है। रूपविज्ञान का अध्ययन क्षेत्र 'पद' और उससे छोटी इकाई 'रूपिम' का विषय क्षेत्र है। वाक्यविज्ञान का अध्ययन क्षेत्र 'पद' से ऊपर के स्तर और उससे संबद्ध इकाइयों का विषय क्षेत्र है।

4. **रूपविज्ञान (morphology)** रूपिम की संरचनात्मक इकाई के आधार पर शब्द रूप (पद) के अध्ययन को रूपविज्ञान अर्थात् पदविज्ञान कहा जाता है। एक दूसरी दृष्टि के आधार पर भी रूपविज्ञान को परिभाषित करना संभव है। 'शब्द' को 'पद' में रूपांतरित करने की प्रक्रिया को रूपविज्ञान कहा जा सकता है।

'शब्द' के 'पद' में रूपांतरण के समय शब्द रूप में परिवर्तन संभव है, जैसे लड़का से लड़के। बोलते समय हम कहते हैं – 'लड़का बोला' या 'लड़के ने कहा'। ऐसे शब्द रूप परिवर्तन को रूपसिद्धिपरक (inflectional) रूपविज्ञान कहा जाता है। इसके साथ-साथ यह भी देखा जा सकता है कि एक शब्द से दूसरा शब्द बनना संभव है, यथा –'जल' से 'जलज', 'पंक' से 'पंकज'। शब्दनिर्माण की इस प्रक्रिया को शब्दसाधक (derivational) रूपविज्ञान कहा जाता है।

5. **वाक्यविज्ञान (syntax)** शब्दों की संरचनात्मक इकाई एवं उनके बीच पाए जानेवाले सहसंबंधों की प्रकृति के आधार पर गठित वाक्य रूप

के अध्ययन को वाक्यविज्ञान कहा जाता है। शब्द की संकल्पना को छोड़कर भी वाक्यविज्ञान को परिभाषित करना संभव है। इस दृष्टि से कहा जा सकता है कि वाक्य संरचना के घटकों के बीच के सहसंबंधों के अध्ययन को वाक्यविज्ञान कहा जाता है। इसके अंतर्गत वाक्यों के सन्निहित घटक, वाक्यरचना के विभिन्न प्रकार, रचनांतरण की प्रक्रिया आदि का अध्ययन किया जाता है। रूपांतरण भाषाविज्ञान में भाषिक व्यवस्था के तीन पक्ष माने गए हैं –वाक्यविन्यास, अर्थ और ध्वनि, पर केंद्र में 'वाक्यविन्यास' को ही स्वीकार किया गया है।

स्तर 2 : स्वनिमिक उपव्यवस्था

इसका संबंध भाषा के अभिव्यक्ति पक्ष से है। अभिव्यक्ति माध्यम के रूप में भाषा का मौखिक रूप ध्वनि सापेक्ष होता है। किसी भाषा की सार्थक ध्वनियों की व्यवस्था का अध्ययन ही स्वनिमविज्ञान कहलाता है। स्वनिमविज्ञान अपनी मूल इकाई के रूप में स्वनिम की संकल्पना करता है और इसके उपरांत स्वनिम तथा सहस्वन, उनके वितरण तथा अनुक्रम आदि का अध्ययन करता है।

स्वनिमविज्ञान के संबंध में निम्नलिखित तथ्य ध्यान देने योग्य हैं–

1. स्वनिभविज्ञान सामान्य ध्वनियों (स्वनों) का अध्ययन नहीं करता बल्कि सार्थक ध्वनियों (स्वनिम) को अपने अध्ययन का लक्ष्य बनाता है। यह ध्यान देने की बात है कि किसी भाषा के स्वनिम अपने प्रकार्य में एक-दूसरे के व्यतिरेकी होते हैं। जैसे –'काल' और 'खाल' में 'क' और 'ख'। दूसरी तरफ़ प्रत्येक भाषा अपने ढंग से ध्वनियों में व्यतिरेक उत्पन्न करती है। उदाहरण के लिए, अगर हिंदी में ऊपर दिए गए उदाहरण के आधार पर 'क' और 'ख' को व्यतिरेकी सिद्ध करते हुए दोनों को हिंदी की सार्थक ध्वनियाँ सिद्ध किया जा सकता है, वहाँ अंग्रेज़ी में इन्हें एक ही स्वनिम के अंतर्गत दो सदस्य (सहस्वन) के रूप में देखा जा सकता है क्योंकि 'sky' शब्द में प्रयुक्त 'क' और 'key' शब्द में प्रयुक्त 'ख' व्यतिरेक उत्पन्न करने में समर्थ नहीं।

2. स्वनिमविज्ञान इकाई के रूप में मात्र स्वनिमों का अध्ययन नहीं अपितु उस ध्वनि व्यवस्था का भी अध्ययन है जो स्वनिमों के परस्पर संबंध के आधार पर बनती है। हम देखते हैं कि हिंदी में स्पर्श स्वनिम अपने उच्चारण स्थान पर अघोष-सघोष तथा अल्पप्राण एवं महाप्राण के भेद के आधार पर चार सार्थक ध्वनियों की व्यवस्था को जन्म देते हैं। यथा – प, फ, ब, भ; त, थ, द, ध आदि। इसके विपरीत अंग्रेज़ी भाषा में व्यवस्था के रूप में अघोष-सघोष का लक्षण तो प्रकार्यात्मक है लेकिन अल्पप्राण-महाप्राण के लक्षण को स्वनिमिक स्तर पर प्रकार्यात्मक नहीं कहा जा सकता। अतः यहाँ

उच्चारण स्थल पर स्पर्श स्वनिम मात्र दो की संख्या में मिलते हैं। यथा – प, ब; त, द।

3. स्वनिमिक ध्वनियों के दो प्रकार देखे जा सकते हैं – खंड्य (segmental) और खंड्येतर (supra-segmental)। खंड्य ध्वनियों की सत्ता स्वतंत्र होती है जैसे 'अ, इ, क्, ल्'। खंड्येतर ध्वनियाँ खंड्य ध्वनियों के आधार पर व्यक्त होती हैं। इनको आघात (बलाघात एवं सुराघात), संहिता, अनुतान आदि में विभाजित कर अध्ययन किया जाता है।

स्तर 3 : रूपस्वनिमिक उपव्यवस्था

रूपिम के सह रूपों (allomorph) के स्वनिमिक आकृति के अध्ययन क्षेत्र को रूपस्वनिमिक व्यवस्था कहा जाता है। दूसरी दृष्टि से यह भी कहा जा सकता है कि रूपस्वनिमिक प्रक्रिया उन व्याकरणिक उपकरणों का अध्ययन है जो स्वनिम भेद उत्पन्न करता है। यह उपव्यवस्था अपनी इकाई के रूप में रूपस्वनिम की संकल्पना सामने लाती है। उदाहरण के लिए अगर अंग्रेज़ी के बहुवचन रूपिम पर ध्यान दें तो उसे हम 'स' और 'ज़' के रूप में व्यक्त पाते हैं। 'स' सहरूप वहाँ दिखाई देता है जहाँ वह अघोष स्पर्श के बाद प्रयुक्त होती है। यथा 'cats' इसके विपरीत 'ज़' ध्वनि वहाँ प्रयुक्त होता है जहाँ शब्दांत में सघोष स्पर्श ध्वनि होती है, जैसे 'dogs'. स्वनिम के धरातल पर ये दोनों ध्वनियाँ 'स' और 'ज़' अंग्रेज़ी में दो सार्थक इकाइयाँ हैं क्योंकि इनमें व्यतिरेक संभव है, यथा 'seal' और 'zeal'. पर ये दोनों सार्थक ध्वनियाँ व्याकरण के धरातल पर एक ही प्रकार्य को व्यंजित करती हैं अर्थात् दोनों बहुवचन रूपिम को व्यक्त करनेवाली ध्वनियां हैं। इसलिए इन दोनों को एक ही रूपस्वनिम {S} के दो प्रतिफलित रूप कहा जा सकता है। यह भी कहा जा सकता है कि यह रूपस्वनिम घोषत्व के भेद (अघोष/सघोष) से मुक्त दंत्य संघर्षी ध्वनि है।

प्राचीन व्याकरणशास्त्र में संधि की संकल्पना को वैज्ञानिक आधार दिया गया है। संधि का प्रकरण रूपस्वनिमविज्ञान के अंतर्गत माना जाता है। इसके दो प्रमुख भेद माने जाते हैं – बाह्य (external) संधि और अभ्यंतरण (internal) संधि। बाह्य संधि शब्द के आदि या अंत में ध्वनि परिवर्तन लाती है जैसे – देव + इन्द्र = देवेन्द्र, सुख + अन्त = सुखान्त। अभ्यंतर संधि शब्द के भीतर ध्वनि परिवर्तन लाती है, जैसे – 'घुड़दौड़' में घोड़ा से 'घुड़', 'हथगोला' में 'हाथ' से 'हथ'।

स्तर 4 : आर्थी उपव्यवस्था

भाषिक प्रतीकों के विभिन्न संदर्भों के आधार पर भाषाविज्ञान के निम्नलिखित तीन क्षेत्रों की ओर विद्वानों ने संकेत दिया है – 1. वाक्यविज्ञान (syntax); 2. अर्थविज्ञान (semantics); 3. संकेत-प्रयोगविज्ञान (pragmatics)।

जैसा कि ऊपर संकेत दिया जा चुका है, वाक्यविज्ञान में भाषिक प्रतीकों के अध्ययन का संदर्भ कोई अन्य भाषिक प्रतीक होता है, अतः वह भाषिक प्रतीकों के अपने सहसंबंधों का अध्ययन क्षेत्र है। **अर्थविज्ञान** में भाषिक प्रतीक के अध्ययन का संदर्भ भाषेतर (बाह्य) जगत् के उपादान होते हैं अतः वह भाषिक प्रतीक और बाह्य वस्तुओं के संबंधों का अध्ययन करता है। संकेत-प्रयोगविज्ञान में भाषिक प्रतीकों के अध्ययन का संदर्भ उसका प्रयोक्ता होता है अतः वह भाषिक प्रतीक और वक्ता एवं श्रोता के संबंधों का अध्ययन करता है।

भाषा द्वारा जो संप्रेष्य है उसे अर्थ क्षेत्र की वस्तु के रूप में स्वीकार किया जा सकता है। इस दृष्टि से अर्थ के निम्नलिखित प्रकार देखे जा सकते हैं–

1. संकेतार्थ (विचारात्मक अर्थ) : यह संप्रेष्य का वह पक्ष है, जिसका आधार विचार या संकल्पना होती है। इसीलिए इस वर्ग के अर्थ को विचारात्मक या संकल्पनात्मक अर्थ भी कहते हैं। उदाहरण के लिए जब हम "कमल" "किताब" आदि शब्द स्तर की भाषिक अभिव्यक्तियों पर ध्यान देते हैं तो विचार की स्वनिष्ठ इकाई के रूप में जो संकल्पना मन में उभरती है उसे हम संकेतार्थ कहते हैं। भाषिक इकाई का यह पक्ष भाषिक इकाइयों और बाह्य वस्तुओं के बीच संबंध का परिणाम होता है। संकेतार्थ के रूप में यहाँ शब्द संकेतित बाह्य वस्तु की जातीय संकल्पना को सामने लाता है।

2. संरचनार्थ (व्याकरणिक अर्थ) : संप्रेष्य के इस पक्ष का आधार भाषिक संरचना होती है। एक ही विचार या घटना को एकाधिक ढंग से व्यक्त करने के लिए हम जिन भाषिक संरचनाओं का सहारा लेते हैं, वे जिस अतिरिक्त अर्थ की ओर संकेत देती हैं, उसे हम व्याकरणिक अर्थ कह सकते हैं। शब्द के स्तर पर हम "कमल", "जलज" और "पंकज" के उदाहरण द्वारा संरचनार्थ की सत्ता देख सकते हैं। 'जलज' और 'पंकज' का संकेतार्थ "कमल" वस्तु की जातीय संकल्पना है। साथ ही "जलज" का शब्द संरचनापरक अर्थ 'जल' से उत्पन्न हुआ भी है, और "पंकज" का 'पंक' से उत्पन्न हुआ।

वाक्य के स्तर पर कर्तृवाच्य और कर्मवाच्य के भेद के रूप में हम संरचनार्थ को देख सकते हैं। उदाहरण के लिए – 1. लड़के ने रोटी नहीं खाई। 2. लड़के से रोटी नहीं खाई गई। विचार के धरातल पर ये दोनों

वाक्य एक ही घटना की ओर संकेत दे रहे हैं परंतु जहाँ पहले वाक्य में 'लड़के' के कर्तृत्व पक्ष पर बल है, वहाँ दूसरे वाक्य में कर्म रूप में प्रयुक्त 'रोटी' पर। दूसरे वाक्य में लड़के द्वारा खाने की क्रिया संबंधी आवश्यकता भी व्यंजित है जिसका आधार संरचना ही है।

3. प्रयोगार्थ (सामाजिक अर्थ): अर्थ के इस पक्ष का संबंध उस परिवेशगत संपर्क के साथ रहता है जिसके भीतर भाषा का प्रयोग या व्यवहार किया जाता है। परिस्थितिगत परिवेश का संबंध सामाजिक एवं सांस्कृतिक स्थितियों के साथ रहता है, जो भाषा व्यवहार को नियंत्रित करती हैं। ये जिस भाषिक शैली को जन्म देती है, उसे सामाजिक शैली कहा जाता है। सामाजिक शैली सामाजिक अर्थ को व्यंजित करती है। उदाहरण के लिए I. 'तू यह काम कर दे'। और II. 'आप यह काम कर दीजिए' वाक्यप्रयोगों को देखें, तो दोनों वाक्यों का संकेतार्थ एक ही है। परंतु जहाँ पहला वाक्य श्रोता की अपेक्षा वक्ता के उच्च सामाजिक स्तर को द्योतित करता है वहाँ यह वाक्य बताता है कि श्रोता, वक्ता की अपेक्षा अधिक आदरास्पद है। आज्ञा और अनुरोधपरक वाक्यों के अंतर का आधार भी प्रयोगार्थ ही है। कुछ शब्दों का संकेतार्थ और संरचनार्थ जिस कथ्य का बोध कराता है, उनका सामाजिक और सांस्कृतिक अर्थ उससे भिन्न होता है। उदाहरण के लिए 'सौभाग्यवान' और 'सौभाग्यवती' शब्दों को लें। सुख-ऐश्वर्य प्राप्त व्यक्ति को सौभाग्यवान कहा जा सकता है, पर 'सौभाग्यवती' अर्थ का प्रयोग सांस्कृतिक संदर्भ से नियंत्रित है क्योंकि जिस महिला के लिए इस विशेषण का प्रयोग हो, उसका सधवा होना ज़रूरी है।

4. सहप्रयोगार्थ : इसका आधार भाषिक अभिव्यक्ति का भाषिक परिवेश अर्थात् भाषिक सहप्रयोग होता है। शब्द के स्तर पर समस्त पदों का निर्माण करने पर एक शब्द दूसरे का भाषिक परिवेश बन सकता है। यह संभव है कि शब्दों का अलग-अलग अर्थ उनके समस्त अर्थ से मिलता हो। यथा – दशानन = दश हैं आनन जिसके (शाब्दिक अर्थ) और रावण (सामूहिक अर्थ)। मुहावरे सहप्रयोगार्थ के अन्यतम उदाहरण माने जा सकते हैं। इनके सहप्रयोगार्थ को भी भाषिक परिवेश के संदर्भ में निर्धारित होते देखा जा सकता है। उदाहरण के लिए 'आँख लगना' मुहावरे के तीन भिन्न सहप्रयोगार्थ पर ध्यान दें – I. (किसी की) आँख लगना–निद्रा; II. (किसी से) आँख लगना – प्रेम होना; III. (किसी पर) आँख लगना – पाने की इच्छा करना (लालसा)।

5. संपृक्तार्थ (लक्ष्यार्थ) : भाषिक अभिव्यक्तियों के संकेतार्थ के अतिरिक्त हम भाषा में ऐसे अर्थ की व्यंजना पाते हैं जिसका समाहार मूल अर्थ में नहीं हो सकता। उदाहरण के लिए – I. यह मोहन का घर है और II. सारा घर नाटक देखने गया है। वाक्य I. में घर का संकेतार्थ वाच्यार्थ के

रूप में है जबकि वाक्य II. में 'घर' शब्द की प्रकृति लक्ष्यार्थपरक है। संपृक्तार्थ का संबंध लक्ष्यार्थपरक अर्थ के साथ रहता है। वाच्यार्थपरक और संपृक्तार्थपरक शब्दों के अर्थ को निम्नलिखित वाक्यों से समझा जा सकता है– 1. शेर जंगल का राजा है। 2. लाला लाजपत राय भारत के शेर थे।

आर्थी उपव्यवस्था के भीतर ही उन शाब्दिक प्रकारों का अध्ययन किया जाता है जिसका संबंध संकेतार्थ के प्रतिफलन के साथ होता है। यथा – पर्यायवाची शब्द (synonynm), अनेकार्थी शब्द (polysym), सहनामी शब्द (homonym), विलोमी शब्द (antonym) आदि। अर्थ परिवर्तन के प्रकार का भी अध्ययन यथा– अर्थ विस्तार, अर्थ संकोच, अथदिश आदि इसके अध्ययन क्षेत्र के अंतर्गत आता है।

ब्लूमफील्ड, हॉकेट, आदि विद्वान अर्थविज्ञान को परिधीय भाषाविज्ञान के अंतर्गत रखते हैं और चॉम्स्की तथा उनके अनुयायी विद्वान इसे वाक्यविन्यास द्वारा नियंत्रित मानते हैं, लेकिन आज विद्वानों का एक ऐसा भी वर्ग है जो अर्थ को भाषा अध्ययन के केंद्र में रखता है और अन्य भाषिक स्तरों की संरचना को उसके द्वारा प्रभावित मानता है। इसके माननेवालों में फ़िलमोर, लेकॉफ, मैकाले आदि का नाम लिया जा सकता है।

स्तर 6 : स्वनिक उपव्यवस्था

भाषा को वागेन्द्रिय द्वारा नि:सृत ध्वनि प्रतीकों की व्यवस्था कहा जाता है। ध्वनिविज्ञान वागेन्द्रिय द्वारा नि:स्तृत ध्वनि प्रतीकों के अभिव्यक्ति माध्यम का अध्ययन है।

संप्रेषण-व्यापार के संदर्भ में यह कहा जा सकता है कि एक ओर वक्ता विचारों का कोडीकरण करता है और दूसरी तरफ़ उन्हें वागेन्द्रिय द्वारा नि:सृत ध्वनियों के माध्यम से उसे श्रोता तक संप्रेषित करने का प्रयास करता है। श्रोता के संदर्भ में यह कहा जा सकता है कि वह एक ओर उच्चरित ध्वनियों को सुनता है और दूसरी तरफ़ उसका विकोडीकरण कर अर्थ ग्रहण करता है। इस पूरी प्रक्रिया को निम्नलिखित आरेख द्वारा समझा जा सकता है –

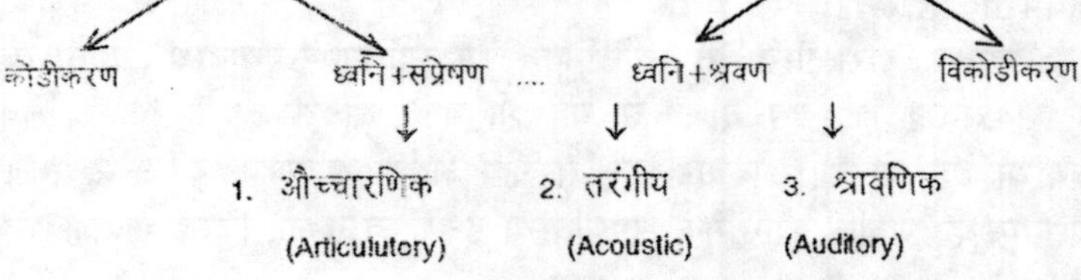

ऊपर के आरेख से निम्नलिखित तथ्य स्पष्ट हैं :

1. संप्रेषण प्रक्रिया के संदर्भ में मौखिक भाषा के माध्यम के अध्ययन के तीन संदर्भ हैं, जो ध्वनिविज्ञान की निम्नलिखित तीन शाखाओं के रूप में जानी जाती हैं :

I. **औच्चारणिक ध्वनिविज्ञान** : यह मौखिक भाषा के अभिव्यक्ति माध्यम का वागेन्द्रिय के संदर्भ में अध्ययन करता है। अत: यह वक्ता–सापेक्ष होता है।

II. **तरंगीय ध्वनिविज्ञान** : वागेन्द्रिय द्वारा नि:सृत ध्वनियाँ वस्तुत: श्रोता तक वायु तरंगों के रूप में पहुँचती हैं। अत: मौखिक भाषा के माध्यम का यह वह अध्ययन प्रकार है जिसमें ध्वनियों का अध्ययन वायुतरंगों की प्रकृति के आधार पर किया जाता है।

III. **श्रावणिक ध्वनिविज्ञान** : यह मौखिक भाषा के व्यक्ति माध्यम का श्रावणिक प्रक्रिया के संदर्भ में अध्ययन करता है।

2. ध्वनिविज्ञान की लघुत्तम सार्थक इकाई 'स्वन' है जिसे दो दृष्टियों से परिभाषित करना संभव है। पहली दृष्टि के अनुसार यह वह लघुतम ध्वनिखंड है जो किसी एक करण (Articulator) के प्रयोग अथवा कई करणों के समकालिक प्रयोग के द्वारा नि:सृत होता है। दूसरी दृष्टि के अनुसार स्वन श्रावणिक स्तर पर समान प्रतीत होनेवाला ध्वनिखंड है।

3. स्वनविज्ञान के दो प्रायोगिक संदर्भ हैं। पहला संदर्भ सामान्य स्वनविज्ञान कहलाता है। इसके अंतर्गत ध्वनियों की प्रकृति और प्रयोग का सार्वभौमिक नियमों के आधार पर अध्ययन किया जाता है। कहा जा सकता है कि मनुष्य एक बोलनेवाला प्राणी है। सामान्य स्वनविज्ञान मनुष्य की बोलने की क्षमता का अध्ययन करता है। अत: यह उन सभी स्वनों का अध्ययन करता है जो मनुष्य की वागेन्द्रिय द्वारा नि:सृत हो सकते हैं। इसके विपरीत किसी भाषा विशेष के स्वनों का अध्ययन भाषा विशेष स्वनविज्ञान कहलाता है। उदाहरण के लिए अगर हम हिंदी या अंग्रेज़ी की स्वन व्यवस्था का अध्ययन करें तब उस अध्ययन को भाषा विशेष का स्वनविज्ञान कहा जाएगा।

कुछ विद्वान भाषिक संरचना के निम्नलिखित चार स्तरण मानते हैं – 1. ध्वनिपरक स्तरण ; 2. रूपिमपरक स्तरण ; 3. वाक्यपरक स्तरण , 4. अर्थपरक स्तरण।

हॉकेट द्वारा प्रस्तावित स्वनिमिक तथा स्वनिक उपव्यवस्था ध्वनिपरक स्तरण से संबद्ध है। इस दृष्टि से यह भी कहा जा सकता है कि स्वनिक उपव्यवस्था ध्वनियों का औच्चारणिक, तरंगीय अथवा श्रावणिक दृष्टि से स्वनों का अध्ययन है, जबकि स्वनिमिक उपव्यवस्था इन्हीं स्वनों का किसी भाषा विशेष

के संदर्भ में प्रकार्यात्मक अध्ययन-विश्लेषण है। रूपिमपरक स्तरण व्याकरणिक उपव्यवस्था का एक पक्ष है जिसके अध्ययन क्षेत्र को रूपविज्ञान कहा जाता है। इसी प्रकार वाक्यपरक स्तरण भी व्याकरणिक उपव्यवस्था का एक दूसरा पक्ष है, जिसके अध्ययन क्षेत्र को वाक्यविज्ञान से संबोधित किया जाता है। अर्थपरक स्तरण का संबंध भाषा की आर्थी उपव्यवस्थां के साथ रहता है, जिसके अध्ययन क्षेत्र को अर्थविज्ञान कहा जाता है। जो विद्वान भाषिक संरचना के केवल चार स्तरण मानते हैं, उनके लिए स्वनिमिक प्रक्रिया की उपव्यवस्था का अध्ययन रूपविज्ञान के अंतर्गत आता है।

5

भाषा परिवर्तन और उसकी दिशाएँ

जीवंत भाषा का यह एक अनिवार्य लक्षण है कि वह सतत् परिवर्तनशील होती है। यह बात सही है कि भाषा एक सामाजिक वस्तु है और अर्जित संपत्ति होने के कारण वह परंपरागत भी है। पर इसके साथ ही यह भी तथ्य कम महत्त्वपूर्ण नहीं है कि अपनी ऐतिहासिक सीमा के भीतर वह निरंतर प्रवहमान है। यही कारण है कि किसी जीवित भाषा का अपना कोई अंतिम या पूर्ण रूप नहीं होता। दूसरा तथ्य यह है कि प्रत्येक जीवित भाषा का अपना प्रयोक्ता होता है, जो मातृभाषा के रूप में उसका प्रयोग करता है। जिस भाषा का अपना कोई मातृभाषाभाषी वर्ग नहीं होता, वह न तो परिवर्तनशील होती है और न ही जीवंत। ऐसी मृत भाषाओं का अपना अंतिम स्वरूप हो सकता है। उसके बारे में यह निर्देश देना भी संभव है कि उसका व्याकरण या उसकी संरचना अपरिवर्तनशील है। पर जिस भाषा का मातृभाषाभाषी समुदाय होता है, वह 'भूत' और 'भविष्य' दोनों के दबाव से स्पंदित होती है क्योंकि भाषा प्रयोक्ता एक ओर परंपरा से उस भाषा का अर्जन करता है और दूसरी तरफ सामाजिक वस्तु के रूप में उस भाषा में परिवर्तन का कारण भी बनता है।

भाषा परिवर्तन का अध्ययन कई दृष्टियों से महत्त्वपूर्ण माना जा सकता है। पहला, भाषा परिवर्तन के अध्ययन का क्षेत्र वस्तुतः भाषा के जीवंत पक्ष का अध्ययन है, वह उन तत्त्वों की ओर संकेत देता है जो जीवित और मृत भाषाओं के भेद के कारण बनते हैं। दूसरा, यह भाषा के ऐतिहासिक सन्दर्भ पर 'प्रकाश' डालता है क्योंकि किसी भाषा के इतिहास का अर्थ ही है – समय के किन्हीं दो बिंदुओं के बीच के परिवर्तन का पूर्वापर अध्ययन। तीसरा, भाषावैज्ञानिक दृष्टि से वह इस तथ्य पर प्रकाश डालता है कि भाषिक संरचना के कौन-से पक्ष अपरिवर्तनशील हैं और कौन से परिवर्तनशील, तथा कोई संरचना किस सीमा तक परिवर्तन को झेल पाने में समर्थ है और किस सीमा तक नहीं। चौथा, यह भाषा अध्ययन के सामाजिक संदर्भ पर भी प्रकाश डालता

है। क्योंकि भाषा परिवर्तन यह भी बतलाता है कि किन सामाजिक आवश्यकताओं की पूर्ति के लिए भाषा का कौन-सा पक्ष परिवर्तित हुआ। भाषा एक सामाजिक वस्तु है अतः उसमें आनेवाले विकारों के पीछे उसके सामाजिक कारणों का होना अनिवार्य है। पाँचवाँ, भाषा परिवर्तन का मनोभाषावैज्ञानिक आधार भी देखा जा सकता है क्योंकि अर्जित संपत्ति के रूप में व्यक्ति अपनी पूर्ववर्ती पीढ़ी के भाषा व्यवहार के आधार पर नियमों को ग्रहण करता है। ग्रहण अथवा अधिगम करने की यह प्रक्रिया भाषा प्रयोक्ता के मानसिक व्यापार का परिणाम होता है। छठा, यह भाषाओं के पारिवारिक संबंधों की प्रकृति पर भी प्रकाश डालता है। क्योंकि इसके अध्ययन के सहारे हम एक परिवार के दो सदस्यों के सहसंबंधों की प्रकृति को समझ सकते हैं। जिस प्रकार माता-पिता से उत्पन्न एक व्यक्ति एक ही परिवार का सदस्य कहा जाता है उसी प्रकार परिवर्तन के आधार पर एक भाषा से निकली उपभाषा अथवा बोली भी एक परिवार की कहलाती है। ऊपर के तथ्य यह संकेत देते हैं कि भाषा परिवर्तन की संकल्पना न केवल शुद्ध भाषा सिद्धांत की दृष्टि से बहुत आवश्यक है बल्कि भाषा के ऐतिहासिक, समाजभाषावैज्ञानिक, मनोभाषावैज्ञानिक आदि अनेक दृष्टियों से भी बहुत महत्त्वपूर्ण हैं।

भाषा परिवर्तन के लक्षण को लेकर आज विद्वानों में मतभेद दिखलाई देता है। आधुनिक भाषाविज्ञान के जनक सस्यूर यह बात तो स्वीकार करते हैं कि भाषा परिवर्तन भाषा की नियति है पर भाषा सिद्धांत की दृष्टि से भाषा परिवर्तन को गौण स्थान देते हैं। अपने प्रतीक सिद्धांत के संदर्भ में भी उनका कहना है कि भाषिक प्रतीक का कोई भी पक्ष या अंश ऐसा नहीं होता, जो सिद्धांततः परिवर्तनशील न हो। परंतु भाषा परिवर्तन की प्रक्रिया को स्वीकार करने के उपरांत भी उनकी यह दृढ़ धारणा है कि यह परिवर्तन न तो व्यवस्था-सापेक्ष है और न ही सहेतुक। उनका तर्क यह था कि भाषा वस्तुतः प्रतीकों की व्यवस्था है और भाषा परिवर्तन इस व्यवस्था के बाहर की चीज़ है। उनके अनुसार, भाषा में होने वाले परिवर्तन उन विकल्पनों के परिणाम हैं जो प्रकार्यात्मक (Functional) नहीं होते। अतः इन परिवर्तनों से भाषा की अपनी व्यवस्था नहीं बदलती, बदलता है तो उसका बाहरी रूप या उपादान। उनकी दूसरी मान्यता यह थी कि भाषा परिवर्तन की अपनी कोई निश्चित दिशा (direction) नहीं होती क्योंकि भाषा परिवर्तन न तो सहेतुक होता है और न ही व्यवस्था प्रेरित। उनके अनुसार, यह कहना भ्रामक होगा कि भाषा विकास की दिशा अथवा लक्ष्य 'पूर्णतावादी' है क्योंकि भाषा परिवर्तन से न तो भाषिक व्यवस्था को कोई लाभ पहुँचता है और न ही उससे यह व्यवस्था अधिक सक्षम होती है।

विद्वानों का दूसरा वर्ग यह मानता है कि भाषा परिवर्तन की अपनी निश्चित दिशा और अपना निश्चित लक्ष्य होता है। प्रसिद्ध भाषाशास्त्री सपीर के अनसुार भाषा परिवर्तन की दिशा को हम केवल भाषा विकल्पन के आधार पर नहीं समझ सकते।

विकल्पन, आकस्मिक और अहेतुक हो सकते हैं क्योंकि मातृभाषियों के भाषा व्यवहार में वे जलतरंग की तरह आगे-पीछे झूल सकते हैं। भाषा परिवर्तन का आधार भाषा प्रयोक्ता के मन में अज्ञात रूप से परिचालित वह भाषायी चेतना होती है जो वैयक्तिक विकल्पनों के बीच से उस विकल्प को चुनती है जो भाषा परिवर्तन को एक निश्चित दिशा देती है। यह चुनाव भाषा परिवर्तन को भविष्यगामी और पूर्णतावादी बनाता है। स्पष्ट है कि विद्वानों का यह वर्ग यह मानकर चलता है कि प्रत्येक परिवर्तन के पीछे भाषा विकास का एक लक्ष्य होता है। अतः भाषा परिवर्तन की अपनी एक निश्चित दिशा भी है।

विद्वानों का एक तीसरा वर्ग भी है जो इन दोनों सिद्धांतों के बीच का रास्ता स्वीकार करता है। उसके अनुसार भाषा विकल्पन प्रयोजनपरक भी हो सकता है और प्रयोजन-निरपेक्ष भी। प्रयोजनपरक विकल्पन, भाषा की पूर्णतावादी दिशा से बँधे होते हैं जबकि प्रयोजन-निरपेक्ष विकल्पन भाषा से इतर तत्त्वों के परिणाम होते हैं। यही कारण है कि किसी भाषा विशेष में होने वाले परिवर्तन के कुछ सार्वभौमिक आधार भी हम देखते हैं और कुछ को उसी भाषा के अपने विशिष्ट परिवर्तन के रूप में पाते हैं।

विद्वानों का जो वर्ग यह मानता है कि भाषा परिवर्तन की अपनी एक निश्चित दिशा या अपना एक निश्चित लक्ष्य होता है, वह यह भी संकेत देता है कि भाषा स्थूलता से सूक्ष्मता की ओर विकसित होती है और वह कठिनता से सरलता की ओर बढ़ती है। उसकी यह भी मान्यता है कि भाषा अपनी प्रकृति में योगात्मक से अयोगात्मक की ओर बढ़ती है। योगात्मक भाषाएँ शब्दों में उपसर्ग या प्रत्यय आदि जोड़कर वाक्य को श्लिष्ट बनाती हैं। उदाहरण के लिए संस्कृत भाषा को ही लें। वहाँ अगर हम 'गच्छति' शब्द का प्रयोग करते हैं तो उसमे क्रिया शब्द के साथ-साथ काल, पक्ष और वचन भी उसमें संयुक्त पाते हैं। अयोगात्मक भाषा में उपसर्ग या प्रत्यय आदि शब्द निर्माण में सहायक नहीं होते। वहाँ परसर्गों के प्रयोग द्वारा संबंध तत्त्व का संकेत मिलता है। उदाहरण के लिए हम हिंदी में 'ने', 'को', 'से' आदि परसर्गों का प्रयोग पाते हैं जो उसकी कारक संरचना की सूचना देते हैं या 'गच्छति' के स्थान पर 'जाता है' का प्रयोग करते हैं जिसमें वर्तमान काल के सूचक 'है' को क्रिया 'जाना' से विच्छिन्न पाते हैं। यद्यपि हिंदी पूर्ण रूप से अयोगात्मक भाषा नहीं, फिर भी संस्कृत से हिंदी तक की विकास यात्रा को हम योगात्मक से अयोगात्मक की ओर प्रवृत्त पाते हैं।

भाषा परिवर्तन के संदर्भ में यह बात भी ध्यान देने योग्य है कि यह भाषिक व्यवस्था के हर स्तर पर देखा जा सकता है। भाषिक उपव्यवस्थाओं को विद्वान दो उपवर्गों में रखते हैं केंद्रीय और परिधीय। केंद्रीय उपवर्ग में तीन उपव्यवस्थाएँ हैं व्याकरणिक उपव्यवस्था; शब्द कोशीय उपव्यवस्था; और स्वनिमिक उपव्यवस्था। परिधीय के अंतर्गत एक तरफ आर्थी उपव्यवस्था है और दूसरी तरफ़ स्वनिक अर्थात्

उच्चारण संबंधी उपव्यवस्था है। चाहे भाषा की केंद्रीय उपव्यवस्था हो अथवा परिधीय, हम परिवर्तन की प्रक्रिया को सर्वत्र पाते हैं। परिवर्तन की इस प्रक्रिया को हम विभिन्न प्रवृत्तियों से परिचालित पाते हैं, पर उनके कुछ मोटे प्रकार भी देखे जा सकते हैं। उदाहरण के लिए ध्वनि संबंधी उपव्यवस्था को ही लें, उसमें तीन प्रकार के परिवर्तन स्पष्ट दिखाई देते हैं। पहला, ध्वनि विलयन (merger) जहाँ कुछ ध्वनियों के बीच के सार्थक भेद का लोप हो जाता है, उदाहरण के लिए संस्कृत भाषा में हम तीन संघर्षी ध्वनियाँ पाते हैं दन्त्य 'स', तालव्य 'श' और मूर्धन्य 'ष'। पर हिंदी के तद्‌भव शब्दों में इन तीनों ध्वनियों का दन्त्य 'स' में विलयन हो गया है। दूसरा, ध्वनि विखंडन (split) जिसमें एक सार्थक ध्वनि का दो या उससे अधिक ध्वनियों में विभाजन हो जाता है। उदाहरण के लिए मराठी भाषा में पूर्ववर्ती दन्त्य 'स' और तालव्य 'श' में विभाजन मिलता है। तीसरा, पूर्ण ध्वनिलोप जिसमें पूर्ववर्ती किसी सार्थक ध्वनि का पूर्णतः लोप हो जाता है। उदाहरण के लिए संस्कृत भाषा के शब्दों के अन्त्य स्वर का हिन्दी में पूर्ण लोप हो जाता है यथा संस्कृत का 'अग्नि' शब्द प्राकृत के 'अग्गि' से होता हुआ हिंदी में 'आग' बन गया है। यह शब्द उच्चरित रूप में अब व्यंजनान्त है। परिवर्तन की ये तीनों प्रक्रियाएँ हम रूपिम और व्यापकरण के स्तरों पर भी पाते हैं। जहाँ तक अर्थ परिवर्तन की दिशाओं का प्रश्न है हम उसे अर्थविस्तार, अर्थसंकोच और अर्थादेश के रूप में देखते हैं।

अर्थविस्तार से तात्पर्य शब्दों के सीमित प्रयोग संदर्भ के विस्तृत होने से है। शब्द तो पहले से ही भाषा में विद्यमान रहते हैं परंतु उनके प्रयोग के कुछ नये संदर्भ उनसे जुड़ जाते हैं। उदाहरण के लिए संस्कृत के शब्द 'तैल' को ही लें इसका मूल अर्थ था 'तिल' का 'तेल'। यह शब्द अपना अर्थविस्तार पाकर किसी भी चीज़ के तेल के लिए प्रयुक्त होने लगा। इसी प्रकार 'विद्युत' या 'बिजली' शब्द को देखें। पहले इसका प्रयोग संदर्भ प्रकृति था और यह 'दामिनी' के पर्याय के रूप में प्रयुक्त होता था। अब अपना अर्थविस्तार पाकर यह अंग्रेजी के 'इलेक्ट्रीसिटी' का भी पर्याय बन गया है। अर्थविस्तार किसी समाज की सभ्यता और संस्कृति का भी सूचक होता है। आकाशवाणी शब्द का अर्थ पहले देववाणी तक सीमित था लेकिन अब यह 'आल इण्डिया रेडियो' के लिए भी प्रयुक्त होता है।

अर्थसंकोच से तात्पर्य शब्दों के संदर्भों के सीमित होने से है। उदाहरण के लिए संस्कृत के 'मृग' शब्द का मूल अर्थ सामान्य पशु था। इसी से 'मृगया' शब्द भी बना जिसका मूल अर्थ था आखेट या शिकार करना। बाद में चलकर 'मृग' शब्द का अर्थसंकोच हुआ और यह 'हिरण' का पर्याय बन गया। सामान्य पशु का विशेष पशु के रूप में यह परिवर्तन अर्थसंकोच का ही परिणाम माना जाएगा। इसी प्रकार हम 'संसद' शब्द को देखें तो इसे हम 'परिषद्', 'न्यायालय' या धार्मिक संस्था के रूप में पहले से प्रयुक्त पाते हैं, पर आज यह 'पार्लियामेंट' के लिए प्रचलित शब्द है।

अथदिश से तात्पर्य है शब्द के दूसरे और नए अर्थ का प्रतिस्थापन। प्रक्रिया के रूप में कहा जा सकता है कि शब्द अपने मूल अर्थ के साथ-साथ एक अन्य साहचर्य अर्थ को भी व्यंजित करने लगता है। कुछ शब्दों के साथ यह देखा गया है कि समय के साथ यह साहचर्य अर्थ ही मुख्य अर्थ बन जाता है और पहले के मूल अर्थ का प्राय: लोप हो जाता है। उदाहरण के लिए 'दुहिता' शब्द को देखें– अपने मूल अर्थ में यह शब्द 'दूध दूहनेवाली' के अर्थ में प्रयुक्त होता था। बाद में साहचर्य अर्थ रूप में मान्य 'पुत्री' अर्थ ही प्रमुख बन गया। इसी प्रकार का एक शब्द है ग ँवार। अपने मूल अर्थ में यह 'गाँव का लड़का' अर्थ का वाचक था। जब समाज की यह प्रचलित धारणा थी कि गाँव का व्यक्ति सामान्यत: उच्च शिक्षा और आधुनिक सभ्यता से दूर होता है तब धीरे-धीरे यह शब्द 'असभ्य' का वाचक हो गया। ये उदाहरण वस्तुत: अथदिश के हैं।

भाषा परिवर्तन भाषा की नियति है, इस तथ्य की ओर पहले संकेत दिया जा चुका है। विद्वानों ने भाषा परिवर्तन के कई कारणों की ओर संकेत दिया है। इन कारणों को दो वर्गों में विभाजित किया जाना संभव है– आभ्यंतर कारण और बाह्य कारण। परिवर्तन के आभ्यंतर कारणों की प्रकृति वस्तुत: भाषिक होती है। इसी कारण आभ्यंतर परिवर्तन भाषा के अपने बाह्य वातावरण से प्राय: मुक्त होता है। उसका संबंध मुख्यत: भाषा की उच्चारण प्रक्रिया, श्रवण प्रक्रिया अथवा उसकी संरचना प्रक्रिया के साथ होता है। उदाहरण के लिए उच्चारण प्रक्रिया के संदर्भ में यह कहा जा सकता है कि व्यक्ति, शब्द या भाषा की अन्य इकाइयों के उच्चारण के समय मुख सुविधा से प्रेरित रहता है। मुख सुविधा उच्चारण प्रक्रिया में 'प्रयत्न लाघव' को बढ़ावा देती है। प्रयत्न लाघव को हम दो दिशाओं में देख सकते हैं। पहली दिशा समीपवर्ती ध्वनियों में समीकरण लाती है, जिसके फलस्वरूप ये ध्वनियाँ उच्चारण की दृष्टि से एक-दूसरे के अनुकूल बन जाती हैं। उदाहरण के लिए संस्कृत भाषा का एक नियम है कि नासिक्य व्यंजन ध्वनियों के साथ शुरू होने वाले शब्दों के पूर्व की व्यंजन ध्वनियाँ अपने वर्ग के पंचम वर्ण के रूप में समीकृत हो जाएँ जैसे "वाक्+मय" = 'वाङ्‌मय'; 'सत् +मति' = 'सन्मति' तो 'क' का ङ में और 'त' का 'न' में यह परिवर्तन वास्तव में समीकरण का परिणाम माना जाएगा। इसी प्रकार 'मास्टर साहब' का 'मास्साहब' कहना भी मुख सुविधा का ही उदाहरण है। प्रयत्न लाघव की दूसरी दिशा शब्दों को लघु रूप में उच्चरित करने की ओर प्रेरित करती है। उदाहरण के लिए जब हम 'चिड़िया' को 'चिया' बोलते हैं तो इसे प्रयत्न लाघव का ही परिणाम कह सकते हैं।

हम जानते हैं कि भाषा न केवल परंपरा अनुमोदित है बल्कि वह समाज की अर्जित संपत्ति भी है। अर्जन करने की प्रक्रिया में व्यक्ति शब्दों एवं शब्द विधानों का अनुकरण भी करता है। यह अनुकरण अपूर्ण भी हो सकता है और भाषा के किसी विशेष पक्ष पर बल भी दे सकता है। प्रसिद्ध विद्वान ज़िफ (Zipf) के अनुसार

भाषा के बहुप्रयुक्त और बहुप्रचलित शब्द अपने आकार में लघु और प्रकृति में संक्षिप्त होते हैं।

भाषा परिवर्तन के बाह्य कारणों में बाह्य परिवेश प्रमुख होता है। बाह्य परिवेश के भीतर भाषीय समुदाय का भौगोलिक वातावरण, उसका सामाजिक एवं सांस्कृतिक इतिहास आदि निहित रहता है। भाषा परिवर्तन के संदर्भ में यह कहा जा सकता है कि जब एक भाषायी समाज किसी दूसरे भाषायी समाज के संपर्क में आता है तब उनकी भाषा एक-दूसरे से अप्रभावित नहीं रह सकती। भारतवर्ष में चार भाषा परिवार हैं– आर्यभाषा कुल, द्राविड़ भाषा कुल, भोटबर्मी कुल और मुंडा कुल। इन परिवारों में आदान-प्रदान की प्रक्रिया बहुत पहले से चली आ रही है अत: एक परिवार की भाषा में दूसरे परिवार के भाषिक लक्षण भी अंतर्भुक्त मिलते हैं।

शब्द स्तर पर संपर्क स्थिति से आनेवाले परिवर्तन स्पष्ट रूप से दिखाई देते हैं। नई संकल्पनाओं और विचारों को अपनाने और व्यक्त करने के लिए भाषा अनेक प्रक्रियाओं का सहारा लेती है। उदाहरण के लिए अंग्रेज़ी भाषा के संपर्क में आने के कारण हिंदी भाषा में आगत शब्दों का एक नया समूह ही पैदा हो गया। अगर इन शब्दों की प्रकृति पर ध्यान दें तो उसे निम्नलिखित प्रक्रियाओं का परिणाम कह सकते हैं। पहली प्रक्रिया आगत अनुवाद की है। यहाँ संपर्क की स्थिति में एक भाषा दूसरी भाषा की अभिव्यक्ति का शब्दश: अनुवाद करके नए शब्दों की रचना करती है। यथा अंग्रेजी के 'रेडटेपिज़्म' के लिए हिंदी में 'लाल फीताशाही' 'लैण्डस्लाइड' के लिए 'भूस्खलन', 'सोलर एनर्जी' के लिए 'सौर ऊर्जा' आदि शब्दों की रचना हुई। दूसरी प्रक्रिया आगत निर्माण की है। इसमें दूसरी भाषा की नई संकल्पनाओं को अभिव्यक्ति देने के लिए उससे प्रभावित होकर भाषा नए शब्दों का निर्माण करती है। उदाहरण के लिए अंग्रेज़ी के 'टेण्डर' के लिए 'निविदा', 'लिटरेसी' के लिए 'साक्षरता', 'फैकल्टी' के लिए 'संकाय' आदि शब्दों का निर्माण इसी प्रकार हुआ है। तीसरी प्रक्रिया आगत छाया की है। इसमें संपर्क में आनेवाली भाषा के शब्दों से व्यंजित भाव के आधार पर भाषा में नई संकल्पनाओं की पुन: प्रस्तुति होती है यथा – 'ऑडिटोरियम' के लिए 'सभा कक्ष' अथवा 'एयर होस्टेस' के लिए 'विमान परिचारिका' या 'आकाश कन्या'।

संपर्क की स्थिति में प्राय: एक भाषा, दूसरी भाषा से सीधे शब्द ग्रहण कर अपने कोश को समृद्ध करती है। ऐसा करते समय कभी वह बिना प्रत्यक्ष ध्वनि परिवर्तन के शब्द ग्रहण करती है और कभी उसे ध्वनि 'रूपांतर' के साथ अपनाती है। नोटिस, बोनस, लाइसेंस आदि हिंदी के आगत शब्दों में हम ध्वनि परिवर्तन नहीं पाते, पर कभी-कभी हम अंग्रेजी के शब्दों को प्रत्यक्ष ध्वनि रूपांतरण के साथ ग्रहण होते हुए देखते हैं, यथा 'एकेडमी' के लिए 'अकादमी' 'टैकनीक' के लिए 'तकनीक', 'कॉमेडी' के लिए 'कामदी', 'ट्रेजेडी' के लिए 'त्रासदी'। (कभी-कभी ऐसा भी होता है कि किसी

भाषा में किसी संकल्पना के लिए पहले से ही शब्द विद्यमान हों पर संपर्क की स्थिति में वह भाषा किसी शब्द का नया अनुवाद गढ़ ले, जैसे हिंदी में पहले से ही 'दीमक' शब्द था पर अंग्रेजी के 'व्हाइट ऐण्ट' के वज़न पर एक नया शब्द गढ़ लिया गया 'सफेद चींटी'। यह प्रक्रिया भाषा में शब्द द्वित्व को जन्म देती है।)

भाषा परिवर्तन के आभ्यंतर और बाह्य कारग यह बतलाते हैं कि भाषा एक दृष्टि से अपने में स्वायत्त होती है और दूसरी दृष्टि से वह अपने भौगोलिक परिवेश और सामाजिक संदर्भों से प्रभावित भी होती है। भाषा परिवर्तन का अध्ययन क्षेत्र इन दोनों पक्षों से निर्धारित और नियंत्रित है।

6

शब्द : सैद्धांतिक विवेचन

हिंदी में प्रयुक्त होनेवाला 'शब्द' अनेकार्थी है। एक तरफ़ जब हम इसका प्रयोग करते हुए, 'शब्दिक कला' अथवा 'शाब्दिक अभिव्यक्ति' कहते हैं तो यह शब्द 'भाषा' का अर्थ ध्वनित करता है। दूसरी तरफ़ जब हम 'शब्दभेदी बाण' में इसका प्रयोग करते हैं तो यह शब्द 'ध्वनि' का अर्थ व्यंजित करता है। इसी प्रकार तर्क के संदर्भ में 'शब्द प्रमाण' में यह 'उक्ति' अथवा 'कथन' की ओर संकेत देता है। पर निर्गुण संतों के साहित्य में यह शब्द (सबद) एक पारिभाषिक शब्द के रूप में योगियों के 'नाद' से मिलते-जुलते अर्थ को द्योतित करता है। इन सभी अर्थो से भिन्न हम इसका प्रयोगगत अर्थ पाते हैं 'शब्दकोश' और 'शब्दानुशासन' ऐसी अभिव्यक्तियों में। उक्त संदर्भ में शब्द, भाषा की एक सार्थक इकाई के रूप में स्वीकृत माना जा सकता है। भारतीय दार्शनिकों ने शब्द पर गहराई से विचार किया है। उन्होंने शब्द को ऐसी सार्थक ध्वनि के रूप में स्वीकार किया है जिससे लोक व्यवहार में पदार्थ की प्रतीति होती हो। महाभाष्यकार पतंजलि के अनुसार, 'शब्द श्रोत्रेन्द्रिय से उपलब्ध, बुद्धि से ग्राह्य तथा प्रयोग से स्फुरित होने वाली आकाशव्यापी ध्वनि है।' इस लेख में भाषा की एक सार्थक इकाई के रूप में स्वीकृत 'शब्द' के स्वरूप और प्रकृति पर हिंदी भाषा के संदर्भ में विचार किया जा रहा है।

परंपरागत व्याकरणिक सिद्धांत 'शब्द' को भाषा की आधारभूत और सर्वोपरि इकाई स्वीकार करता है। इसी इकाई के आधार पर वह अपने व्याकरण का पूरा ढाँचा खड़ा करता है। रूपरचना (रूपविज्ञान) और वाक्यविन्यास (वाक्यविज्ञान) दोनों ही क्षेत्रों के लिए वह पहले शब्द को भाषा की सैद्धांतिक और संक्रियात्मक इकाई स्वीकार करता है और फिर यह निर्देश देता है कि रूपविज्ञान (मार्फोलॉजी) शब्द की आंतरिक संरचना का अध्ययन करता है जबकि वाक्यविज्ञान (सिन्टैक्स) वाक्य में प्रयुक्त शब्दों के परस्पर संबंध नियोजन का। इस दृष्टि से रूपविज्ञान का विषय क्षेत्र अंतरा-शब्दरचना है जबकि वाक्यविज्ञान का अन्तर-शब्द-विन्यास।

आधुनिक भाषाविज्ञान में 'शब्द' पर पर्याप्त विचार किया गया है, पर 'शब्द' है क्या, प्रश्न का वहाँ संतोषजनक उत्तर नहीं मिलता। इसका एक प्रमुख कारण है

'शब्द' का अर्थ अपने अर्थ और प्रकार्य में बहुआयामी होना (चाओ, 1966)। 'शब्द' पर विचार करते हुए विद्वानों ने वैसे तो उसे अनेक परिभाषाओं में बाँधकर समझना-समझाना चाहा, लेकिन जैसा कि प्रसिद्ध भाषाशास्त्री लायन्स ने संकेत दिया है, आधुनिक भाषा-विज्ञान न तो इस इकाई को निर्भ्रान्त भाव से स्वीकार करता है और न ही इसकी कोई निर्भ्रान्त परिभाषा देता है। यही कारण है कि आधुनिक भाषाविज्ञान में इसकी सैद्धांतिक स्थिति संदेहास्पद एवं विरोधाभासी है (लायन्स, 1968; मैथ्यूज, 1974)।

एक बात और है। भाषाविज्ञान की संरचनावादी धारा ने अपने सिद्धांत में भाषा की लघुतम सार्थक इकाई के रूप में 'रूपिम' को न केवल स्वीकार किया अपितु 'रूपिम' को केंद्र में रखकर अपने सैद्धांतिक और संक्रियात्मक भवन का निर्माण किया। रूपिम-केंद्रित भाषाचिंतन की प्रारंम्भिक सफलता के प्रकाश में परंपरा से चले आए 'शब्द' जैसी इकाई को न केवल नकारा गया, बल्कि चिंतन के इस दौरान में उसे सैद्धांतिक दृष्टि से अग्राह्य और व्यावहारिक दृष्टि से अयथार्थ भी बतलाया गया। संकेत देने की कोशिश की गई कि 'शब्द' भाषाविज्ञान की कोई सैद्धांतिक इकाई नहीं हो सकती। अगर यह कोई इकाई है तो उसका स्थान उस लोक-भाषाविज्ञान (फोक- लिंग्विस्टिक्स) में है जो भाषा-प्रयोक्ताओं की रूढ़गत संकल्पनाओं को अपने अध्ययन का आधार बनाता है (ग्रीनबर्ग, 1957: 27) यही कारण है कि इस धारा के विभिन्न विद्वान 'शब्द' की संकल्पना को उसकी प्रकृति में विविधरूपी मानते हुए भाषायी विश्लेषण की दृष्टि से इसे पूर्णतः अनुपयुक्त सिद्ध करते हैं (वैल्स, 1947)।

इस संदर्भ में यह एक रोचक तथ्य है कि भाषायी रचना की दृष्टि से जिस 'रूपिम' की संकल्पना को भाषाविज्ञान की इस धारा ने अपनी आधारभूत इकाई माना और जिसकी वैज्ञानिकता के संदर्भ में परंपरागत इकाई 'शब्द' को अपने सैद्धांतिक विवेचन से बाहर रखने की माँग की, वह भी 'शब्द' इकाई का उचित विकल्प नहीं बन सका। लायन्स के अनुसार, 'रूपिम' भाषाविज्ञान का एक बहुप्रयुक्त पारिभाषिक शब्द है पर उसका प्रयोग अनेक संबद्ध संदर्भों में होता है जो उसकी संकल्पना को निर्भ्रान्त नहीं रहने देता। उनके अनुसार, 'शब्द' की तरह 'रूपिम' की संकल्पना भी बहुआयामी है और कई दृष्टियों से उसकी स्थिति भी भ्रम उत्पन्न करने की संभावना से परे नहीं है (लायन्स, 1970:22) यहाँ पर यह भी ध्यान देने योग्य तथ्य है कि रूपवैज्ञानिक एवं वाक्यवैज्ञानिक तथ्यों की चर्चा करते समय परंपरागत वैयाकरण भाषाविश्लेषण के लिए शब्द-सापेक्ष दृष्टि का ही निर्वाह करते रहे। पर आधुनिक भाषाविज्ञान में प्रशिक्षित अनेक विद्वान हिंदी भाषा के संरचना-विश्लेषण के समय अपनी बात 'रूपिम' से आरंभ करते और 'वाक्य' पर समाप्त करते देखे जा सकते हैं। यही कारण है कि किशोरीदास वाजपेयी का 'हिंदी शब्दानुशासन' (शब्द-सापेक्ष व्याकरण), हिंदी व्याकरण की व्यापक संकल्पना का पर्याय बन गया (वाजपेयी, 1966), जबकि

यमुना काचरू की पुस्तकों एवं लेखों में 'शब्द' को कोई निश्चित सैद्धांतिक स्थान देने का प्रयत्न नहीं दिखाई देता (काचरू, 1980)।

यहाँ 'शब्द' की परंपरागत संकल्पना पर संक्षेप में विचार कर लेना असमीचीन न होगा, क्योंकि एक ओर हिंदी वैयाकरणों की पुरानी पीढ़ी व्याकरण की इसी परंपरागत संकल्पना की देन थी और दूसरी ओर हमें इसी परंपरा में 'शब्द' की प्रकृति एवं प्रकार्य पर विचारोत्तेजक सामग्री मिलती है।

2

भारतीय व्याकरण सिद्धांत में 'शब्द' को आधारभूत एवं सर्वोपरि इकाई के रूप में स्वीकार किया गया है। इस शब्द-सापेक्ष चिंतन के परिप्रेक्ष्य में ही वहाँ भाषा के सामान्य सिद्धांत, व्याकरण की आभ्यंतर प्र कृति और शब्दकोश के बाह्य रूप की चर्चा मिलती है। यहाँ यह भी स्वीकार किया गया कि भाषा की सर्जनात्मक बुनावट की आधारभूत सामग्री 'शब्द' है क्योंकि 'शब्द' भाषा के वे पूर्वनिर्मित (प्रि-फैब्रिकेटेड) तत्त्व हैं, जिनके आधार पर क्रमशः बड़े भाषिक खंड जैसे- पदबंध, उपवाक्य, वाक्य इत्यादि, निर्मित होते हैं। व्याकरण और कुछ नहीं बल्कि इन भाषिक खंडों की बुनावट प्रक्रिया और उनके संरचना विधान के अध्ययन का नाम है। भाषा की पूर्वनिर्मित इकाइयों को 'शब्द' नाम दिया गया और किसी भाषा विशेष की पूर्ण शब्द संपदा को 'शब्दकोश' कहा गया। यह तथ्य ध्यान देने योग्य है कि शब्दकोश की इकाई के रूप में मान्य 'शब्द' तथा वाक्य में प्रयुक्त शब्द (पद) प्रकार्य के धरातल पर सर्वथा भिन्न हैं।

ध्यान देने की बात है कि वाक्य में प्रयुक्त शब्द (पद) मात्र शब्द न होकर शब्द-रूप भी होते हैं जो रूप-वाक्यात्मक (व्याकरणिक) गुणों से युक्त होते हैं। यहाँ पर आवश्यक है कि सैद्धांतिक धरातल पर हम भाषिक इकाईयों के आर्थी और व्याकरणिक पक्षों के अंतर को अपने सामने रखें। आर्थी पक्ष का संबंध 'पदार्थ' से होता है, जबकि व्याकरणिक पक्ष का 'प्रकार्य' (function) से। भाषा प्रयोग के परिप्रेक्ष्य में 'पदार्थ' और 'प्रकार्य' संयुक्त रूप में इस प्रकार प्रयुक्त मिलते हैं कि इनको अलग करना संभव नहीं जान पड़ता। भाषा स्वयं में 'पदार्थ' और 'प्रकार्य' को अलग -अलग कर हमारे सामने प्रस्तुत नहीं करती और न ही भाषायी यथार्थ इनमें से किसी एक को नकार कर सिद्ध रह सकता है। पर सैद्धांतिक विवेचन के संदर्भ में 'पदार्थ' और 'प्रकार्य' में भेद करना आवश्यक है क्योंकि 'पदार्थ' का संबंध 'भाषायी यथार्थ' के जिस पक्ष से रहता है उससे भिन्न पक्ष से 'प्रकार्य' संबद्ध रहता है। इसी आधार पर हम 'शब्द' के दो आयाम पाते हैं, पदार्थ गुणसंपन्न 'कोशीय शब्द' अथवा 'शब्दिम' (लेक्सीम) और रूप-वाक्यात्मक प्रकार्य-गुणसंयुक्त 'पद'। इस संदर्भ में जब हम निम्नलिखित चार वाक्यों पर विचार करते हैं, तब पाते हैं कि चारों वाक्यों में शब्दिम के रूप में

'लड़का' एक है, क्योंकि वह एक ही पदार्थ का द्योतक है, जबकि 'पद' के रूप में ये चार भिन्न इकाइयाँ हैं क्योंकि इन चारों प्रयोगों में वे भिन्न-भिन्न रूप-वाक्यात्मक गुणों में संयुक्त हैं।

(1)	लड़का बोल रहा है	(एकवचन, कर्ताकारक)
(2)	लड़के बोल रहे हैं	(बहुवचन, कर्ताकारक)
(3)	लड़के को बुलाओ	(एकवचन, कर्मकारक)
(4)	लड़कों को बुलाओ	(बहुवचन, कर्मकारक)

जब हम यह कहते हैं कि 'लड़का', 'लड़के', लड़के को', और 'लड़कों को' एक ही भाषिक इकाई (शब्द) के चार भिन्न पदरूप हैं या इन चार भिन्न पदरूपों में एक ही शब्दिम का प्रयोग हुआ है, तब हम 'शब्द' को अमूर्त रूप से परिभाषित करते हैं। इस अमूर्त अर्थ में शब्द का अभिप्राय शब्दिम की आधुनिक संकल्पना के समतुल्य हो जाता है, क्योंकि ये 'शब्दिम' ही हैं जो विभिन्न रूपांतरित रूपों (पदों) के माध्यम से रूप-वाक्यात्मक नियमों के अनुसार वाक्यों का निर्माण करते हैं।

शब्द के दोनों रूप -- शब्दिम और पद, किसी उच्चार या उक्ति के पहले से दिए गए घटक नहीं होते। वे एक निश्चित भाषायी प्रक्रिया के परिणाम होते हैं। इस भाषिक प्रक्रिया के आधार पर ही हम उसे पहचान सकते हैं। दूसरा तथ्य यह है कि इनकी पहचान के लिए शब्दों का बाहरी आवरण कभी भी पर्याप्त नहीं होता। इनको सही संदर्भ में समझने के लिए उनके 'प्रकार्य' को समझना आवश्यक होता है। उदाहरण के लिए कुछ निम्नलिखित वाक्य देखे जा सकते हैं :

(5) यहां टेढ़े खंभे गड़े हैं।
(6) यहां खंभे टेढ़े गड़े हैं।
(7) लड़का स्कूल जाता है।
(8) लड़का स्कूल जा रहा है।
(9) लड़का स्कूल गया।

वाक्य (5) और (6) में प्रयुक्त टेढ़े शब्द पर ध्यान दें। समान पदार्थ की ओर संकेत देने के कारण 'शब्दिम' के संदर्भ में दोनों वाक्यों में प्रयुक्त 'टेढ़े' शब्द एक हैं क्योंकि दोनों ही स्थितियों में वे 'टेढ़ेपन' के समान संकेतार्थ को व्यंजित करते हैं। इस संदर्भ में इस तथ्य से कोई अंतर नहीं आता कि 'टेढ़ेपन' का संकेतार्थ किसी संज्ञा (खंभे) की विशेषता बताता है अथवा किसी क्रिया (गाड़ने) की। पर जब 'पद' के सन्दर्भ में

इन दो शब्द-प्रयोगों को हम देखते हैं, तब हम दोनों में एक निश्चित भेद पाते हैं। वाक्य (5) में 'टेढ़े' पद विशेषणवत् प्रयुक्त होने के कारण यह संकेतित करता है कि स्वयं खंभे अपनी बनावट में टेढ़े हैं जबकि वाक्य (6) में 'टेढ़े' पद क्रियाविशेषणवत् होने के कारण खंभे के बारे में कुछ न बताकर यह संकेत देता है कि खंभे (चाहे सीधे हों या टेढ़े) गाड़े टेढ़े गए हैं। स्पष्ट है उच्चरित और लिखित में 'टेढ़े' शब्द समरूपी होकर भी पद की संकल्पना (प्रकार्य) के संदर्भ में दो भिन्न इकाइयाँ ठहरते हैं।

इसी प्रकार वाक्य (7), (8) और (9) में ध्वन्यात्मक भेद और वाक्यविन्यासी भिन्नता के बावजूद 'जाना' को 'शब्दिम' के धरातल पर समान माना जा सकता है जबकि 'पद' के धरातल पर तीनों अभिव्यक्त रूपों ('जाता', 'जा रहा' और 'गया') को तीन भिन्न इकाइयाँ मानना होगा। इस संदर्भ में वाक्य (8) को देखें जिसमें शब्दिम के रूप में 'जा रहा' ध्वनि तथा वर्तनी के धरातल पर दो भिन्न भाषिक इकाइयों 'जा' और 'रहा' द्वारा निर्मित है, जबकि पद के रूप में यह एक ही इकाई है।

(7) जा + पक्ष (अभ्यास) + व. लि. काल
(8) जा + पक्ष (सातत्य) + व. लि. काल
(9) जा + पक्ष (पूर्ण) + व. लि. काल

(+ = रूपिम सीमा, = वर्तनी की दृष्टि से शब्द सीमा, पद की सीमा, व. लि. = वचन-लिंग संकेतक रूपिम वाक्य (9) में 'गया', क्रिया 'जा' का सर्वादेशी रूप है।)

इस उदाहरण की भाँति ही 'लड़का' शब्द के सभी पदरूप यथा, 'लड़के' 'लड़के का' 'लड़के' के लिए' आदि शब्दिम के संदर्भ में एक होते हुए भी पद के संदर्भ में भिन्न इकाइयाँ ठहरती हैं। वर्तनी के धरातल पर 'लड़के के लिए' पद तीन भिन्न भाषिक इकाइयों के सहयोग से निर्मित माना जा सकता है पर इन तीनों इकाइयों को पद के संदर्भ में एक ही इकाई के तीन घटक माना जाएगा। यहाँ सवाल उठता है कि 'पद' के रूप में स्वीकृत शब्द की अपनी सीमा क्या है ?

शब्द-सीमा का निर्धारण एक कठिन कार्य है। ध्वनियों का संयोजन और रूपिमों का विन्यास कहाँ तक एक शब्द बनाता है और कब वह दो शब्दों की ओर संकेत करता है, इसको किसी निश्चित संदर्भ में कुछ निश्चित लक्षणों के आधार पर निर्धारित करने की आवश्यकता है। इसमें संदेह नहीं कि जिस प्रकार 'अक्षर' क्या हैं और किस शब्द में कितने अक्षर हैं कहना सरल है पर अक्षर सीमा का निर्धारण जटिल है, उसी प्रकार शब्द क्या है और किस वाक्य में शब्द कितने हैं – बताना सरल है, पर किसी वाक्य में शब्द की सीमा निर्धारित करना जटिल है (भाटिया सं० 2027 : 199)। पर बात

यहाँ संदर्भहीन शब्द की संदर्भहीन सीमा के निर्धारण की नहीं है। पहले तो आवश्यकता है, विश्लेषण संदर्भ का निर्धारण और फिर उस संदर्भ के परिप्रेक्ष्य में उन लक्षणों का निर्धारण जिसके आधार पर शब्द परिभाषित होते हैं। उदाहरण के लिए जो प्रश्न अभी उठाया गया है, वह 'पद' के संदर्भ में 'शब्द' के निर्धारण से है और फिर इस संदर्भ में उन रूप-वाक्यात्मक गुणों के निर्धारण से है जिनके आधार पर शब्द-सीमा को निश्चित करना संभव है।

कामताप्रसाद गुरु ने 'पद' के संदर्भ में शब्द-सीमा निर्धारण के लिए चरम प्रत्यय की संकल्पना को विश्लेषण का अपना आधार बनाया है। उनके अुनसार जिन प्रत्ययों के पश्चात् दूसरे प्रत्यय नहीं लगते उन्हें चरम प्रत्यय कहते हैं और चरम प्रत्यय लगने के पहले शब्द का जो मूल रूप होता है, यथार्थ में वही शब्द है (गुरु सं० 20 27 : 54)। उदाहरण के लिए 'दीनता से' शब्द को लें। इसका मूक-शब्द अर्थात् प्रकृति 'दीन' है और प्रकृति में 'ता' और 'स' दो प्रत्यय लगे हैं। 'ता' प्रत्यय के पश्चात् 'से' प्रत्यय आता है, परंतु 'से' के पश्चात् कोई दूसरा प्रत्यय नहीं लग सकता, इसलिए 'से' के पहले 'दीनता' मूल रूप है और इसी को शब्द कहेंगे। चरम प्रत्यय लगने से शब्द का जो रूपांतर होता है वही इसकी यथार्थ विकृति है और इसे पद कहते हैं।

जहाँ तक 'पद' का सवाल है, उसकी संकल्पना चरम प्रत्यय के संदर्भ में उचित ही ठहरती है। पर शब्द के लिए यह कहना कि यह वह भाषा-खंड है जो चरम प्रत्यय लगने के पहले शेष रहता है, पूरी तरह सही नहीं जान पड़ता। उदाहरण के लिए हम निम्नलिखित वाक्यों पर ध्यान दें :

(10) वह घर से निकला
(11) वह घर से गया
(12) वह घर में से निकला
(13) वह घर के भीतर से निकला

गुरुजी के चरम प्रत्यय के लक्षण के आधार पर जहाँ तक पद का सवाल है, यह कहा जा सकता है कि 'घर से' (10) , 'घर में' (11) 'घर में से' (12) और 'घर के' तथा भीतर से' (13) सभी पद हैं, पर जहाँ तक 'शब्द' का सवाल है, हम वाक्य 12 के संदर्भ में नहीं कह सकते कि चरम प्रत्यय 'से' के पहले का भाषा-खंड 'घर में' मूल रूप में शब्द है। एक बात और यद्यपि अर्थ के धरातल पर 'घर में से' (12) और 'घर के भीतर' (13) एक सीमा तक समान है, पर संरचना की दृष्टि से वाक्य में (12) 'घर में से' एक ही पद माना जाएगा, जबकि वाक्य (13) के 'घर के भीतर से' को दो पदोंवाली' अभिव्यक्ति कहा जाएगा, क्योंकि इसकी बनावट वैसी ही है जैसे 'घर के बरामदे से' या 'घर के कमरे से' अभिव्यक्ति की।

3

भाषिक प्रक्रिया की दृष्टि से देखने पर यह कहा जा सकता है कि 'शब्द' किसी भाषा की पूर्वनिर्मित इकाई है जबकि 'पद' भाषा की बनावट प्रक्रिया के उपरांत उत्पन्न हुई इकाई है। इसीलिए 'पद' को 'चलित शब्द' या 'प्रयोगार्ह्य शब्द' भी कहा गया है। किसी भाषा का शब्द उस भाषा में व्यवहार से पहले की दी हुई इकाई है, जबकि पद, उपवाक्य या वाक्य आदि इकाइयाँ इस शब्द के आधार पर भाषिक प्रक्रिया के अनुसार बुनी गयी भाषिक इकाइयाँ हैं।

इस संदर्भ में यह कहना कि 'पद', 'उपवाक्य' या 'वाक्य' की अपनी बनावट या संरचना होती है क्योंकि वे बुनावट की भाषिक प्रक्रिया के परिणाम होते हैं और 'शब्द' की अपनी बनावट या संरचना नहीं होती क्योंकि वे इस प्रक्रिया से पहले की इकाई हैं – गलत कथन माना जाएगा। यदि शब्द की संकल्पना को भाषा के पूर्ण परिप्रेक्ष्य में देखा जाए (विशेषण रूप से शब्द विज्ञान अर्थात् लेक्सिकॉलिजी की दृष्टि से), तो शब्द में भी बुनावट के कुछ तत्त्व दिखलाई पड़ते हैं।

सभी बुनावट-पूर्व शब्दों को 'अव्युत्पन्न शब्द' के रूप में परिभाषित किया जाता है। परंपरागत व्याकरण में ऐसे अव्युत्पन्न शब्दों को 'रूढ़' की संज्ञा दी गई है। 'लड़का', 'नाक', 'पीला' आदि शब्द इसी श्रेणी के शब्द हैं। इसके विपरीत जो शब्द किसी बुनावट प्रक्रिया के परिणाम होते हैं, उन्हें **'यौगिक'** की श्रेणी में रखा जाता है। इसी बुनावट प्रक्रिया की प्रकृति के अनुसार यौगिक शब्दों को दो उपश्रेणियों में विभाजित किया जाता है : व्युत्पन्न शब्द और सामासिक शब्द। बुनावट की पहली प्रक्रिया रूढ़ शब्दों में प्रत्यय के संयोग से नया शब्द व्युत्पन्न करती है, जैसे पीला + पन = पीलापन, लड़का + पन = लड़कपन। बुनावट की दूसरी प्रक्रिया में दो या दो से अधिक शब्दों का योग रहता है, जैसे रसोई + घर = रसोईघर, घोड़ा + सवार = घुड़सवार।

'पीलापन' ऐसे व्युत्पन्न शब्द और 'रसोई घर' ऐसे सामासिक शब्द की कोशीय स्थिति के विषय में हिंदी वैयाकरणों के विचार पर संक्षिप्त चर्चा भी यहाँ असमीचीन न होगी। इन विचारों पर चर्चा करने के पहले शब्दकोश एवं व्याकरण के परिप्रेक्ष्य पर भी चर्चा कर लेनी चाहिए। भाषा अध्ययन के संपूर्ण क्षेत्र को मूलतः दो वर्गों में विभाजित करना संभव है – शब्द के शब्दिम (लेक्सीय) पक्ष के अध्ययन का क्षेत्र अर्थात् शब्दिमविज्ञान (लेक्सिकॉलिजी) और शब्द के पद पक्ष के अध्ययन का क्षेत्र अर्थात् व्याकरण (ग्रामर)। शब्दिमविज्ञान, शब्द को विचारों की 'स्वायत्त इकाई' के रूप में ग्रहण करता है और व्याकरण, इन इकाइयों के बीच के संबंधों की प्रकृति और प्रकार्य पर प्रकाश डालता है। जहाँ तक शब्द का प्रश्न है, उसे भाषा की उस इकाई के रूप में स्वीकार किया जा सकता है, जिसे एक ओर शब्दिम विज्ञान के परिप्रेक्ष्य में भी देखना

सम्भव है और दूसरी ओर व्याकरण के संदर्भ में भी। इन दो संदर्भों के आधार पर शब्दों के दो भेद संभव हैं – कोशीय शब्द और व्याकरणिक शब्द। कोशीय शब्दों का कोशगत अर्थ हुआ करता है, जबकि व्याकरणिक शब्दों में प्रकार्यात्मक अर्थवत्ता। भाषा के समस्त सहायक शब्द यथा – परसर्ग, संयोजक, कोप्यूला, सर्वनाम आदि व्याकरिणक शब्द हैं, क्योंकि इनका कोई अपना कोशगत अर्थ नहीं होता। ये सार्थक हैं तो व्याकरणिक प्रकार्य की दृष्टि से। यही कारण है कि ऐसे व्याकरणिक शब्दों को शब्दिमविज्ञान के सीमा-क्षेत्र के बाहर रखा जाता है।

हिंदी के संदर्भ में यह एक महत्त्वपूर्ण तथ्य है कि अभिव्यक्ति रचना की दृष्टि से एक माना जाने वाला शब्द एक संदर्भ में कोशीय शब्द है तो दूसरे संदर्भ में व्याकरणिक शब्द। उदाहरण के लिए वाक्य (14) और (15) पर ध्यान दें –

(14) लड़का घर **जाता** है।

(15) लड़के से खाया नहीं **जाता**।

वाक्य (14) में हिंदी शब्द 'जाता' की कोशीय स्थिति 'जाना' के अर्थ में स्वीकृत मानी जा सकती है जबकि वाक्य (15) में यह शब्द कर्म वाच्यसूचक बनकर पूर्णत: व्याकरणिक शब्द के रूप में प्रयुक्त हुआ है। इस संदर्भ में बेस्क्रोव्नी (1960) का विवेचन देखा जा सकता है जिसमें वे 'रहना' की तीन भिन्न परिणति स्थापित करते हैं, यथा–

(16) लड़का इस घर में तीन साल **रहा** है।

(17) लड़का घर जा **रहा** है।

(18) कमरे में घुसने पर मैंने देखा कि कहीं लोटा लुढ़क **रहा** है और कहीं बाल्टी (स्थिति : लुढ़कने की क्रिया संपन्न होने के बाद का कथन)।

वाक्य (16) में 'रहा' का प्रयोग कोशगत है क्योंकि इसमें कोशीय अर्थ निहित है, वाक्य (17) में 'रहा' का प्रयोग व्याकरणिक प्रकार्य मात्र का द्योतक है क्योंकि वह केवल पक्ष के सातत्य भाव को ध्वनित कर रहा है और वाक्य (18) में 'रहा' का प्रयोग लुढ़कने क्रिया के बाद की स्थिति के नैरंतर्य को व्यक्त कर रहा है।

स्पष्ट है, कोशीय इकाई के रूप में शब्द सदैव आर्थी संक्रिया से बँधा होता है और इसीलिए उसके अर्थ को शब्दकोश में ढूँढ़ा और पाया जाता है, यथा–वाक्य (14) में प्रयुक्त शब्द 'जाता'। इसके विपरीत व्याकरणिक इकाई के रूप में शब्द अनिवार्यत: व्याकरणिक प्रकार्य का द्योतक होता है अत: उसकी सार्थकता को शब्दकोश के सहारे नहीं समझा जा सकता। उसकी अर्थवत्ता पर प्रकाश व्याकरण ही डाल सकता है, यथा– वाक्य (15) में प्रयुक्त शब्द 'जाता'।

4

कोशीय शब्द के आर्थी लक्षण ही उसे विचारों की स्वायत्त इकाई के रूप में स्थापित करते हैं। ध्यान देने की बात है कि हिंदी में बहुवचन साधितों को एक ही शब्दिम के विभिन्न प्रतिफलित रूप माना जाता है, यथा – 'लड़का', 'लड़के ने', 'लड़के', 'लड़कों को' आदि में एक ही शब्दिम है, 'लड़का'। इसके विपरीत स्त्रीलिंगबोधक शब्दों यथा – लड़का, लड़की या मोर, मोरनी को दो भिन्न कोशीय इकाइयों के रूप में स्वीकृत किया जाता है। यहाँ यह प्रश्न उठता है कि विचारों की स्वायत्त इकाई के रूप में मान्य कोशीय शब्द क्या बहुवचन साधितों में इसलिए 'एक' माने जाते हैं क्योंकि वे मात्र रूप-साधन (इन्फ्लेक्शन) के परिणाम हैं, जबकि कोशीय मोर मोरनी में वे दो भिन्न इकाइयों के रूप में स्वीकार किये जाते हैं क्योंकि इनकी भिन्नता का आधार शब्द साधन (डिराइवेशन) है ?

यह कहना भ्रामक होगा कि लड़का-लड़के (एक शब्दिम)और लड़का-लड़की (दो शब्दिम) के बीच पाए जानेवाले भेद का एकमात्र आधार रूप-साधन और शब्द-साधन हैं। उदाहरण के लिए (19), (20) और (21) में दिए गए युग्मों पर ध्यान दीजिए–

(19)	चाम लोहा सोना	+ आर (व्यवसायसूचक प्रत्यय) =	चमार लुहार सुनार
(20)	चमार लुहार सुनार	+ इन (स्त्रीलिंगसूचक प्रत्यय) =	चमारिन लुहारिन सुनारिन
(21)	आम खाट बेटी	+ इया (लघुतासूचक प्रत्यय) =	अमिया खटिया बिटिया

जैसा कि श्रीवास्तव और गुप्ता (1968) ने दिखलाने की कोशिश की है, वर्ग (19) या (20) और वर्ग (21) में दिए युग्मों की कोशीय स्थितियाँ भिन्न-भिन्न हैं। ध्यान देने की बात है कि तीनों वर्गों में शब्द-युग्मों का आधार व्युत्पत्ति प्रक्रिया है और 'चाम' से 'चमार', 'चमार', से 'चमारिन' और 'आम' से 'अमिया' व्युत्पन्न शब्द माने जाएँगे।

पर जहाँ वर्ग (19) और (20) के शब्द-युग्म (यथा, चाम-चमार और चमार-चमारिन) दो भिन्न स्वायत्त विचारों को व्यक्त करते हैं, वहाँ वर्ग (21) के शब्द-युग्म (यथा, आम-अमिया) एक ही कोशीय शब्द के दो विकल्प हैं। इस भेद का कारण शब्द का आर्थी पक्ष है। हम 'चमार' को 'चमारिन' और 'चमारिन' को 'चमार' कहकर संबोधित नहीं कर सकते, पर 'बेटी' को प्यार से उसमें लघुतावाचक प्रत्यय जोड़कर 'बिटिया' कह सकते हैं। इसका कारण यही है कि विचार की स्वायत्त इकाई के रूप में जहाँ 'चमार' और 'चमारिन' दो भिन्न इकाइयाँ हैं वहाँ अर्थभेद के बावजूद भी आम अमिया या बेटी बिटिया इस संदर्भ में एक ही इकाई ठहरते हैं।

शब्द का आर्थी संदर्भ बहुअर्थक (पालीसिमस) और समस्वनिक (होमोफ़ोनस) शब्दों को भिन्न-भिन्न इकाई के रूप में देखता है, न कि उन्हें एक कोशीय शब्द के रूप में स्वीकार कर उसे भिन्न अर्थोंवाले एक शब्द के रूप में परिभाषित करता है। बहुअर्थक शब्द का उदाहरण हम वाक्य (22) में देख सकते हैं –

(22) मुझे **मन भर** मिठाई चाहिए।

(क) मुझे **मन** (वजन में एक मन) **भर** मिठाई चाहिए।

(ख) मुझे **मन** (जी) **भर** मिठाई चाहिए।

इसी प्रकार समस्वनिक शब्दों के उदाहरण हम वाक्य (23) से (26) में देख सकते हैं–

(23) चिड़िया $उड़_1$ रही है।

(24) लड़का चिड़िया $उड़ा_2$ रहा है।

(25) लड़का पतंग $उड़ा_1$ रहा है।

(26) पतंग $उड़_2$ रही है।

वाक्य (23) और (26) में प्रयुक्त शब्द 'उड़' एवं (24) और (25) में प्रयुक्त शब्द 'उड़ा' समस्वनिक हैं, क्योंकि उच्चारण के स्तर पर एक होकर भी प्रकार्य के धरातल पर वे भिन्नार्थी हैं। $उड़_1$ और $उड़ा_1$ जहाँ मुक्त शब्द है, वहाँ $उड़_2$ (व्युत्पन्न अकर्मक) और $उड़ा_2$ (व्युत्पन्न प्रेरणार्थक) व्युत्पन्नपरक शब्द।

5

अगर अर्थ के धरातल पर भिन्न होने के कारण बहुअर्थक शब्द को भिन्न-भिन्न शाब्दिक इकाई माना जाता है, यथा '$मन_1$' और '$मन_2$' और प्रकार्य में भिन्नता के आधार पर समस्वनिक शब्द को भिन्न-भिन्न शाब्दिक इकाई स्वीकार किया जाता है, यथा '$उड़_1$'

और 'उड़$_2$' तब प्रश्न उठता है कि हम किस आधार पर परिवर्णी शब्द (एक्रानीम) और **यौगिक शब्द** को एक शब्द स्वीकार करते हैं ?

परिवर्णी शब्द (एक्रानीम) उस सृजन प्रक्रिया के परिणाम होते हैं जिसमें दो या दो से अधिक शब्दों का संक्षिप्तीकरण भाषा की अपनी शाब्दिक संरचना के अनुरूप किया जाता है। परिवर्णी शब्दों की संरचनागत बुनावट तो अन्य शब्दों के अनुरूप ही होती है पर अर्थ के धरातल पर उनमें दो या दो से अधिक शब्दों से बना एक पदबंध रहता है। जैसा कि श्रीवास्तव और चोपड़ा (1983) ने दिखाने का प्रयत्न किया है, जब किसी एक परिवर्णी शब्द का सृजन और मानकीकरण हो जाता है तब भाषा में उसे एक स्वायत्त शब्द का स्थान मिल जाता है। शब्द से पद बनाने के लिए जिन प्रत्ययों का विधान भाषा करती है, वे सभी विधान इसीलिए परिवर्णी शब्दों पर भी लागू होते हैं। हिंदी में हिंदी के अपने शब्दों के आधार पर बने ऐसे कुछ परिवर्णी शब्द हैं – यथा, **आंसुका** (=आन्तरिक सुरक्षा कानून) **भालोद** (=भारतीय लोक दल), **माकपा** (=मार्क्सवादी कम्युनिस्ट पार्टी) आदि। व्यवहार में ऐसे वाक्य हिंदी समाचारपत्रों में सामान्यतः पढ़ने को मिलते हैं – 'आंसुका के अंतर्गत तीन व्यक्ति गिरफ्तार,' 'भालोद के नेताओं द्वारा हड़ताल की घोषणा', 'माकपा में दक्षिण व वाम की लड़ाई'। स्पष्ट है कि आर्थी दृष्टि से पदबंधी रचना होने के बावजूद ये परिवर्णी शब्द ध्वनिक अभिव्यक्ति और रूप-संरचना में वास्तविक शब्द की भाँति ही व्यवहृत होते हैं।

परिवर्णी शब्दों की ही भाँति सामाजिक शब्द भी अपने रूप और प्रकार्य के आधार पर शब्द माने जाते हैं यद्यपि अर्थ के धरातल पर उनमें एक से अधिक शब्दों का योग रहता है। वस्तुतः सामाजिक शब्द, भाषा व्यवहार (पैरोल) की इकाई हैं, जिन्हें हम 'सम्बन्धिम' (सिटंग्म) कह सकते हैं। इस प्रकार 'सुख-दुख', 'चर-अचर', 'देश-भक्ति' जैसे यौगिक शब्द तथा संधि-प्रक्रिया द्वारा निर्मित शब्द यथा, सूर्यास्त (सूर्य+अस्त), शुभेच्छु (शुभ+इच्छु), यही (यह+ही) आदि भाषा व्यवहार के अंग बनकर हिंदी में आए हैं। इन्हें 'भाषा व्यवस्था' (लांग) के भीतर की रचना नहीं स्वीकार किया जा सकता।

यह एक रोचक तथ्य है कि यौगिक शब्दों में विचारों की स्वायत्त इकाई के रूप में कार्य करने की क्षमता हो सकती है। इस प्रकार की क्षमता से युक्त शब्दों को योगरूढ़ शब्द कहा गया है। यह कहा जा सकता है कि योगरूढ़ शब्द अपनी बनावट और रूप-रचना में यौगिक होते हैं पर अपने कोशीय अर्थ में रूढ़ शब्दों की तरह सरल (सिम्प्लेक्स) होते हैं। उदाहरण के लिए हिंदी के 'जलवायु', 'आवोहवा', 'कामदेव', 'काली मिर्च' शब्द आदि। इस प्रकार के कुछ अपने संघटकों के अर्थ से अतिक्रमण भी करते हैं, जैसे 'दालचीनी'।

यौगिक शब्दों को वर्तनी की दृष्टि से या तो योजक चिन्ह द्वारा व्यक्त किया

जाता है अथवा शिरारेख मिला कर उन्हें एक शब्द के रूप में लिखा जाता है। प्रयोग की दृष्टि से यौगिक शब्दों की अभिव्यक्ति में पर्याप्त विकल्प मिलते हैं, यहाँ यह देखना अनुचित न होगा कि इस विकल्प का आधार क्या है। उदाहरण के लिए हम इन तीन शब्दों पर ध्यान दें – (1) प्रति-व्यक्ति, (2) प्रति-दिन और (3) प्रतिबिम्ब। इन तीनों शब्दों को आर्येन्द्र शर्मा (1958:142) ने यौगिक शब्द बताया है। दिल्ली विश्वविद्यालय के कुछ छात्रों के भाषा-व्यवहार के सर्वेक्षण से यह तथ्य प्राप्त हुआ कि वे (1) और (3) को क्रमशः द्विशब्द एवं एकशब्द मानते हैं। इन शब्दों के व्यवहार में कोई भ्रांति नहीं पर शब्द (2) के उनके प्रयोग में पर्याप्त विविधता देखने को मिली – कुछ इसे एक-शब्द के रूप में लिखते हैं और कुछ द्विशब्द के रूप में। इसका मूल कारण मानकीकरण का अभाव हो सकता है क्योंकि हमारे सर्वेक्षण में भाषा व्यवहार के धरातल पर भी इनमें अस्थिरता मिलती है।

इस संदर्भ में दो और विचार बिंदुओं पर चर्चा कर लेना यहाँ उपयुक्त होगा। उदाहरण (1) (प्रति-व्यक्ति) को अन्य दो उदाहरणों से इस आधार पर भिन्न माना जा सकता है कि किसी अन्य शब्द को इस यौगिक शब्द के दोनों तत्त्वों के बीच जोड़ा जा सकता है। हम कह सकते हैं – प्रति दो व्यक्ति। ऐसा शब्द (2) और (3) के संदर्भ में लागू नहीं किया जा सकता। दूसरी बात यह भी है कि उदाहरण (3) (प्रतिबिम्ब) ने 'संभावित शब्द' का स्थान प्राप्त कर लिया है। हमारे सर्वेक्षण से यह भी तथ्य उभरकर सामने आया कि 'प्रत्यक्ष यौगिक' शब्दों के 'संभावित शब्द' में बदलने की प्रक्रिया अपनी प्रकृति में क्रमिक होती है। इसे निम्नलिखित तालिका द्वारा-समझा जा सकता है–

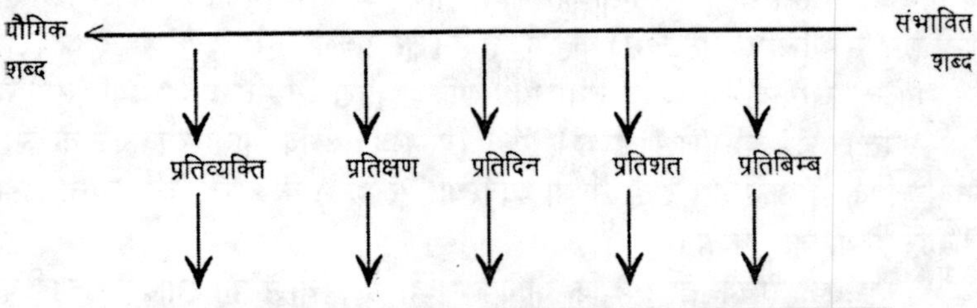

एकशब्द	1	6	11	16	20
द्विशब्द	19	14	9	4	

(प्रत्येक उदाहरण के कुल योग की संख्या : 20)

यहाँ यह तथ्य ध्यान देने योग्य है कि 'आब-ओ-हवा शब्द में ओ-अपने 'और' अर्थ का द्योतक है और इस योगरूढ़ शब्द में इसका प्रकार्य संयोजक स्वर का है। इस प्रकार के योगरूढ़ शब्द एक इकाई इस कारण मात्र से नहीं हैं कि वे अर्थ दृष्टि से विचारों

की स्वायत्त इकाई हैं, बल्कि इसलिए भी हैं कि वे रूपवैज्ञानिक प्रकार्य की दृष्टि से एक समन्वित एवं अविभाज्य इकाई की तरह आचरण करते हैं (श्रीवास्तव, 1973)।

यहाँ यह प्रश्न उठाया जा सकता है कि संभावित शब्द की तरह प्रयुक्त योगरूढ़ शब्दों को किस आधार पर उन पदबंधीय इकाइयों से भिन्न किया जा सकता है जो दो नामिकों के महज संयोग से बनते हैं। यह देखा जा सकता है कि दो नामिकों के संयोग मात्र से बनी पदबंधीय इकाई के पहले प्रयुक्त होने वाला विशेषण या परसर्ग, पदबंधीय रचना में प्रयुक्त पहले नामिक द्वारा नियंत्रित होता है, अर्थात् ये विशेषण अथवा परसर्ग वचन-लिंग की दृष्टि से पदबंधीय रचना के पहले नामिक के अनुरूप अपना रूप ग्रहण करते हैं। इसके विपरीत 'संभावित शब्द' के पहले प्रयुक्त होने वाले विशेषण या परसर्ग, यौगिक शब्द के दूसरे घटक द्वारा नियंत्रित होते हैं।

(1) पदबंधीय इकाई : परसर्ग नामिक नामिक

(2) संभावित शब्द : परसर्ग नामिक – नामिक

अगर इस आधार पर 'आबोहवा' और 'जलवायु' ऐसे संभावित शब्दों पर ध्यान दें तो हम उन्हें सामान्य पदबंधीय इकाई से भिन्न पाते हैं। हिंदी में बोला जाता है – 'हिंदुस्तान की आबोहवा । 'जलवायु', 'अच्छी आबोहवा। जलवायु यहाँ कहाँ', आदि। परसर्ग 'का' और विशेषण 'अच्छा' का 'की' और 'अच्छी' में परिवर्तन 'हवा' 'वायु' के वचन-लिंग के अनुरूप बदला गया है न कि 'आब जल' के अनुसार।

पदबंधीय रचना यथा– 'काली मिर्च' (नामिक$_1$ नामिक$_2$) तथा संभावित शब्द यथा, काली मिर्च (नामिक$_1$ नामिक$_2$) में जो भेद है, उससे भाषिक प्रतीक के रूप में परिभाषित शब्द के दो पक्ष या आयाम उभर कर आते हैं, – कथ्य (संकेतित) और अभिव्यक्ति (संकेतक) पक्ष। अभिव्यक्ति के धरातल पर पदबंधीय रचना (काली मिर्च = मिर्च जो काली है, लाल नहीं) और संभावित शब्द (काली मिर्च = एक प्रकार के गर्म मसाले का नाम) भले ही दो इकाइयों के रूप में क्यों न बोला और लिखा जाए पर कथ्य के धरातल पर पहला (पदबंधीय रचना) विचार की दो स्वायत्त इकाइयों का प्रतिनिधित्व करता है जबकि दूसरा (संभावित शब्द) विचार की एक स्वायत्त इकाई के रूप में हमारी भाषायी चेतना में स्थित रहता है। इसके विपरीत हम संधि प्रक्रिया से प्राप्त सम्बंधिम की स्थिति पाते हैं। 'सूर्यास्त' अभिव्यक्ति के धरातल पर एक भाषिक प्रतीक 'शब्द' है पर कथ्य के धरातल पर वह ठीक वैसे ही है जैसे संधिरहित उसके दो घटक अर्थात् 'सूर्य' और 'अस्त'।

6

भाषा की अन्य इकाइयों की भाँति ही शब्द भी एक भाषिक प्रतीक है जिसे दो भिन्न अभिव्यक्ति माध्यमों द्वारा व्यक्त करना संभव है : कर्णेन्द्रिय स्वनिक माध्यम और चाक्षुष लेखिम माध्यम। अभिव्यक्ति माध्यम के आधार पर हम शब्द के दो अन्य संदर्भ पाते हैं – स्वनिमिक (मौखिक) शब्द और लेखिमिक या वर्णविन्यासात्मक (लिखित) शब्द। स्वनिमिक शब्द हम उसे कहते हैं जिसके आगे-पीछे उच्चारण की स्थिति में समय की दृष्टि से विराम हो, जबकि वर्णविन्यासात्मक शब्द में लिखने के समय हम स्थान की दृष्टि से आगे-पीछे विराम देते हैं।

यहाँ एक-दो तथ्यों पर ध्यान देना आवश्यक है। यह बात अत्यंत महत्त्वपूर्ण है कि शब्द विशिष्ट भाषिक व्यापार से उत्पन्न इकाई है जो मूल प्रकृति में अपने माध्यम के किसी दबाव से नियंत्रित नहीं होती (पामर, 1976 : 9)। उदाहरण के लिए मौखिक संप्रेषण व्यापार में ध्वनि की निरंतरता, भाषिक विविक्ता (डिस्क्रीटनेस) का स्थान ले लेती है। भाषा की इकाइयाँ अपनी मूल प्रकृति में विविक्त (डिस्क्रीट) होती हैं पर बोलने के समय ध्वनियों के अविच्छिन्न प्रवाह के रूप में प्रतिफलित होती हैं। यही कारण है कि स्वाभाविक रूप से बोले गए वाक्य में उच्चरित पहली ध्वनि से लेकर अंतिम ध्वनि तक भौतिक (अर्थात् वायुतरंगों के धरातल पर) अथवा आंगिक (अर्थात वाक् अवयवों के धरातल पर) स्तर पर हम कोई विराम या मौन की स्थिति नहीं पाते। अगर श्रोता वाक्य के भीतर शब्दों को अलग-अलग इकाइयों के रूप में पहचानता है, तो उनका आधार केवल ध्वनि-माध्यम नहीं हो सकता। उसका आधार तो व्यक्ति का वह भाषाई बोध है जो भाषिक क्षमता के रूप में उसे प्राप्त रहता है।

शब्द संबंधी अपनी इसी भाषिक क्षमता का परिचय वक्ता वाक्य को बोलने के समय और श्रोता उसको सुनने के समय देता है। वक्ता जब वाक्य को धीमी गति से बोलता है तो स्वनिमिक (मौखिक) शब्दों की सीमा पर विराम देता चलता है। इसी भाषिक क्षमता के आधार पर श्रोता शब्द के स्वनिक विकल्पवत् प्रयोगों के बीच उसकी मूल प्रकृति की पहचान कर लेता है, जैसे 'बहन', 'बहिन' को वह 'एक' ही शब्द स्वीकार करता है। यहाँ इस बात पर भी ध्यान देने की आवश्यकता है कि हिंदी 'स्वनिमिक' शब्द और 'स्वनिक' शब्द में भेद करती है। हमें एक ही उपसर्ग और एक ही रूढ़ शब्द के संयोग से दो भिन्न शब्द बने हुए मिलते हैं – यथा, 'सह-अनुभूति' और 'सहानुभूति'। दोनों ही यौगिक शब्द हैं, दोनों कथ्य के धरातल पर एक दूसरे से भिन्न हैं, पर समान घटकों से बने इन दोनों शब्दों का अभिव्यक्ति स्तर पर अंतर इस बात को लेकर है कि एक में संधि नियम का प्रयोग नहीं हुआ है जबकि दूसरे की अभिव्यक्ति संधि के नियमों के आधार पर है।

संधि प्रक्रिया के अतिरिक्त हमें स्वनिमिक नियमों के अन्य प्रयोगों के आधार

पर भी मौखिक शब्दों में भेद मिलते हैं। स्वनिमिक स्तर पर शब्द है 'जनता', लड़का', पर अ-लोप के स्वनिमिक नियम के अनुसार स्वनिक स्तर पर हम इन शब्दों का उच्चारण करते हैं 'जन्ता' और 'लड़्का'। हिन्दी के लिखित शब्दों पर अगर ध्यान दें तो लिखित शब्दों के भी दो उपरूपों का विकल्प पाते हैं, यथा 'संबोधन' व 'सम्बोधन'। नासिक्य (आर्कीफोनीम) को हिंदी वर्तनी के नियम के अनुसार या तो अनुस्वार द्वारा व्यक्त करने का विधान है अथवा उसके बाद के व्यंजन-वर्ग के नासिक्य द्वारा लिखने का प्रचलन है।

7

उपरोक्त चर्चा के संदर्भ में यह कहा जा सकता है कि भाषा की एक सार्थक इकाई के रूप में शब्द को पहले भाषिक प्रतीक के रूप में देखना आवश्यक है, तत्पश्चात् उसके कथ्य (वाच्य) और अभिव्यक्ति (वाचक) पक्षों के आधार पर उनका विवेचन अपेक्षित है। यहाँ यह भी ध्यान देने योग्य है कि शब्द के संदर्भ में उसके कथ्य और अभिव्यक्ति पक्ष की प्रकृति अपने प्रकार्य (फंक्शन) के द्विचर और व्यवहार में द्विविध है। अतः कथ्य और अभिव्यक्ति के द्विचर और द्विविध संयोग के आधार पर हमें शब्द-प्रयोग के चार उपवर्ग दिखलाई पड़ते हैं, यथा– (1) एकशब्दीय शब्द, (2) संभावित शब्द, (3) सम्बन्धिम शब्द और (4) द्विशब्दीय संयोजन।

अभिव्यक्ति

	+	—
कथ्य	1 एकशब्दीय शब्द	2 संभावित शब्द
	3 सम्बन्धिम-शब्द	4 द्विशब्दीय संयोजन

शब्द प्रकार

1. **एकशब्दीय शब्द** : वस्तुतः वे मौलिक और अयौगिक शब्द हैं जो एक तरफ कथ्य की दृष्टि से विचारों की स्वायत इकाई के होते हैं और दूसरी तरफ अभिव्यक्ति

की दृष्टि से जिनका विराम के आधार पर विभाजन संभव नहीं होता, यथा – हाथ, नाक, लड़का।

2. **संभावित शब्द** : वस्तुत वे शब्द हैं जो कथ्य की दृष्टि से विचारों की स्वायत्त इकाई होते हैं पर अभिव्यक्ति की दृष्टि से जो विभक्त रहते हैं, यथा 'काली मिर्च', 'शिवरात्रि' 'कामदेव'।
3. **सम्बन्धिम शब्द** : वस्तुतः शब्द संयोग से निर्मित वे शब्द हैं जिन्हें अभिव्यक्ति के धरातल पर एक इकाई के रूप में प्रतिफलित देखा जा सकता है पर कथ्य की दृष्टि से जिन्हें विचार की दो या दो से अधिक स्वायत्त इकाइयों का संयोजन माना जा सकता है, यथा 'सूर्यास्त', 'शुभेच्छु', 'यही'।
4. **द्विशब्दीय संयोजन** : वस्तुतः यह शब्द से ऊपर की इकाई 'पदबंध' का द्योतक है न कि शब्द का, क्योंकि ऐसे संयोजन में शब्द संयोग न तो संभावित शब्दों की तरह विचारों की कोई एक स्वायत्त इकाई बनता है और न ही सम्बन्धिम शब्दों की तरह अभिव्यक्ति की एक निश्चित इकाई, यथा काली मिर्च – मिर्च जो काली है।

8

जैसा कि ऊपर की चर्चा से स्पष्ट है, शब्द को परिभाषित करने के संबंध में सबसे बड़ी कठिनाई यही है कि यह एक बहुआयामी और बहुसंयोजक (मल्टीवेलेन्ट) इकाई है। परिणामस्वरूप इसकी कोई एक निश्चित परिभाषा देना संभव नहीं। यह कठिनाई केवल 'शब्द' जैसी भाषिक इकाई की नहीं है। 'वाक्य' जैसे बहुसंयोजक भाषिक इकाई की भी कोई एक निश्चित परिभाषा हमें नहीं दिखलाई पड़ती जिस प्रकार हम 'वाक्य' के भीतर दूसरे वाक्य को अन्तर्भुक्त पा सकते हैं, उसी प्रकार 'शब्द' के भीतर हम दूसरे शब्द को भी समाहित पा सकते हैं और जिस प्रकार उपवाक्य, अपने प्रकार्य में आश्रित या अनाश्रित हो सकता है, उसी प्रकार 'शब्द' के घटक भी आश्रित या अनाश्रित हो सकते हैं।

शब्द एक बहुआयामी भाषाई इकाई है और इसीलिए उस पर विभिन्न दृष्टियों से विचार करना संभव है। कम से कम उस पर विचार करने के तीन निश्चित संदर्भ दिखलाई पड़ते हैं। पहला संदर्भ **शब्दकोश** का है। इस संदर्भ के अनुसार शब्द को एक ओर 'शब्दिम' (लेक्सीम) के रूप में परिभाषित करना संभव है और दूसरी ओर 'संभावित शब्द' के रूप में। दूसरा संदर्भ **व्याकरण** का है। इस संदर्भ के अनुसार एक ओर शब्द को 'पद' के रूप में परिभाषित किया जा सकता है और दूसरी तरफ

'प्रकार्यात्मक शब्द' के रूप में। तीसरा संदर्भ **अभिव्यक्ति** का है जिसके आधार पर शब्द को 'सम्बन्धिम' (सिटंग्म) के रूप में परिभाषित करना संभव है। अभिव्यक्ति माध्यम की दृष्टि से शब्द के दो भेद संभव हैं – स्वनिमिक (मौखिक) शब्द और वर्णविन्यासात्मक (लिखित) शब्द। यदि भाषिक प्रतीक के सिद्धांत के परिप्रेक्ष्य में देखा जाए तो 'शब्दिम' और 'संभावित शब्द' को संकेतित (सिग्निफ़ायड) पक्ष के आधार पर निरूपित कहा जा सकता है 'सम्बन्धिम', 'स्वनिमिक' और वर्ण विन्यासात्मक शब्दों को संकेतक (सिग्निफायर) पक्ष के आधार पर आश्रित शब्द-प्रकार माना जाना संभव है, और 'पद' तथा 'प्रकार्यात्मक शब्दों' को संकेतन (सिग्निफ़िकेशन) व्यापार के आधार पर निर्धारित शब्द-प्रकार स्वीकार किया जा सकता है।

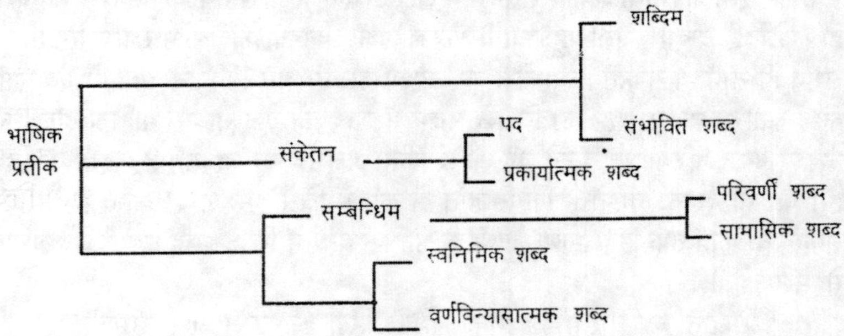

यहाँ हमें शब्द की विभिन्न परिभाषाओं और उनके कारण उपजी असंगति पर भी कुछ चर्चा कर लेनी चाहिए। जब हम शब्द को एक भाषिक इकाई मानते हैं, तब हमें यह भी समझ लेना चाहिए कि भाषा विश्लेषण के कई आयाम और कई पक्ष हैं। उदाहरण के लिए अर्थ अगर उसका एक पक्ष है, ध्वनि उसका दूसरा पक्ष तो व्याकरणिक प्रकार्य उसका तीसरा पक्ष है। जब हम शब्द को भाषिक इकाई स्तर पर स्वीकार करने की ओर प्रवृत्त होते हैं, तब इस इकाई को समझने के लिए यह आवश्यक है कि पहले हम यह निर्धारित कर लें कि किस भाषिक पक्ष की इकाई के रूप में हम उसे निर्दिष्ट करना चाहते हैं। 'इकाई' से यहाँ तात्पर्य विश्लेषण की दृष्टि से चुने गए उस लघुतम प्रकार्यात्मक घटक से है जिसमें व्याख्या के उस आयाम या पक्ष के वे समस्त मूलभूत गुण समाहित रहते हैं, जिसकी वह इकाई है। उदाहरण के लिए 'स्वन' (फ़ोन) और स्वनिम (फ़ोनिम) दोनों ही भाषा के ध्वनि पक्ष की इकाईयां हैं पर जहाँ 'स्वन' ध्वनि के 'स्वनिक' आयाम की इकाई होने के कारण इस आयाम के आधारभूत गुणों से संयुक्त रहता है, वहाँ 'स्वनिम', ध्वनि पक्ष के स्वनिमिक आयाम की इकाई होने के कारण इस अपने आयाम के मूलभूत लक्षणों से संयुक्त होता है। इस दृष्टि से अगर हम शब्द पर एक भाषिक इकाई के रूप में जब विचार करने चलते हैं तब, जैसा पहले संकेत दिया जा चुका है, उसे बहुपक्षी और बहुआयामी पाते

हैं। इसलिए यह स्वाभाविक है कि जब हम भाषा विश्लेषण के एक पक्ष या आयाम पर शब्द को परिभाषित करें तो उसकी यह परिभाषा या लक्षण उस परिभाषा या लक्षण से मेल न खाए जिसका आधार भाषा विश्लेषण का कोई दूसरा पक्ष या आयाम हो। यही कारण है कि जो शब्दिम (लेक्सिम) है, हू-ब-हू वही 'पद' नहीं और जो 'लिखित शब्द' है, अपने प्रतिफलन में हमेशा 'मौखिक शब्द' नहीं। अतः यह आश्चर्य की बात नहीं कि लिखित शब्द की दृष्टि से 'करता' और 'कर्त्ता' या 'खाई' और 'खायी' दो अलग-अलग शब्द हैं, पर 'मौखिक शब्द' की दृष्टि से उन्हें 'एक' ही माना जाएगा।

यहाँ शब्द पर सैद्धांतिक चर्चा का उद्देश्य यह नहीं है कि हम उसकी कोई सर्वोपरि ऐसी परिभाषा दें जो हर संदर्भ में और प्रत्येक दृष्टि से सर्वस्वीकृत और तर्कयुक्त हो। 'शब्द', 'वाक्य', जैसी बहुआयामी और बहुपक्षी इकाइयों की ऐसी परिभाषा सिद्धांततः संभव ही नहीं हो सकती। इस लेख का उद्देश्य वस्तुतः उन विभिन्न आयामों एवं पक्षों को निर्धारित करना रहा है। जिसके संदर्भ में शब्द को एक सार्थक भाषिक इकाई के रूप में आज परिभाषित करने की आवश्यकता अनुभव की जा रही है। इसी के साथ हम यह भी देखना चाहते हैं कि सिद्धांत के रूप में जिसे हम 'शब्द' कहते हैं, उसकी संकल्पना कहाँ तक हिंदी भाषा-भाषी के भाषिक बोध में स्थित शब्द संबंधी अवधारणा से मेल खाती है।

सिद्धांत रूप में हम कह सकते हैं कि हिंदी का 'उसे' और 'उसको' एक ही प्रकार्यात्मक शब्द के दो विकल्प रूप हैं, क्योंकि दोनों एक ही रूप-वर्ग के शब्द हैं और दूसरा उनका सार्वनामिक प्रकार्य भी समान है। यही कारण है कि निम्नलिखित दो वाक्यों को समानार्थी माना जाता है –

(27) **उसे** किताब दे दो।

(28) **उसको** किताब दे दो।

प्रकार्यात्मक शब्द के रूप में 'उसे' और 'उसको' भले ही एक हों पर स्वनिमिक शब्द के रूप में ये भिन्न हैं। वाक्य (27) में जहाँ उस, विभक्ति - ए से संयुक्त है, वहाँ वाक्य (28) में वह - को परसर्ग से जुड़ा हुआ है। वर्णविन्यासात्मक शब्द के रूप में ये दोनों ही 'एक' इकाई हैं क्योंकि दोनों ही शब्दों के बीच में कोई स्थानवाची विराम (स्पेस) नहीं है। परंतु हमारी लेखन व्यवस्था ऐसी है कि एक ओर तो वह 'सर्वनाम को' (उसको) को एक शब्द के रूप में व्यक्त करती है और दूसरी ओर 'संज्ञा+को' (राम को) को दो भिन्न वर्णविन्यासात्मक शब्दों के रूप में अभिव्यक्त करती है।

हिंदी में वर्तमान एवं भूतकाल को संकेतित करने वाली सहायक क्रियाएँ लेखन के धरातल पर भिन्न शब्द के रूप में लिखी जाती हैं जबकि भविष्यत् काल संकेतक

क्रिया के साथ ऐसा नहीं होता –

(29) खाता है।

(30) खाता था।

(31) खाएगा।

यदि हम (29), (30) और (31) की व्याकरणिक इकाई को वर्तनी के नियमों से जोड़कर देखें, तो इनके बीच का अंतर स्पष्ट हो जाता है।

(29) धातु + पक्ष + वचन-लिंग काल सहायक + वचन-पुरुष
(30) धातु + पक्ष + पक्ष + वचन + लिंग काल सहायक + वचन-लिंग
(31) धातु + वचन-पुरुष + काल सहायक + वचन-पुरुष

वर्तमान (29) और भूतकाल (30) में काल सहायक को एक अलग शब्द के रूप में लिखा जाता है, पर भविष्यत् काल की रचना (31) में उसकी अलग सत्ता स्वीकार नहीं की जाती। हिंदी के एक प्रख्यात वैयाकरण ने इस असंगति से बचने के लिए यह सुझाव दिया कि भविष्यत् काल सहायक क्रिया 'गा' को उसी प्रकार लिखा जाए जिस प्रकार कि वर्तमान 'है' और भूतकाल 'था' को लिखा जाता है (वाजपेयी, 1966)। वाजपेयीजी के अनुसार 'ग' भविष्यत् का निश्चयार्थक कृदन्त प्रत्यय है और उनका आग्रह है कि जिस प्रकार 'था' को हटाकर लिखने की चाल है, उसी प्रकार 'गा' की भी होनी चाहिए, यथा 'जाता **था**' और 'जाए **गा**' क्योंकि बोलने में कोई अंतर है ही नहीं (वाजपेयी, 1966 : 428)।

वाजपेयीजी के इस निर्देश को हिंदी ने स्वीकार नहीं किया। हिंदी की इस प्रकृति से हम भली भाँति परिचित हैं कि उसमें दो शब्दों के बीच 'ही, भी, तो' आदि का प्रयोग कर सकते हैं। अगर हिंदी में 'गा' को एक स्वतंत्र शब्द के रूप में स्वीकार करना है, तो उसके प्रयोग के साथ इन शब्दों को भी सन्निविष्ट करना संभव होना चाहिए। नीचे दिए गए उदाहरणों को देखें –

(32 अ) तुम सोते थे।

(32 आ) तुम सोते भी थे।

(32 इ) तुम सो भी तो थे। (अमान्य)

(33 अ) तुम सो रहे थे।

(33 आ) तुम सो भी रहे थे (और जाग भी)।

(34 अ) तुम सोओगे भी।

(34 आ) तुम सोओ भी गे। (अमान्य)

स्पष्ट है, जिस प्रकार हिंदी में 'सोते' को दो अलग-अलग शब्द स्वीकार नहीं किया जाता (33 इ), उसी प्रकार 'गा', 'गे', 'गी' को भी एक अलग शब्द नहीं माना जा सकता (34 आ)।

इस लेख का समापन मैं 'शब्द' की प्रकृति और स्थिति पर अपनी कुछ टिप्पणियों के साथ करना चाहूँगा। 'शब्द' ऐसी भाषिक इकाई को लेकर हमारी भ्रांतियाँ केवल इस कारण नहीं हैं कि इसके बहुसंयोजक संदर्भ और अर्थ हैं, वरन् इसलिए भी हैं कि हम एक ओर इसे 'विश्लेष्य' (आब्जेक्ट) भाषा की वस्तुगत इकाई मानते हैं और दूसरी तरफ़ इसको निरूपक भाषा (मेटालेंगुएज) की एक सैद्धातिक इकाई के रूप में भी स्थापित करते हैं। सामान्यत: हमारे मन में 'शब्द' संबंधी अवधारणा दुहरी है – उस भाषा की एक सार्थक इकाई की अवधारणा जिस भाषा का हमें विश्लेषण करना है (जैसे, हिंदी भाषा के शब्द और उसकी बनावट एवं बुनावट) और साथ ही उस भाषा की एक सार्थक इकाई की अवधारणा जिस भाषा के आधार पर हमें विश्लेषण करना है (अर्थात् भाषाविज्ञान में मान्य सैद्धांतिक शब्द)। पहली अवधारणा शब्द को उसके व्यवहारजन्य अस्तित्व की ओर ले जाती है, जबकि दूसरी अवधारणा उसकी सैद्धांतिक सत्ता की ओर। एक ही 'इकाई' पर दो दृष्टियों से सोचने-विचारने का यह दबाव हम अनुभव करते हैं क्योंकि भाषावैज्ञानिकों के लिए भाषा एक साथ उनके अध्ययन-विश्लेषण की साध्य-वस्तु भी है और साधन-वस्तु भी , क्योंकि हम भाषा के माध्यम से ही भाषा का अध्ययन करने के लिए विवश हैं। 'शब्द' (सैद्धांतिक) के माध्यम से 'शब्द' (भाषा विशेष के व्यवहार) का अध्ययन, यह हमारी पहली विडंबना है।

विश्लेष्य अर्थात् वस्तुगत भाषा की इकाई के रूप में शब्द को संप्रेषण व्यापार की मूल इकाई के रूप में स्वीकार नहीं किया जा सकता क्योंकि संप्रेषण के धरातल पर वाक्य या वाक्य से बड़ी भाषिक इकाइयों को ही रखना स्वाभाविक है। इस दृष्टि से यह कहना गलत होगा कि वाक्य, शब्दों द्वारा अपना रूप और अर्थ प्राप्त करते हैं। बल्कि इसकी जगह यह कहना अधिक तर्कसंगत होगा कि हमारी भाषाई चेतना में चलनेवाली भाषिक प्रक्रिया के माध्यम से वाक्यों के आधार पर शब्द जन्म लेते हैं। वास्तविकता तो यह है कि वस्तुगत भाषा की इकाई के रूप में 'शब्द' एक विशिष्ट मनोभाषावैज्ञानिक प्रक्रिया के परिणाम होते हैं।

सामान्यत: वैयाकरणों ने वस्तुगत भाषा की इस इकाई को अपने भाषिक सिद्धांत की इकाई के रूप में स्थापित करना चाहा। वास्तविक व्यवहार में एक शब्द का वाक्य भी संभव है और एक स्वनिम का शब्द भी, उदाहरणार्थ – '(तू) आ', जैसे वाक्य में 'आ' स्वनिम शब्द और वाक्य तीनों ही हैं। संक्रियात्मक विश्लेषण के इस उपकरण के साथ जुड़ी यह संकल्पना कि 'विचारों' की कोई 'स्वायत्त इकाई' भी होती है जिसके आधार पर हम अपने विचारों का आदान-प्रदान करते हैं, परंपरागत वैयाकरणों के लिए वह आधार है जिसने 'शब्द' को भाषा अध्ययन की एक मूलभूत इकाई (निरूपक भाषा की इकाई) के रूप में स्वीकार करने के लिए संभवत: उन्हें प्रेरित किया। 'व्याकरण' शब्द की संकल्पना इसी तथ्य की ओर संकेत देती है। 'व्याकरण' अर्थात् जिस शास्त्र से भाषा व्याकृत की जाए, उसके पदों को तोड़-तोड़कर प्रकृति-प्रत्यय आदि का ज्ञान-विधान किया जाए (वाजपेयी, 1960:78)। पर पाणिनी व्याकरण के महाभाष्यकार पतंजलि ने व्याकरण के लिए 'शब्दानुशासन' शब्द का भी पर्यायवत् प्रयोग किया है। 'शब्दानुशासन' की संकल्पना पहले 'शब्द' को भाषा अध्ययन हेतु अपनी मूलभूत इकाई मानती है और उसके अनुशासित रूप संयोग से ही वाक्यों को निर्मित स्वीकार करती है।

यहाँ ध्यान देने की आवश्यकता है कि पाणिनी ऐसे महान वैयाकरण के यहाँ हम विश्लेष्य (संस्कृत) भाषा की इकाई के रूप में 'शब्द' का कहीं प्रयोग नहीं पाते। उनकी निरूपक भाषा में हमें मिलता है अनुशासित शब्द अर्थात् पद, जिसे वे 'सुप्तिाङन्तं पदम्' कहते हैं। 'रामः करोति' में 'राम' अनुशासित शब्द है जो सुवन्त पद है और 'करोति', तिङन्त'। शब्द-अध्ययन के लिए पाणिनी ने निरूपक भाषा की जिन इकाइयों को स्थापित किया, वे 'पद' 'प्रातिपदिक', 'धातु' आदि हैं, क्योंकि यह मानते हुए भी कि 'शब्दानुशासन' ही व्याकरण है, उन्होंने संभवत: वस्तुगत भाषा की 'इकाई' शब्द को निरूपक की इकाई बनाना तर्कसंगत नहीं समझा।

'पद' की अवधारणा एक ओर शब्द के वाक्यात्मक परिप्रेक्ष्य को उभारती है और दूसरी तरफ़ निरूपक भाषा के संदर्भ को। ऐसा लगता है कि भारतीय वैयाकरणों ने इस मूलभूत इकाई 'शब्द' को भाषा अध्ययन का आधार बनाने से इनकार कर दिया। इसका एक प्रमुख कारण संभवत: यह है कि वे 'शब्द' को मात्र 'शब्दकोश' के तत्त्व के रूप में देखते हैं, जो व्याकरण से नितांत भिन्न वस्तु है। सैद्धांतिक धरातल पर भाषा को उसके दो अनिवार्य और परस्पर संबद्ध पक्षों अर्थात् 'शब्दकोश' और व्याकरण (शब्दानुशासन) के साथ देखा गया। इस चिंतन की तुलना ट्रैगर (1949:5) के उस मत से कीजिए जिसके आधार पर वे कहते हैं कि 'शब्दकोशविज्ञान' प्राय: भाषाविज्ञान के क्षेत्र से बाहर निकलकर निरूपक भाषाविज्ञान के क्षेत्र में प्रवेश कर जाता है। इसी प्रकार ब्लूमफील्ड का मत है कि शब्दकोश वास्तव में व्याकरण का परिशिष्ट मात्र है। (ब्लूमफील्ड, 1933 : 274) अपने सिद्धांत के प्रारंभिक चरण में

चॉम्स्की ने (1957) अपने व्याकरण सिद्धांत को 'शब्दकोश' (लैक्सिम) की संकल्पना से अलग रखा।

ध्यान देने की बात है कि बाद में चलकर चॉम्स्की ने (1965) 'शब्दिम' की अवधारणा को स्वीकार करते हुए उसे विभिन्न प्रकार के लक्षणों के एक 'जटिल समुच्चय' के रूप में स्वीकार तो किया, पर अनेक संदर्भों में उन्होंने इसे व्याकरण की सीमा के बाहर ही रखने के मत की पुष्टि की। पर आज शब्दिम, अपने कारक-प्रसंग के साथ चॉम्स्की के व्याकरणिक सिद्धांत का एक अभिन्न अंग है (चॉम्स्की, 1981) आज तो व्याकरणिक सिद्धांत के ऐसे कई स्कूल भी हैं जिनका आधार 'शब्दिम' है। इनमें सर्वाधिक चर्चित है–ब्रेस्नन का (1982) 'शब्दिमीय प्रकार्यात्मक व्याकरण (लेक्सिकल फंक्शनल ग्रामर)। इस दिशा में आर्नफ़ (1976), ब्रेम (1978) और होएकस्त्रा तथा उनके सहयोगियों द्वारा संपादित (1980) पुस्तक विशेष रूप से हमारा ध्यान आकर्षित करती है।

10

अंत में 'शब्द' विवेचन के संदर्भ में निम्नलिखित टिप्पणियाँ निष्कर्ष स्वरूप दी जा सकती हैं :

(क) 'शब्द' एक बहुसंयोजक अवधारणा है जिसका प्रयोग एकाधिक अभिप्रायों में किया जाता है। अत: भाषा की सर्वोपरि संकल्पना होते हुए भी शब्द की कोई सर्वोपरि परिभाषा संभव नहीं।

(ख) भाषिक प्रतीक के तीन पक्षों पर आधारित तीन भिन्न अभिप्रायों–यथा, संकेतित (अर्थ), संकेत (ध्वनि लेख) तथा संकेतन (प्रकार्य), के संदर्भ में 'शब्द' पर विचार करना संभव है।

(ग) 'शब्द' के धरातल पर भाषा प्रतीक के तीनों पक्ष–संकेतित, संकेतक और संकेतन (अर्थात् अर्थविज्ञान, ध्वनिविज्ञान और वाक्यविज्ञान) एक-दूसरे से घात-प्रतिघात की स्थिति में रहते हैं। तीनों पक्षों को लेकर अलग-अलग तो 'शब्द' की परिभाषा मिलती है पर इस घात -प्रतिघात के संदर्भ में शब्द की कोई सर्वोपरि त्रिकोणधर्मी परिभाषा उपलब्ध नहीं।

(घ) विभिन्न पक्षों की दृष्टि से की गई शब्द की परिभाषा उसकी पहचान के लिए जिन मापदंड को प्रस्तुत करती है, वे संगत परिणामों की प्राप्ति में उपयोगी सिद्ध नहीं हैं।

(ङ) 'शब्द' परंपरागत व्याकरण की एक मूलभूत इकाई रही है, पर आधुनिक भाषाविज्ञान में उसे वह स्थान नहीं दिया गया जो अपेक्षित था। पिछले दशक में इस उपेक्षित 'इकाई' पर कुछ दिलचस्पी बढ़ी है।

Arnoff, M. 1976. **Word formation in generative grammar.**
Linguistic Inquiry Monograph No. 1
Cambridge : MIT

Beskrovny, V.M. 1960. 0 Socentanijax glagolnyx osnov Xindi RAHANA (On combiniations of Hindi Verbal Stems with Rahana). Istoriva i filologija 81-103. Leningrad.

भाटिया, के. च. **2027**. हिन्दी भाषा में अक्षर तथा शब्द की सीमा
वाराणसी : नागरी प्रचारिणी सभा।

Bloomfied, L. 1933 Language New Yorks : Hol, Rinehartanl Winston.

Brame, M. 1978 Base generate dsyntax.
seattle : NoltAmrofer

Bresnan, J.W. (ed) 1982 The Mental representations of grammatical relations. Cambridge, Mass:

Chao, Y.R. 1968 LanguageAnd symbolic systems cambridge
: University Press.

Chomsky, N. 1957 Syntactic Structures. Cambridge, Mass : MIT

1965. Aspects of the Theory of syntax. Cambridge, Mass : MIT

1981. Lectures on Government And Binding.
Dordrecht : Foris.

Greenberg, J.H. 1957 Essays in linguistics.
Chicago : University Press.

गुरु, कामता प्रसाद **1920** हिन्दी व्याकरण : बनारस : काशी नागरी प्रचारिणी सभा

Hoekstra, T. Van der Hulst, Moortgat, M. (eds.) 1980. Lexical Grammar. Dordrecht : Foris.

Kachru, Y. 1980 Aspects of HIndi grammar. Delhi : Manohar

Lyons, J.1968 Introduction to theoretical linguistics. Cambridge : University Press.

Mathews, P.H. 1974 Morohotoygy :An Introduction to the theory fo word structure. Cambridge : University Press.

Palmer, F.R. 1976 Semantics :A New outline : Cambirdge : University Press .

Sharma,A. 1958 A basic grammar of modern Hindi. Delhi : Central Hindi Directorate.

Srivastava, R.N. 1968. Review of :An Urdu news-paper word count. Linguistcs 107. 64-67.

1982. On the cross-conceptual diversity of linguistic terms. Paper presented in the Int. Sem.on : In search of Terminology (Jan. 19-23, 1982), CIIL, Mysore. Published in **Journal of Language Studies** (University of Sana'a) 1984.1.42-49.

and Gupta R.S. 1968. PrinciplesAnd problems in lexicology and lexicography as developed in the Soviet Union. **Indian Linguistics** 29. 113-132.

and **Chopra, S.K. 1983**.Abbreviation And Aconyms in Indian Setting IJDI XII. 2 345-365.

वाजपेयी, किशोरी दास, सं० **2023.** हिन्दी शब्दानुशासन (द्वितीय संस्करण) काशी नागरी प्रचारिणी सभा

Wells, R.S. 1947. Immediate constituents. Language 23.81.117.

7

शब्द और अर्थ के बीच देरीदा

[जाक देरीदा फ्रांस के लेवी स्त्रॉस, रोला, बार्थ, अलथूसे और मिशेल फूको जैसे संरचनावादी-उत्तर संरचनावादी विचारकों की परंपरा में हैं। पिछले पचीस साल से उनका -डिस्ट्रक्शन' (विसंगठन) का सिद्धांत दर्शन और साहित्यशास्त्र में तहलका मचाए हुए है। सारी दुनिया के दार्शनिक और आलोचक इसे लेकर दो दल में बँट गए हैं। हाल ही में कैंब्रिज विश्वविद्यालय में भी देरीदा को मानद उपादि देने के सिलसिले में ऐसा ही हुआ। ऐसा क्या है देरीदा के विचारों में, जिस कारण वह इतने विवादास्पद हैं। यह बता रहे हैं **प्रो. रवींद्रनाथ श्रीवास्तव**।]

भाषाचिंतन के क्षेत्र में उत्तर-संरचनावाद के प्रमुख हस्ताक्षर, राजनीति और दर्शन के संदर्भ में उत्तर-आधुनिकतावाद के सशक्त स्वर और साहित्यिक आलोचना की परंपरा में विसंगठन (डिकंस्ट्रक्शन) सिद्धांत के जनक प्रसिद्ध फ्रांसीसी विद्वान जाक देरीदा के अर्थ मीमांसा संबंधी सिद्धांत पर आज कई तरह के प्रश्न उठाए जाने लगे हैं। अभी हाल में उनके सम्मान में कैंब्रिज विश्वविद्यालय द्वारा दी जाने वाली उपाधि के समय वहाँ के कुछ विशिष्ट विद्वानों ने उनका यह कहकर विरोध किया कि देरीदा के दार्शनिक सिद्धांत न केवल जटिल और भ्रामक हैं बल्कि शास्त्र-विरुद्ध, आधिभौतिक और अबोधगम्य भी हैं। हालांकि वोट के आधार पर उन्हें उपाधि तो मिल गयी, पर इस घटना ने जनमानस के सामने कई प्रकार के प्रश्न भी उछाल दिए हैं। क्या देरीदा का पूरा चिंतन सचमुच में आधिभौतिक व भ्रामक है ? क्या विरोध का कारण यह नहीं कि देरीदा का पूरा चिंतन एंग्लो-सेक्सन की सोच-परंपरा का निषेध करता है ? या देरीदा के मौलिक विचार इस हद तक शास्त्र-विरुद्ध चिंतन के परिणाम हैं कि परंपरा में बंधकर सोचने वाली हमारी बुद्धि उनके तर्क को समझने में ही अपने को असमर्थ पा रही है ?

देरीदा की प्रसिद्धि का आधार बनीं उनकी तीन पुस्तकें—लेखन और विभेद (राइटिंग एंड डिफ़रेंस), वाक और दृश्य-प्रबन्ध (स्पीच एंड फ़ेनामेना) और व्याकरण विज्ञान संबद्ध (ऑफ ग्रेमाटालॉजी)। इनका फ्रांसीसी में प्रकाशन सातवें दशक में हुआ, जबकि अंग्रेजी में इनका अनुवाद लगभग दस साल बाद हो पाया। इन पुस्तकों में

प्रतिपादित सिद्धांतों और अवधारणाओं को समझने में कई प्रकार की कठिनाइयों का सामना करना पड़ा। पहली बात तो यही थी कि इसमें निहित चिंतन की पूरी प्रकृति शास्त्रविरुद्ध थी, आज तक चली आ रही मान्यताओं के साथ संवाद तो कर रही थी, पर उनसे सीधे टकराव के साथ। दूसरी बात यह भी थी कि प्रतिपादित सिद्धांतों के लिए जिन अवधारणात्मक शब्दों का सहारा लिया गया था, वे अपनी अर्थमीमांसा के लिए कई स्तरों पर जी रहे थे। उदाहरण के लिए 'डिफ़रेंस' (विभेद) शब्द को ही लें। फ्रांसीसी में इसके दो अर्थ हैं- एक का संबंध विभेदजन्य वैशिष्टय से है और दूसरे क आस्थगन या वस्तुओं को थोड़ी देर टालने से। देरीदा ने इन दोनों ही अर्थों के साथ इस शब्द का प्रयोग किया है। इसी प्रकार 'लेखन' के संबंध में उन्होंने 'संपूरक' (सप्लीमेंट) शब्द में व्यंजित अवधारणा की बात उठाई। इसका एक अर्थ है–फालतू -अनावश्यक, मूल से अतिरिक्त। रूसो ने भाषा की उत्पत्ति संबंधी लेख में लेखन को इसी अर्थ में देखा था। लेखन भाषा के मूल उच्चरित रूप को व्यक्त करने का एक अतिरिक्त साधन है, वह भाषा के मूल मौखिक रूप पर फालतू ढंग से जोड़ा गया एक अतिरिक्त विधान है। पर रूसो को ही उद्धृत करते हुए 'संपूरक' के एक दूसरे अर्थ की ओर देरीदा ने संकेत किया। संपूरक का अर्थ है– 'जो चीज छूट गई हो उसे जोड़ना, आवश्यक अतिरेक को मुहैया करना। देरीदा ने लेखन को इसी दूसरे अर्थ रूप में अपने चिंतन में ग्रहण किया। उनके मत में लेखन वाक् का संपूरक है, पर संपूरक होने के कारण ही वह भाषा के सही स्वरूप का व्यंजक भी है।

संपूरक रूप में भाषा के साथ जुड़ा लेखन ही भाषा की सही प्रकृति का प्रकाशक है– यह उक्ति शास्त्र-विरुद्ध ही मानी जाएगी। प्लेटो ने लेखन को मानव-स्वभाव के बाहर की चीज कहा था, जो एक तरफ मानव-चेतना से कटी रहती है और दूसरी तरफ स्मृतिशक्ति के नाश का कारण है। इसी प्रकार रूसो ने इसे भाषा के लिए एक फालतू उपकरण माना था। आधुनिक भाषा -विज्ञान के जनक माने जाने वाले सस्यूर ने लेखन को भाषा के मौखिक रूप का प्रतिभास कहते हुए अपने सिद्धांत में गौण स्थान दिया था। संरचनात्मक भाषाविज्ञान के सभी चिंतकों ने लेखन को भाषा के मौखिक रूप को दृश्य-प्रतीकों से व्यक्त करने के मात्र एक अतिरिक्त उपकरण के रूप में देखा था। इस तर्क के पक्ष में यह कहा जाता रहा कि व्यक्ति हो या समाज अपने प्रयोग के क्रम में पहले भाषा के मौखिक रूप को सीखता है और बाद में उसके लिखित रूप को।

देरीदा ने परंपरा से चली आई इस शास्त्र-सम्मत धारणा पर ही आघात किया। उनके अनुसार लेखन ही भाषा का वह आदर्श रूप है जिसको पाने के लिए वह सतत प्रयत्नशील रहती है। वही उसके सही स्वभाव का मानक प्रतिबिंब है। इसके लिए उन्होंने कई प्रकार के तर्क और दृष्टांत सामने रखे। उन्होंने संकेत दिया कि लिपियों के अपने विकासक्रम में चीन या मिस्र की चित्रलिपि का उद्भव रोमन या देवनागरी

की ध्वनि-लिपि से पहले हुआ है और चित्रलिपि का संबंध भाषा के मौखिक रूप के साथ न होकर उसमें निहित भाव के साथ रहता है। दूसरा तर्क यह है कि किसी वस्तु की प्राथमिकता प्रमाणित करने के लिए हमें संकल्पनात्मक आधार को चुनना चाहिए न कि उसके ऐतिहासिक आधार को। उदाहरण के लिए गणितशास्त्र के क्षेत्र को ही लें। ऐतिहासिक आधार पर 'गिनती' की क्रिया को हम प्राथमिकता दे सकते हैं। हम पत्थर के टुकड़ों, लकड़ी की छड़ी या माला के मनकों को साधन बनाकर गिनती सीखते हैं। संभवतः बाहय जगत के तथ्यों को साधने का यह सुविधापरक साधन है। पर गणितशास्त्र अपने विकासक्रम में जिस विचार या भावजगत को अपना लक्ष्य बनाता है, वहाँ 'ऋण एक के वर्गमूल' जैसी अवधारणा जन्म लेती है, जिसका बाहरी भौतिक जगत में कोई पर्याय नहीं मिलता। पर गणितशात्र के चिंतन क्षेत्र की यह ऐसी अवधारणा है, जिसके बिना उसके संकल्पनात्मक विकास की कोई गति नहीं। स्पष्ट है, गणितशास्त्र के अपने विचार जगत में 'गिनती' की संकल्पना 'गौण' बन गई और 'ऋण एक के वर्गमूल' जैसी संकल्पना प्रमुख। भाषा के क्षेत्र में यही स्थिति लेखन की है।

यहीं से फूटता है उनके चिंतन में 'प्रकृति' और 'संस्कृति' में प्राथमिकता का प्रश्न। परंपरागत शास्त्रीय चिंतन में प्रकृति को आधारभूत तत्व माना जाता रहा है। संस्कृति तो इसी आधार तत्व का संपूरक पक्ष है, उस पर ऊपर से ओढ़ी गई वह वस्तु है जो प्रकृति का मात्र प्रतिभास है, और इसीलिए उसका अनुकरण करने की नियति से वह बंधी होती है। जो संस्कृति जितनी ही प्राकृतिक होगी, उतनी ही वह सार्थक मानी जाएगी। देरीदा इस मान्यता का प्रतिरोध करते हुए कहना चाहते हैं कि संस्कृति प्रकृति की संपूरक है, इसीलिए वह प्रकृति से कहीं अधिक प्राथमिक है, क्योंकि संपूरक रूप में वह प्रकृति की सीमाओं का अतिक्रमण करती है, उसकी कमियों को पूरा करती है और उसका परिष्कार और संवर्द्धन करती है।

संरचनावाद ने संकेतविज्ञान का सहारा लेते हुए पहले 'धुएँ' (और आग) जैसे प्राकृतिक संकेत और 'शब्द' (और संकेतार्थ) जैसे मानव-संकेत में अंतर किया और फिर संकेत (साइन) और संकेतित वस्तु (रेफ़रेंट) के भेद को उभारा। पर उसकी यह मान्यता थी कि संकेत, संकेतक (वाचक) और संकेतार्थ (वाच्य) की समन्वित इकाई है। भाववादी चिंतकों की यह धारणा प्रमुख मान्यता के रूप में प्रचलित थी कि संकेतक और संकेतार्थ दोनों की प्रकृति अमूर्त और मानसिक है।

प्रसिद्ध दार्शनिक एडमंड हसर्ल की यह मान्यता थी कि संकेतक के रूप में अभिव्यक्ति, संकेतार्थ द्वारा प्रेरित और अनुप्राणित होती है और स्वयं में संकेतार्थ वक्ता के अपने अभिप्रेत और आशय द्वारा स्पंदित और जीवंत। अगर सार्थक संकेत के मूल में वक्ता का आशय और मंतव्य है तो उसके वास्तविक स्वरूप को उसके मन में चलने वाले एकालाप (मोनोलाग) में ढूँढा जा सकता है क्योंकि यही वह स्थिति है जहाँ वक्ता

का आशय और भाषा का संकेतक चिन्ह आदर्श रूप में एकाकर होता है। इस 'आभ्यंतर एकालाप' की स्थिति में व्यक्ति जो कुछ व्यक्त करना चाहता है वह बाहरी दुनिया के तत्व से न तो कलुषित और प्रदूषित होता है और न ही उससे सीमित या नियंत्रित। ऐसे विचारकों के मत में मानव मन से जुड़कर ही भाषा मानवीय बनती है।

देरीदा ने हसर्ल जैसे भाववादी दार्शनिकों की इस मान्यता को पूरी तरह उलट दिया। उनके अनुसार भाषा के वास्तविक स्वरूप का संबंध उसके मानवीय होने से उतना नहीं रहता, जितना कि स्वयं में भाषा के घटकों के साथ जुड़ने में होता है। भाषा अपने मूलरूप में किसी मानसिक यथार्थ का प्रतिबिंब नहीं बल्कि खुद में स्वतः पूर्ण व्यवस्था है। देरीदा भाषा संबंधी अपने चिंतन के लिए ऐसी संरचना को ढूँढने की कोशिश करते हैं जो न केवल स्वयं (भाषा) को प्रतिबिंबित करती हो, बल्कि अपने पैरों पर खड़ी होने में सक्षम हो, स्वयं अपने प्रयोजन को साधने में समर्थ हो। यही कारण है कि हसर्ल ऐसे भाववादी चिंतक शब्दों के अर्थ की जड़ों को वक्ता के आशय और मंतव्य तक ले जाने के पक्ष में हैं जबकि अपने वस्तुवादी सिद्धांत का प्रतिपादन करते हुए देरीदा शब्दार्थ को भाषिक धरातल तक ही सीमित करना चाहते हैं और उसे 'शब्दों के आशय' में बाँधकर रखना चाहते हैं।

एंग्लो-सेक्सन साहित्यिक आलोचकों ने भी 'अभिप्रेत हेत्वाभास' (इंटेशनल फैलसी) की बात करते हुए काव्यार्थ को लेखकों के मंतव्य से काटकर देखने की माँग की थी। पर ऐसा करते समय भी वे काव्यार्थ को संकेतार्थ के रूप में ही देखने के पक्ष में थे, और इस संकेतार्थ की प्रकृति को मानसिक मानने के हक में थे। देरीदा के अर्थमीमांसा का सिद्धांत कई दृष्टियों से इन विद्वानों के विचार से भिन्न और विशिष्ट है।

पहले तथ्य का संबंध स्वयं लेखन के वस्तुवादी पक्ष से है। लेखन का संबंध न तो वक्ता के मन के अमूर्त भाव के साथ रहा है और न ही उसका संबंध ध्वनि-तरंगों के पारदर्शी रूप के साथ। दृश्यांकन के ठोस रूप में लेखन, लेखक का मुखापेक्षी नहीं होता बल्कि पूरी तरह उससे मुक्त होता है। वह तो लेखक की मौत का जीवंत दस्तावेज है। देरीदा के शब्दों में 'लिखित सामग्री अपने जन्म के समय से ही अनाथ होती है, जन्मकाल से ही अपने जनक लेखक के किसी भी सहयोग या नियंत्रण से वह मुक्त रहती है।' दूसरा तथ्य यह है कि शब्द जैसे संकेतों का अर्थ उसके संकेतार्थ में निहित नहीं होता, बल्कि संकेतकों की एक अटूट श्रृंखला में अपना फैलाव रखता है। किसी शब्द का अर्थ दूसरे शब्द के वाचक पक्ष के साथ जुड़ा रहता है और दूसरे शब्द के वाचक शब्द का संबंध तीसरे के साथ। देरीदा अपने प्रसारण (डिस्सेमिनेशन) सिद्धांत का प्रतिपादन करते हुए यह दिखाते हैं कि एक शब्द का अर्थ दूसरा शब्द होता है कोई स्थिर संकेतार्थ नहीं। किसी पाठ के अर्थ का संबंध संभावित संकेतकों के एक साथ होने और न होने की स्थिति के साथ रहता है और इसीलिए अर्थ को पाठक उस देदीप्यमान नक्षत्र या टिमटिमाते दिए की तरह ग्रहण करता है जो एक साथ जलता

और बुझता रहता है। अर्थ तो भाषा के भीतर की चीज है, इसलिए जहाँ तक लेखक का प्रश्न है, वह अर्थ को पाठकों तक भेजता नहीं, बल्कि लेखन की प्रक्रिया में उसका आविष्कार किया करता है। इस दृष्टि से लेखक भी अपने पाठ का एक प्रकार का पाठक ही होता है।

देरीदा के अर्थमीमांसा का सिद्धांत संकेतार्थ की संकल्पना से मुक्त है। शब्दार्थ की संकल्पना संकेतकों की एक अटूट श्रृंखला है जो एक-दूसरे पर अपना अर्थ प्रक्षेपित करते हैं। संकेतक कोई स्थिर या निर्जीव दृश्य प्रतीक नहीं। वे संकेतन व्यापार के तत्व हैं जो अपने मूल्यगत अर्थ का प्रकाशन करते हैं। अर्थ के संदर्भ में यह संकेतन व्यापार न खत्म होने वाली एक कड़ी है इसीलिए किसी 'पाठ' के अर्थ की कोई सीमा नहीं होती। दूसरी बात संकेतार्थ से रहित होने के कारण अर्थ पर नियंत्रण न तो लेखक का होता है न ही अन्य किसी व्यक्ति का। उस पर नियंत्रण स्वयं भाषा का होता है। देरीदा की यह मान्यता हमें भाषा को उसके वस्तुरूप में देखने की ओर प्रवृत्त करती है।

8

वक्रोक्ति की संकल्पना

'वक्रोक्ति' शब्द के सैद्धांतिक प्रयोग को ध्यान में रखते हुए यह कहा जा सकता है कि भारतीय काव्यशास्त्र के इतिहास में यह शब्द अनेक सन्दर्भों में प्रयुक्त होने के कारण विभिन्न संप्रदायों में विभिन्न अर्थ और महत्त्व रखता है। संदर्भ के परिप्रेक्ष्य में मोटे तौर पर इन मान्यताओं को दो वर्गों में विभाजित किया जा सकता है– पहले वर्ग के भीतर भामह, दण्डी, कुन्तक आदि की मान्यताएँ रखी जा सकती हैं और और दूसरे वर्ग के अंतर्गत वामन, रुद्रट, मम्मट आदि की धारणा मानी जा सकती है। इस दूसरे वर्ग के विद्वान इसके अर्थ और प्रयोग को अलंकार विशेष के क्षेत्र तक सीमित करने के पक्ष में हैं। उनके अनुसार वक्रोक्ति अर्थालंकर अथवा शब्दालंकार के अनेक़ प्रकारों में से एक प्रकार है, जहाँ उक्ति में वक्ता के मंतव्य से भिन्न अर्थ की कल्पना निहित रहती है–चाहे वह शब्द के माध्यम (श्लेष वक्रोक्ति) से प्रतिफलित हो, चाहे अनुतान के सहारे व्यक्त हो (काकु वक्रोक्ति)।

यद्यपि बाद में चलकर वक्रोक्ति की संकल्पना साहित्यशास्त्र में इस दूसरे वर्ग की धारणा की ही पुष्टि करती है पर आरंभ में इसका संदर्भ इस धारणा से नितांत भिन्न था। वह अलंकार विशेष के रूप में मान्य न होकर सकल-अलंकार-सामान्य के रूप में गृहीत था। इसके अतर्गत शब्द और अर्थ दोनों ही प्रकार की वक्रता समन्वित रूप में समाहित थी। उदाहरण के लिए भामह ने वक्रोक्ति को अलंकार के किसी एक भेद के रूप में स्वीकार नहीं किया है। 'काव्यालंकार' (I. 30) में वक्रोक्ति काव्य की प्राणाभूत शक्ति माना गया है क्योंकि इस शक्ति के अभाव में काव्य, काव्य के रूप में सिद्ध रह ही नहीं सकता। वक्रोक्ति के अभाव में अलंकार, अलंकार रूप में प्रतिफलित हो ही नहीं सकता-- 'कोऽलंकारोऽनया बिना' (II. 85) अर्थात् जिस अनुपात में वक्रोक्ति की सत्ता सिद्ध नहीं की जा सकती उसी अनुपात में अलंकार की भी सत्ता नहीं मानी जा सकती ; और यही कारण है कि भामह हेतु, सूक्ष्म और लेश को अलंकार नहीं मानते –

> हेतुः सूक्ष्मोऽथ लेशश्च नालंकारतया मतः।
> समुदायाभिधानस्य वक्रोक्त्यनभिधानतः।। (II. 47)

यद्यपि इन अलंकारों को बाद में दण्डी ने अलंकार के रूप में स्वीकार किया है। वक्रोक्ति अगर सभी अलंकारों के मूल में है तब वह प्राणाभूत है, न कि कोई विशिष्ट अलंकार। विशिष्ट अलंकार के रूप में मानने पर सभी अलंकार, 'संसृष्ट' अथवा 'संकीर्ण' सिद्ध हो जाएँगे क्योंकि अगर वे अलंकार हैं तो उन अलंकारों के अतिरिक्त अलंकार-सामान्य-वचन के रूप में वक्रोक्ति की सत्ता स्वयमेव सिद्ध है। इसी प्रकार वक्रोक्ति की संकल्पना के भीतर शब्द और अर्थ दोनों ही प्रकार की वक्रता समाहित है। 'वक्राभिधेयशब्दोक्तिरिष्टा वाचामलंकृतिः' (I. 36) और 'वाचां वक्रार्थशब्दोक्तिरलंकाराय कल्पते' (V. 66) के आधार पर यह कहा जा सकता है कि भामह के अनुसार 'वक्राभिधेय-शब्दोक्तिः' और 'वक्रार्थ-शब्दोक्तिः' दोनों ही एक ही तत्व को व्यंजित करते हैं और इस प्रकार वक्रोक्ति वस्तुतः शब्दालंकार हो अथवा अर्थालंकार दोनों के ही मूल में समान रूप से स्थित है।

'वक्रोक्ति' के अतिरिक्त जिस तत्त्व की सत्ता को भामह ने सर्वव्यापी माना है, वह है 'अतिशयोक्ति'। अतिशयोक्ति की सत्ता वहाँ मानी गई है जहाँ गुण के अतिशय का योग हो –

> **इत्येवमादिसहिता गुणातिशययोगतः।**
> **सर्वैवातिशयोक्तिस्तु तर्कयेत् तां यथागमम्।।** (II. 84)

इसी अतिशयोक्ति के संदर्भ में वक्रोक्ति की बात भी उठाई गई है। अगर वक्रोक्ति के मूलधर्म में 'लोकातिक्रान्तगोचरता' है तो इसी को अतिशयोक्ति अलंकार का भी आधारभूत तत्त्व स्वीकार किया गया है।

> **निमित्ततो वचो यत्तु लोकातिक्रान्तगोचरम्।**
> **मन्यतेऽतिशयोक्तिं तामलंकारतया यथा।।** (II. 81)

इस आधार पर यह भी निष्कर्ष निकाला जा सकता है कि 'वक्रोक्ति' और 'अतिशयोक्ति' पर्यायवाची हैं, क्योंकि इन दोनों के मूल में समान तत्त्व 'लोकातिक्रान्तगोचरता' है। दोनों ही सर्वव्यापी हैं ; दोनों ही सकल-अलंकार- सामान्य हैं। यहाँ प्रश्न उठाया जा सकता है कि अगर ये दोनों शब्द, एक-दूसरे के पर्याय हैं तो क्या इन दोनों के संदर्भ भी एक हैं ? क्या ये पूर्ण पर्याय हैं या आंशिक पर्याय हैं ? दोनों की सत्ता काव्यचिंतन के एक ही स्तर से संबद्ध है अथवा स्तरभेद के कारण एक होकर भी वे दो भिन्न विशेषताओं की ओर संकेत देने में समर्थ हैं ? काव्यसिद्धांत के संदर्भ में भामह ने एक ही संकल्पना को दो भिन्न पारिभाषिक शब्दों के द्वारा व्यक्त करने की आवश्यकता क्यों अनुभव की, यह प्रश्न भी कम महत्त्वपूर्ण नहीं है।

यहाँ पर भामह की काव्य-धारणा के संदर्भ में एक अन्य शब्द पर भी विचार कर लेना आवश्यक हैं। भामह ने 'काव्य' को 'वार्ता' के विरोध में परिभाषित किया

हैं। दोनों भाषिक यथार्थ है, दोनों का संबंध 'शब्दार्थ' से है। पर वार्ता का संबंध लोकजीवन के सामान्य व्यवहार के साथ जुड़ा रहता है, अत: वह लोकजीवन में व्यवहृत भाषा का सामान्य व्यापार है। 'सूर्य अस्त हो गया', 'चंद्रमा चमकता है'; 'पक्षी अपने बसेरों में लौट जाते हैं' आदि शाब्दिक उक्तियाँ लोकव्यापार के सामान्य कथन हैं, वे वार्ता मात्र हैं (II. 87)। इसमें वक्रोक्ति का अभाव रहता है, अत: वह काव्यार्थ की संज्ञा नहीं पा सकता, उसमें अर्थ का आतिशय्य नहीं होता, अत: वह काव्यगुण से शून्य रहता है।

'स्पष्ट है भामह का काव्यशास्त्रीय चिन्तन पहले काव्य को सामान्य भाषा के व्यापक संदर्भ में परिभाषित करता है–'शब्दार्थौ सहितौ काव्यम्' तदुपरान्त उसकी विशिष्टता को भी भाषा के आधार पर ही यह संकेत देकर समझना-समझाना चाहता है कि यद्यपि सभी काव्यात्मक उक्तियाँ भाषिक होती हैं पर सभी भाषिक कथन काव्यात्मक उक्तियाँ नहीं होतीं क्योंकि "वार्ता" और "काव्य" में स्पष्ट भेद है। काव्यात्मकता के विश्लेषण के जिस "अलंकार" की कल्पना को प्राणाभूत शक्ति के रूप में उन्होंने मान्यता दी है, वह भी भाषा संदर्भित है क्योंकि वक्रोक्ति के बिना अलंकार अथवा काव्य संभव नहीं और वक्रोक्ति और कुछ नहीं अपितु "लोकातिक्रान्त-गोचर-वचनम्" होने के कारण लोक में व्यवहार्य सामान्य कथन (वार्ता) का ही अतिक्रमण है।'

यहाँ एक और तथ्य की ओर ध्यान देना अत्यावश्यक है। सामान्य कथन और सामान्यीकृत प्रकथन एक नहीं, उनमें एक निश्चित अंतर होता है। व्यावहारिक संदर्भ में किसी वस्तु का सामान्य होकर रूढ़ होना एक बात है और उस वस्तु के मूल में स्थित उसकी सहज प्रकृति के रूप में स्वाभाविक होना उससे नितांत भिन्न बात है। पहले में कवि-कल्पना या अन्तर्दृष्टि का प्रश्न ही नहीं उठता। क्योंकि वह लोकजीवन में ज्ञात, कथन में सामान्य, लोक व्यापार में प्रसिद्ध और लोकव्यवहार में रूढ़ होता है। पर दूसरी स्थिति में वस्तु के बाह्य आवरण को गहराई में भेदकर उसकी आंतरिक प्रकृति के उद्‌घाटन के लिए कवि की अन्तर्दृष्टि अपेक्षित है। व्यक्ति-वैषम्य के भीतर से उसकी जातिगत संकल्पना के संश्लिष्ट रूपांकन के लिए सर्जनात्मक कल्पना की आवश्यकता बनी रहती है।

लोकव्यवहार में प्रसिद्ध होने के फलस्वरूप किसी वस्तु के 'सामान्य' होने और वस्तु की आंतरिक प्रकृति और स्वभाव, जन्म, गुण-धर्म के उद्‌घाटन के निमित्त 'सामान्यीकृत' होने, की प्रक्रिया में अंतर करना आवश्यक है। भामह की वार्ता 'वस्तुत: लोकव्यवहार में प्रसिद्ध होने के कारण सामान्य कथन है। अत: उक्ति को लोकातिक्रान्त नहीं कर पाता और 'प्रसिद्ध-व्यापारातीत' न होने के परिणामस्वरूप' 'काव्यत्व' का सृजन करने में भी असमर्थ रहता है। स्वाभाविक है कि इस संदर्भ में 'वक्रोक्ति' या 'अतिशयोक्ति' का समावेश होना भी उसमें असंभव है।

दण्डी ने जिस'स्वभावोक्ति' की बात की है वह वस्तुत: भामह की 'वार्ता' नहीं और अगर वह 'वार्ता' नहीं तो निष्कर्षत: उसे काव्य-कोटि के अंतर्गत स्वीकार किया

जाना चाहिए। सुशीलकुमार डे के अनुसार भामह, स्वभावोक्ति को अलंकर की श्रेणी में रखने के पक्ष में नहीं हैं। पर यह मत उचित नहीं जान पड़ता, क्योंकि 'गुण-धर्मी' होने के कारण स्वभावोक्ति में अतिशयोक्ति स्वयमेव सिद्ध है और 'प्रसिद्ध-व्यापारातीत' होने के कारण उसमें काव्यत्व अनिवार्यतः समाविष्ट रहता है। स्वभावोक्ति का संबंध 'वार्ता' से न होकर 'काव्य' से है क्योंकि उसमें कवि-प्रतिभा का स्वाभाविक योग होता है। वह कवि की सृजनात्मक कल्पना का परिणाम होता है। 'वार्ता' की उक्ति के समान उसमें कथन का 'सामान्य' अथवा प्रयोग का रूढ़ पक्ष निहित नहीं होता।

जिस प्रकार 'सौन्दर्य' की संकल्पना, कला-सिद्धांत से जुड़ी हुई है, और जिस प्रकार सौंदर्य शास्त्र को कला-सिद्धांत का पर्याय माना जा सकता है, उसी प्रकार 'अलंकार' की संकल्पना को भी काव्य-सिद्धांत से जोड़ा जा सकता है। इस स्थिति में अलंकारशास्त्र को भी काव्यशास्त्र के पर्याय के रूप में स्वीकार किया जाना संभव है। भामह के अनुसार 'अलंकार' इसीलिए काव्य की प्राणभूत शक्ति के रूप में मान्य है। कला और काव्य के इस सहसंबंध (correlation) को निम्नलिखित प्रकार से व्यक्त करना संभव है।

(अ) कला : सौन्दर्य : : काव्य : अलंकार

(आ) सौन्दर्य : सौन्दर्यशास्त्र : : अलंकार : अलंकारशास्त्र

कला सिद्धांत में जो स्थान सौंदर्य का है, काव्य में वही स्थान 'अलंकार' का है और इसीलिए अगर सौंदर्यशास्त्र, कला-क्षेत्र का अपना शास्त्र है तो अलंकारशास्त्र, काव्य-क्षेत्र का शास्त्र है। पर जैसा पहले संकेत दिया जा चुका है, भामह, काव्य की प्रकृति शाब्दिक (Verbal) मानते हैं, अतः अलंकार के विश्लेषण के लिए उसके समानांतर भाषिक संकल्पना का भी प्रतिस्थापन करने की ओर प्रवृत होते है। 'वार्ता' के विरोध में 'काव्य' को परिभाषित करनेवाला जो 'अलंकार' है, वही भाषिक- स्तर पर 'वक्रोक्ति' है। अगर 'अलकार' कला सिद्धांत में गृहीत 'सौन्दर्य' की काव्यशास्त्रीय रूतांतरित संकल्पना है तो 'वक्रोक्ति', 'अलंकार' की धारणा को विश्लेषणगम्य बनाने के लिए उसका भाषाशास्त्रीय रूपांतरित प्रत्यय है।

(इ) कला : सौन्दर्य : : काव्य : अलंकार : :काव्यभाषा : वक्रोक्ति

अगर भामह ने अपने काव्य-सिद्धांत के संदर्भ में 'अलंकार के भाषिक पर्याय के रूप में 'वक्रोक्ति' की संकल्पना सामने रखी है तब उनके द्वारा प्रयुक्त 'अतिशयोक्ति' की प्रकृति क्या है ? यह प्रश्न दण्डी के वर्गीकरण– 'स्वभावोक्ति' और 'वक्रोक्ति' के संदर्भ में और भी महत्त्वपूर्ण हो जाता है। भामह के काव्य-सिद्धांत पर विचार करने से ऐसा प्रतीत होता है कि यद्यपि 'वक्रोक्ति और 'अतिशयोक्ति' पर्याय रूप में ग्रहीत होने के उपरांत भी भाषिक विश्लेषण के दो भिन्न स्तरों पर स्थित संकल्पनाएँ हैं। 'वक्रोक्ति' अगर भाषिक विश्लेषण के रूपात्मक (Formal) स्तर से संबद्ध है तो 'अतिशयोक्ति'

उसके प्रकार्यात्मक (Functional) स्तर से। 'वक्रोक्ति' के प्रयोजन को लेकर भामह की उक्ति है – अनयाऽर्थो विभाव्यते', अर्थात (वक्रोक्ति) के कारण अर्थ का विचित्र रूप से भावन होता है। इससे यह भी ध्वनित होता है कि 'वक्रोक्ति' तो अलंकार को समझने के लिए प्रयोजनवत् स्वीकार्य है जबकि अतिशयोक्ति अलंकार का प्रयोज्य है। अर्थात् वक्रोक्ति और अतिशयोक्ति में साधन– साध्य अथवा प्रयोजन-प्रयोज्य संबंध है। यह भी इसके साथ जोड़ा जा सकता है कि भामह ने काव्यशास्त्र को एक साथ रूपात्मक (Formal) और प्रकार्यात्मक (Functional) बनाने का प्रयास किया था।

यही कारण है कि भामह के अलंकारशास्त्र में 'वक्रोक्ति' और 'अतिशयोक्ति' दोनों की संकल्पना पर्याय रूप में एक साथ देखने को मिलती है। जहाँ भामह 'प्रसिद्ध व्यापार' को वार्ता से अभिहित करते हैं और वार्ता के विरोध में काव्य को परिभाषित करते हैं, वहीं एक ओर 'वक्रोक्ति' को काव्य की आत्मा स्वीकार करते है और दूसरी ओर वे यह भी मानकर चलते हैं कि 'वक्रता' के फलस्वरूप उद्‌भूत' 'अतिशयोक्ति' अर्थात् अभिव्यक्ति के अर्थजन्य लालित्य और काव्य-कल्पना के वैभव का प्रकाशन भी होता है। पर अगर 'अतिशयोक्ति' प्रयोज्य है और 'वक्रोक्ति' की संकल्पना उसके निमित्त के रूप में स्वीकृत है ; प्रयोजनवत् रूप में मान्य है, तब यह भी प्रश्न उठ सकता है कि क्या 'वक्रोक्ति' अर्थात् शब्द और अर्थ के विचित्र संबधों की प्रकृति के अतिरिक्त 'अतिशयोक्ति' की सत्ता संभव नहीं ? दण्डी के स्वभावोक्ति और 'वक्रोक्ति' के विभाजन को ध्यान में रखते हुए यह पूछा जा सकता है कि स्वभावोक्ति, अतिशयोक्ति का कारण हो सकती है या नहीं ?

अगर हम यह मानकर चलते हैं कि भामह ने अपने काव्य-सिद्धांत के संदर्भ में 'अलंकार' के उस भाषिक पर्याय के रूप में 'वक्रोक्ति' की संकल्पना को सामने रखा है जो अपनी प्रकृति में रूपात्मक है, तब इसका उत्तर स्पष्ट है। प्रयोज्य के धरातल पर अलंकार के मूल में अगर अर्थ का आतिशय्य है तो वह अर्थाधिक्य उसी सीमा तक वक्रोक्ति के क्षेत्र द्वारा परिभाषित हो सकता है, जहाँ तक काव्यभाषा, रूपात्मक स्तर पर विश्लेषणगम्य है। स्वभावोक्ति, भाषा-संदर्भित न होकर जहाँ तक काव्य वस्तु की जातिगत संकल्पना पर आधारित है और काव्य वस्तु की आंतरिक प्रकृति की सहज अभिव्यक्ति होने के कारण जहाँ तक वह प्रसिद्ध व्यापारातीत है, वहाँ तक वह विषय वस्तु का विषय है। विषय वस्तु की सामान्यीकृत संकल्पना कवि-प्रतिभा के सहज वैभव का परिणाम होने के कारण 'अतिशयोक्ति' का कारण तो बन सकती है पर भाषिक संकल्पना के रूप में परिभाषित 'वक्रोक्ति' के रूप में सिद्ध नहीं हो सकती।

पर अगर हम यह स्वीकार कर चलें कि 'वक्रोक्ति' की संकल्पना मात्र भाषा के रूपात्मक स्तर तक ही सीमित नहीं, तब स्थिति इससे कुछ भिन्न हो जाती है। 'वक्रोक्ति' के मूल में है 'लोकातिक्रान्त-गोचरता' की संकल्पना।यदि यह कहा जाए कि भामह न केवल भाषिक संरचना के धरातल पर इस संकल्पना के प्रयोग के समर्थक

हैं वरन् उनके मत में प्रसार शब्दों के 'संकेतार्थ' (Referent) तक हैं, तब स्वाभावोक्ति का समाहार स्वयमेव 'वक्रोक्ति' की संकल्पना में हो जाता है। स्वभावोक्ति में पदार्थों का साक्षात् रूप वर्णित होता है (काव्यादर्श, II/8) पर यह साक्षात् रूप व्यष्टिपरक न होकर उस वस्तु के समष्टिगत प्रत्यय से संबद्ध रहता है, वह सामान्य दृष्टि का परिणाम न होकर कवि की आंतरिक और कल्पनापरक सर्जनात्मक अन्तर्दृष्टि का प्रतिफल होता है। अत: इस संदर्भ में यह भी कहा जा सकता है कि स्वभावोक्ति रूप में वर्णित काव्य वस्तु की प्रकृति भी लोकातिक्रान्त है, वह भी प्रसिद्ध व्यापारातीत है।

भामह के काव्य-सिद्धांत में वक्रोक्ति की संकल्पना इस दूसरे अर्थ में ही ग्रहीत है। यही कारण है कि न तो उसमें स्वभावोक्ति और वक्रोक्ति के बीच कोई विभाजन-रेखा खिंची मिलती है और न 'वक्रोक्ति' और अतिशयोक्ति में ही कोई भेद माना गया है। दोनों के मूल में भामह ने 'लोकातिक्रान्त-गोचरता' की स्थिति स्वीकार की है और इसके परिप्रेक्ष्य में उनके बीच किसी भी अंतर की ओर संकेत नहीं दिया है। प्रयोजन और प्रयोज्य, काव्य वस्तु के संदर्भ में ग्रहीत न होकर उसके विश्लेषण उपगम के रूप में ही स्वीकृत हो सकता है। जहाँ वक्रोक्ति को संक्रियात्मक उपगम (Operational Approach) का परिणाम कह सकते हैं वहाँ अतिशयोक्ति को प्रकार्यात्मक उपगम (Functional Approach) का प्रतिफल मान सकते हैं।

दण्डी ने भामह की अलंकार की संकल्पना को तद्‌रूप में तो स्वीकार किया पर वक्रोक्ति के भीतर उनकी तरह वस्तुरूप (संकेतार्थ) संबंधी वक्रता और भाषा संदर्भित वक्रता को ग्रहण नहीं किया। वक्रोक्ति से उनका तात्पर्य 'चमत्कार-जन्य-लोकातिक्रान्त-गोचरता' तक सीमित रहा जिसकी मूल प्रकृति उनके मत में केवल भाषा-संदर्भित ही रही। वस्तुरूप-संदर्भित वक्रता, उनके मत में वक्रता ही नहीं, वह तो वस्तुओं का साक्षात् वर्णन है, उनकी आंतरिक प्रकृति का प्रकाशन है। और इसीलिए वह आद्य अलंकार है (काव्यादर्श, II/8) स्वभावोक्ति न केवल वस्तुओं की जातीय प्रकृति की प्रकाशक होने के कारण आद्य अलंकार है वरन् अलंकारशास्त्र में उसी का सर्वत्र साम्राज्य है– 'शास्त्रेष्वस्यैव साम्राज्यम्' (II/13)।

यह ठीक है कि दण्डी ने स्वभावोक्ति को वक्रोक्ति की परिधि के बाहर स्वीकार करने के कारण सभी अलंकारों के मूल में उसे नहीं माना। लेकिन इसके साथ यह भी तथ्य महत्त्वपूर्ण है कि भामह की ही भाँति उन्होंने भी सभी अलंकारों के मूल में अतिशयोक्ति की सत्ता स्वीकार की। इसका कारण यही है कि स्वभावोक्ति का अतिशयोक्ति से कोई विरोध नहीं, क्योंकि अतिशयोक्ति का संबंध भाषा के मात्र रूपात्मक पक्ष के साथ नहीं है। अतिशयोक्ति के प्रभावक्षेत्र में न केवल कथन (शब्दार्थ) की वक्रता है वरन् वस्तु-रूप की जातिगत धारणा भी समाविष्ट की जा सकती है।

अतिशय ही अगर 'वार्ता' से काव्य को भिन्न करता है तब एक ओर यह भाषा-संदर्भित 'लोकातिक्रान्त वचन' अर्थात् वक्रोक्ति का परिणाम है और दूसरी ओर

वस्तु की जातिगत संकल्पना से संदर्भित 'लोकातिक्रान्त' रूप अर्थात् स्वभावोक्ति का परिणाम है। यही कारण है कि दण्डी, एकसाथ, 'वक्रोक्ति' और 'स्वभावोक्ति' दोनों की बात उठाते हैं (II/362)-

श्लेषः सर्वाषु पुष्णाति प्रायो वक्रोक्तिषु श्रीयिम्
द्विधा भिन्नम् स्वभावोक्तिर्वक्रोक्तिश्चोति वाङ्मयम्।

दण्डी की वक्रोक्ति की संकल्पना का संबंध इसी भाषा-संदर्भित लोकातिक्रान्त-गोचरता से है। अतः उनके मूल में वे भाषिक संकल्पना श्लेष को मानते हैं। इस श्लेष को उन्होंने वस्तुरूप-संदर्भित लोकातिक्रान्तगोचरता (जाति) के लिए मूल नहीं माना है। यह लोकातिक्रान्तगोचरता ही, चाहे वह भाषा-संदर्भित (वक्रोक्ति) हो अथवा वस्तुरूप-संदर्भित (स्वभावोक्ति) हो, अतिशय का कारण है और यह अतिशय ही काव्यार्थ है।

अतः दण्डी के लिए वक्रोक्ति एक ऐसा पारिभाषिक शब्द बनकर आता है जिसे भाषा संदर्भित लोकातिक्रान्त गोचरता को व्यक्त करनेवाले अलंकार-वर्ग के लिए प्रयुक्त माना जा सकता है और उसके मूल में 'श्लेष' की सत्ता असंदिग्ध रूप से रहती है। क्योंकि 'श्लेष' वक्रोक्ति-वर्ग के अलंकारों के मूल में है, अतः इस वर्ग के सभी उदाहरण संकीर्ण माने जा सकते हैं। परंतु इससे भिन्न स्थिति स्वभावोक्ति की है। स्वभावोक्ति वस्तुरूप-संदर्भित लोकातिक्रान्त-गोचरता से संबद्ध है अतः श्लेष अथवा उसके समांतर किसी अन्य भाषिक पारिभाषिक इकाई (आर्टिफैक्ट) की धारणा सामने नहीं लाई गई है और यही कारण है कि उसे आद्य अलंकार कहकर वर्णित किया गया है।

आगे चलकर 'वक्रोक्ति' को अलंकार-सामान्य के स्थान पर अलंकार-विशेष के रूप में प्रतिष्ठा मिली। इसमें भी दो दृष्टियाँ स्पष्ट हैं। वामन इसे अर्थालंकार की श्रेणी का अलंकार मानने के पक्ष में हैं। वे इसे उस 'लक्षण' के रूप में मानते हैं जो सादृश्य के आधार पर स्थित है। दूसरी ओर रुद्रट ऐसे विद्वान हैं जो इसे शब्दालंकार की श्रेणी का अलंकार-विशेष मानने के पक्ष में हैं। यद्यपि शब्दालंकार के रूप में प्रयुक्त रुद्रट की वक्रोक्ति की धारणा ही बाद के काव्यशास्त्रियों ने स्वीकार की और अलंकारशास्त्र में वक्रोक्ति की प्रतिष्ठा शब्दालंकार- विशेष रूप में हुई, पर कुन्तक ने भामह द्वारा प्रयुक्त वक्रोक्ति की संकल्पना को ही अपने काव्यसिद्धांत के मूल में स्वीकार किया।

कुन्तक ने 'वक्रोक्ति' को वैचित्र्य के रूप में ग्रहण किया, जो काव्यार्थ का मूल हेतु है और जो लोकोत्तरचमत्कारकारि के रूप में सिद्ध है। वक्रोक्ति और कुछ नहीं 'विचित्र अभिधा' है। यह वक्रोक्ति अथवा विचित्र-अभिधा और कुछ नहीं, अपितु 'शास्त्रादि प्रसिद्ध शब्दार्थोपनिबन्ध-व्यतिरेकी' है; वह 'अतिक्रान्त प्रसिद्ध-व्यवहार-सरणि' है।

यहाँ यह भी तथ्य ध्यान देने योग्य है कि यद्यपि 'वक्रोक्ति' का प्रयोग कुन्तक

ने भामह की तरह 'अलंकार-सामान्य-लक्षण' के रूप में किया है पर इस विभाजन–स्वभावोक्ति और वक्रोक्ति की भी उन्होंने उपेक्षा नहीं की। यद्यपि स्वभावोक्ति और वक्रोक्ति के अंतर को उन्होंने स्वीकार किया, पर वे दण्डी के इस मत से सहमत नहीं थे कि मात्र शब्द (चाहे वह कितना ही रमणीय हो) और मात्र अर्थ (चाहे वह कितना ही रंजक क्यों न हो) काव्य को जन्म दे सकता है। 'न शब्दशैव रमणीयता-वैशिष्ट्यस्य केवलस्य काव्यत्वम् न त्वर्थस्य' (पृ. 7) अर्थात् उनके मत में काव्यत्व के लिए वक्रोक्ति की सत्ता अनिवार्य है।

वक्रोक्ति को कुन्तक ने 'वैदग्ध्यभंगी-भणिति' (1/10) के रूप में स्वीकार किया। 'भणिति' अभिव्यक्ति है, 'विन्यास' है ; और भंगी व्यवच्छेद-तत्त्व है। विच्छिति वैचित्र्य है। 'वैदग्ध्य' से तात्पर्य है कवि-कौशल जो कवि-व्यापार-वक्रता है। अतः 'वैदग्ध्य-भंगी-भणिति' से कुन्तक का तात्पर्य है कवि-कौशल-जन्य वह अभिव्यक्ति जो विचित्र (Deviant) होने के कारण शास्त्रादि-प्रसिद्ध शब्दार्थ के उपनिबंधन से भिन्न हो, जो अपने विन्यास में प्रसिद्ध व्यवहार-सरणि का अतिक्रमण करती हो।

यहाँ यह भी संकेत दे देना अनुचित न होगा कि कुन्तक या अन्य आचार्यों के कथन को उनके काव्य संबंधी व्यापक सिद्धांत के संदर्भ में ही देखना उचित है। इस संदर्भ में यह कहा जा सकता है कि शब्दार्थोपनिबंधन में प्रयुक्त शब्द वस्तुतः शब्द (word) न होकर अभिव्यक्ति (Expression) है और अर्थ शब्द का अर्थ (Word-Incoming) न होकर कथ्य अथवा भाव (contentor concept) है तथा उपनिबन्ध कोशीय शब्द (lexicalitem) और उसके अर्थ (Lexical meaning) का मात्र संबंध न होकर अभिव्यक्ति और कथ्य के बीच का विन्यास है। इस दृष्टि से पूरी काव्यकृति को भाषिक-प्रतीक (Linguistic symbol) माना जा सकता है और कवि-कौशल के रूप में काव्यकृति को कथ्य और अभिव्यक्ति के विन्यास के रूप में देखा जा सकता है। कुन्तक इस विन्यास (उपनिबन्ध) की विच्छिति अथवा वक्रता की बात करते हैं और यही कारण है कि उनके काव्य-सिद्धांत में न केवल वाक्य-वक्रता है, बल्कि प्रबंध-वक्रता का भी समावेश है। अतः अगर वक्रोक्ति को भणिति-प्रकार (अर्थात अभिव्यक्ति-प्रकार) माना जाए तो इस अभिव्यक्ति-प्रकार को विन्यास-प्रकार के रूप में देखना और उसे विन्यास-विच्छिति (वैचित्र्य) के रूप में परिभाषित करना उचित है, न कि रूपक की तरह यह मानना कि भणिति उक्ति-वैचित्र्य है। इकाई के रूप में कोषीय शब्द के स्थान पर काव्यकृति की संपूर्ण भाषिक रचना को आधार मानने के कारण कुन्तक दण्डी की तरह 'श्लेष' को सर्वसामान्य अलंकार मानने के पक्ष में नहीं हैं। उपनिबन्ध अथवा कथ्य और अभिव्यक्ति पक्ष के विन्यास को केंद्र में रखने के कारण ही उन्होंने वक्रोक्ति को एक व्यापक धरातल पर प्रतिष्ठापित किया।

कुन्तक की एक दूसरी महत्त्वपूर्ण धारणा पर संक्षेप में यहाँ विचार कर लेना असमीचीन न होगा। कुन्तक, दण्डी के 'वस्तु-रूप-सन्दर्भित-लोकातिक्रान्त-गोचरता'

और भाषा सन्दर्भित-लोकातिक्रान्त गोचरता के विभाजन को तो स्वीकार करने के पक्ष में हैं पर उनकी 'वस्तु-रूप-संदर्भित- लोकातिक्रांत-गोचरता' एक दूसरी दृष्टि से भी भाषा-संदर्भित है। यहाँ यह ध्यान देने योग्य है कि जब कुन्तक अलंकार्य और अलंकार के भेद की बात करते हैं तब अलंकार्य से भी उनका तात्पर्य शब्द और अर्थ से है। बाह्य जगत् की स्थिति भौतिक वस्तु से नहीं। काव्य तो 'सालंकृत शब्दार्थ' है। अत: अलंकार इस शब्दार्थ का अलंकरण है, न कि वस्तु का। यही कारण है कि कुन्तक के अनुसार अलंकार और वक्रोक्ति एक दृष्टि से पर्याय बन जाते हैं, क्योंकि 'वार्ता' से 'काव्य' का विच्छेद करनेवाला जो वक्रोक्ति तत्त्व है वही तो अलंकार है। इसी कारण कुन्तक ने वक्रोक्ति-वैचित्र्य को अलंकार-वैचित्र्य भाव भी कहा है। यह भी कहा जा सकता है कि काव्यशास्त्र के सिद्धांत के संदर्भ में तो उन्होंने अलंकार शब्द का प्रयोग किया है, पर 'सकल-अलंकार-सामान्य' या 'अलंकार-सामान्य-लक्षण' के रूप में वक्रोक्ति को परिभाषित करते हुए इसे काव्यशास्त्र के विश्लेषण-गम्य-प्रयोग (Operation) के लिए अपनाया है।

यह 'वस्तु-रूप-संदर्भित लोकातिक्रान्त-गोचरता' शब्दार्थ तो है पर वह सालंकृत शब्दार्थ नहीं, पर इसके साथ ही यह भी सत्य है कि वह 'सामान्य' कथन (वार्ता) न होकर वस्तु की सामान्यीकृत (स्वभावोक्ति) भाषिक संकल्पना होती है। कुन्तक के अनुसार यह स्वभावोक्ति कविशक्ति की मूलभूत प्रकृति के सहज प्रस्फुटन का परिणाम है, जबकि वक्रोक्ति का कवि-कौशल आहार्य होता है। वस्तु की जातिगत (स्वभावपरक) संकल्पना से संबंध होने के कारण ही इसे स्वभावोक्ति कहा गया है। इस मार्ग में अभिव्यक्ति-(निबंधन) की वक्रता नहीं होने के कारण, कवि-कौशल की अपेक्षा नहीं रहती। वह तो कवि-स्वभाव की अपनी सहज प्रतिभा का परिणाम है। अत: यह 'सुकुमार' मार्ग है, 'विचित्र' मार्ग नहीं।

यह तथ्य महत्त्वपूर्ण है कि कुन्तक 'सुकुमार' और 'विचित्र' दोनों ही मार्गों के संदर्भ में माधुर्य, प्रसाद, लावण्य और आभिजात्य गुणों की चर्चा करते हैं (यद्यपि इन दोनों मार्गों में इनके लक्षण गुणात्मक भेद के साथ संकेतित हैं), दोनों में वे समान रूप से 'प्रतीयमानता' की सत्ता स्वीकार करते हैं और इन दोनों में ही अभिव्यक्तियों को वे 'सातिशय' मानते हैं।

जो दुविधा भामह और दण्डी के विवेचन में देखने को मिलती है वह कुन्तक में भी है। 'सुकुमार' और 'वैचित्र्य' दोनों ही मार्ग अगर काव्य-मार्ग हैं, दोनों ही 'वार्ता' से भिन्न 'सातिशय' अर्थ के कारण हैं, तब काव्य-सिद्धांत के सर्वसामान्य लक्षण के रूप में 'वक्रोक्ति' (वैचित्र्य) की संकल्पना को ही क्यों मूलरूप में स्वीकार किया जाए ? किसी एक मार्ग को प्रधानता देना एक बात है पर उसी मार्ग की संकल्पना को सर्वसकल लक्षण के रूप में स्वीकार करना उससे भिन्न बात है। अत: यह प्रश्न कुन्तक के सिद्धांत के संदर्भ में भी उठाया जा सकता है कि अगर 'स्वभावोक्ति' अलंकार नहीं अपितु

'अलंकार्य' है और स्वभावोक्ति वक्रोक्तिरहित होकर भी एक ओर सातिशय काव्यपरक अभिव्यक्ति है और दूसरी तरफ़ वक्रोक्ति सर्वसामान्य अलंकार तत्त्व है तब अलंकार या वक्रोक्ति काव्य की मूलभूत आत्मा कैसे सिद्ध रह सकती है। कुन्तक जैसा विचारक इस दुविधा से परिचित न हो, ऐसा संभव नहीं। वस्तुत: कुन्तक ने अन्य पूर्ववर्ती आचार्यों की स्वभावोक्ति अथवा रसवत् अलंकार की धारणा का विस्तार में जाकर खंडन किया है। उनके अनुसार 'रसवत्' न तो 'रसाश्रयम्' है और न 'रसपेशलम्' है अपितु वह 'रसेन वर्तते तुल्यम्' है। वे यह मानते हैं कि रसवत् स्वभावोक्ति से आविर्भूत अतिशय, कवि-कौशल का परिणाम है। अगर यह कौशल है तब यह वक्रता ही है, भले ही यह कवि-कर्म से सम्बन्ध है –

'रसस्वभावालंकाराणाम् सर्वेषां कवि कौशलम् एव जीवितम्' (पृ. 146)

स्पष्ट है कि कुन्तक ने वक्रोक्ति की धारणा को दो भिन्न संदर्भों में प्रयुक्त किया है। पहला स्तर अंतर-विधा (Inter-genera) का है जिसके आधार पर काव्य को अन्य भाषिक संरचना (वार्ता) से भिन्न दिखाना चाहते हैं। इस स्तर पर वे इसे 'सातिशय' के समानार्थी के रूप में ग्रहण करते हैं। यह कवि-कौशल की सहज प्रकृति से संबद्ध है और इसके भीतर वस्तु-संदर्भित और भाषा-संदर्भित दोनों ही 'अतिक्रांत' गोचरता समाहित हैं। 'वक्रोक्ति' इस धारणा के प्रयोग का दूसरा स्तर है– काव्यविधा के भीतर (Intra-genera) का जिसके आधार पर वे 'वैचित्र्य' मार्ग को 'सुकुमार मार्ग' से भिन्न सिद्ध करते हैं। स्वभावजन्य कवि-प्रतिभा और आहार्य-जन्म कवि-कौशल में भेद करते हैं तथा वस्तु-संदर्भित और भाषा-संदर्भित अतिक्रांत गोचरता में विभेद स्थापित करते हैं। इस आधार पर वे काव्य की सहज स्वाभाविकता के सौंदर्य और कथ्य तथा अभिव्यक्ति के विन्यास में अंत-भक्ति सौंदर्य में भेद करते हैं।

वक्रोक्ति की धारणा को इन दो भिन्न स्तरों पर प्रतिष्ठापित करने और इस दुविधा में अपने काव्य सिद्धांत की रक्षा करने के कारण ही परवर्ती अन्य आचार्यों ने उस संकल्पना का मूलभूत रूप में स्वीकार किया जो काव्य के सभी उपवर्गों में समान रूप से स्थित है। इस संदर्भ में कहा जा सकता है कि आनन्दवर्धन सभी अलंकारों के उद्देश्य के रूप में अतिशय की कल्पना सामने लाते हैं और अभिनवगुप्त की यह मान्यता है कि अतिशयोक्ति (न कि वक्रोक्ति) 'सर्वालंकार-सामान्य रूपम्' है। इसी प्रकार मम्मट की यह मान्यता है कि यह अतिशय ही सभी अलंकारों का प्राणतत्त्व है।

खंड : ख

9. सैद्धांतिक एवं अनुप्रयुक्त भाषाविज्ञान
10. तुलनात्मक एवं व्यतिरेकी भाषाविज्ञान
11. शैक्षणिक व्याकरण
12. समाजभाषाविज्ञान
13. नियोजन और भाषा नियोजन
14. भाषा, बोली और भोजपुरी

9

सैद्धांतिक एवं अनुप्रयुक्त भाषाविज्ञान

सैद्धांतिक भाषाविज्ञान

भाषा वैज्ञानिकों के लिए भाषा एक साथ उनकी साध्य वस्तु (विश्लेष्य सामग्री) है और साधन वस्तु (विशेषण उपकरण) भी। वे भाषा के सहारे भाषा का अध्ययन करते हैं। जिस वस्तु का वे अध्ययन विश्लेषण करते हैं उसे 'वस्तु-भाषा' (आबजेक्ट-लैंगुएज) कहा जाता है; और जिसके माध्यम से वे 'वस्तु-भाषा' का अध्ययन-विश्लेषण करते हैं, उसे 'निरूपक -भाषा' (मेटा-लैंगुएज)। सैद्धांतिक भाषा विज्ञान के केन्द्र में 'निरूपक भाषा' होती है। उसका मूलभूत उद्देश्य वस्तु-भाषा से संबंधित सिद्धांतों का प्रतिपादन और उन सिद्धांतों के आधार पर विश्लेषण- विधि (मेथड) और प्रणाली तंत्र का विकास करना है। सैद्धांतिक भाषा विज्ञान यह जानना चाहता है कि वस्तुरूप में भाषा है क्या ? भाषा की आंतरिक प्रकृति पर प्रकाश डालने के लिए निरूपक भाषा की स्थापना और विकास तथा वस्तु-भाषा के अध्ययन-विश्लेषण के लिए तर्कसंगत एवं वैज्ञानिक प्रणाली तंत्र का विकास सैद्धांतिक भाषा विज्ञान का प्रमुख विषय-क्षेत्र है।

सैद्धांतिक भाषाविज्ञान अपनी खोज की दिशा में संभाव्य भाषा की संभाव्य संरचना के उद्‌घाटन की ओर प्रवृत होता है। उसके द्वारा विकसित संकल्पनाओं एवं पारिभाषिक पदों की शब्दावली भले ही वस्तु-भाषा से ली गई हो, पर अपनी अर्थवत्ता में वे सदा निरूपक भाषा के मुखापेक्षी होती हैं। यही कारण है कि व्याकरणिक कोटियों के रूप में लिंग, वचन, पुरुष, काल, वृत्ति, पक्ष आदि का वास्तविक अर्थ न तो भौतिक जीवन-व्यापार होता है और न किसी भाषा विशेष का तथ्य। ये कोटियाँ सभी भाषाओं के निरूपण के लिए प्रयुक्त हो सकती हैं। सैद्धांतिक भाषा विज्ञान के लिए भाषा विशेष से ली गई सामग्री दृष्टांत मात्र होती है। वस्तुतः वह विश्व में पाई जाने वाली जितनी भी भाषाएँ हैं और मानव भाषा के रूप में जितने भी उसके रूप संभव हैं, उनके पीछे समान रूप से काम करने वाले नियमों की खोज का रास्ता खोलता है। इन्हीं नियमों के आधार पर वह भाषाओं की सार्वभौम प्रकृति पर प्रकाश डालता है। इससे भी आगे बढ़कर यह कहा जा सकता है कि सैद्धांतिक भाषाविज्ञान केवल उन्हीं भाषाओं की प्रकृति

का पता नहीं लगाता जो आज व्यवहार में हैं, बल्कि अपने अध्ययन-क्षेत्र के भीतर उन सभी भाषाओं को भी समेटता है जो कभी पहले थीं और जिनकी भविष्य में होने की संभावना है। आधुनिक भाषा विज्ञान के प्रसिद्ध विद्वान चॉम्स्की के मत में भाषाविज्ञान अपने सैद्धांतिक लक्ष्य में उस सार्वभौम व्याकरण की खोज है जो किसी मनुष्य को मानव होने के नाते जन्म से ही उपलब्ध है। उनके अनुसार मानव और भाषा सहन्यस्त संकल्पनाएँ हैं अर्थात् बिना मानव के भाषा संभव नहीं और बिना भाषा के मानवजाति नहीं। उनका दूसरा तर्क यह भी है कि प्रत्येक मनुष्य भाषा सीखने की क्षमता लेकर पैदा होता है। अत: वह कोई न कोई भाषा आगे चलकर सीखता ही है। विभिन्न भाषाएँ वस्तुत: सार्वभौम व्याकरण के विभिन्न प्रतिफलित रूप हैं।

इसमें सन्देह नहीं कि सिद्धांत मनुष्य निर्मित होते हैं। यह मनुष्य ही है जो 'वस्तुओं' को समझने और नियंत्रित करने के लिए सिद्धांतों का अन्वेषण और तथ्यों की खोज करता है। जब वह तथ्यों को अपने सामने लाता है, तब वह उसके द्वारा अपने ही बनाए सिद्धांतों को सिद्ध या असिद्ध करता है। अत: सिद्धांत मनुष्य की उस अंतर्दृष्टि पर निर्भर करता है जिसके सहारे वह 'वस्तु' की प्रकृति को समझना चाहता है। सैद्धांतिक भाषाविज्ञान भी भाषा की आंतरिक प्रकृति को समझने के लिए जिन सिद्धांतों को प्रतिपादित करता है, वह भाषावैज्ञानिकों के अपने दृष्टिकोण या अभिविन्यास से मुक्त नहीं। उदाहरण के लिए भाषावैज्ञानिक भाषा की आंतरिक प्रकृति को समझने के लिए 'संरचनात्मक व्यवस्था' की बात समान रूप से उठाते हैं, पर इस 'संरचनात्मक व्यवस्था' का मूलाधार किसे बनाया जाए, उसे कहाँ स्थित माना जाए, उन पर वे एक मत नहीं। ब्लूमफील्ड का व्यवहारवादी संप्रदाय यह मानता है कि संरचना का मूलाधार 'वस्तु भाषा' है, चॉम्स्की का संज्ञानात्मक संप्रदाय यह स्वीकार करता है कि उसका मूलाधार मानव की भाषायी चेतना और उसके मस्तिष्क में स्थित 'सार्वभौम व्याकरण' है, जबकि फ़र्थ, मेल्मस्त्लाव आदि भाषाविद यह मानते हैं कि वह मानव द्वारा प्रतिपादित उस वैज्ञानिक तर्कप्रणाली और सिद्धांतों में है जिसके सहारे वह वस्तु-भाषा का अध्ययन करता है। हर सिद्धांत अपने को व्यवहारगम्य बनाने के लिए अपना प्रारूप (मॉडल) खड़ा करता है, इसीलिए इन तीन भिन्न अंतर्दृष्टियों के आधार पर सैद्धांतिक भाषाविज्ञान के आज तीन भिन्न प्रारूप (मॉडल) भी प्रचलित मिलते हैं।

व्यवहार के संदर्भ में सैद्धांतिक भाषाविज्ञान के दो संदर्भ देखे जा सकते हैं– शुद्ध सिद्धांत (अर्थात् भाषावैज्ञानिक सिद्धांत के रूप में निरूपक भाषा) और भाषा विवरण (अर्थात् सिद्धांत प्रेरित भाषाविज्ञानिक प्रारूप पर आधारित भाषा विशेष का विवरण)। यद्यपि इन दोनों के अपने अलग-अलग संदर्भ हैं पर सैद्धांतिक भाषाविज्ञान के परिप्रेक्ष्य में दोनों एक दूसरे के पूरक हैं। शुद्ध सिद्धांत के अभाव में किसी भाषा विशेष का तर्कसंगत और वैज्ञानिक विवरण संभव नहीं और विभिन्न भाषाओं के विश्लेषण एवं विवरण के अभाव में किसी भाषावैज्ञानिक सिद्धांत का निरूपण तथा उसका प्रतिफलन संभव नहीं।

अनुपयुक्त भाषाविज्ञान

अनुप्रयुक्त भाषाविज्ञान, भाषाविज्ञान की वह शाखा है जिसका मुख्य लक्ष्य भाषावैज्ञानिक सिद्धांतों एवं प्रणाली के अनुप्रयोग द्वारा उन भाषायी समस्याओं का पता लगाना और उनका समाधान ढूँढ़ना है जो भाषा से इतर विषय क्षेत्रों के अनुभव से संबद्ध होती हैं व्यवहार एवं प्रयोग की दृष्टि से इसके दो संदर्भ हैं—सीमित एवं व्यापक। सीमित संदर्भ अनुप्रयुक्त भाषाविज्ञान के विषय-क्षेत्र को भाषाशिक्षण तक सीमित रखता है। व्यापक संदर्भ में इसके विषय-क्षेत्र की सीमा का विस्तार करते हुए अपने भीतर शैलीविज्ञान, कोशविज्ञान, भाषानियोजन, वाक्-चिकित्साविज्ञान आदि को भी अपने अध्ययन का विषय बनाता है। सुविधा के लिए भाषावैज्ञानिक सिद्धांतों के अनुप्रयोग के तीन संदर्भ निर्धारित कर सकते हैं – ज्ञान क्षेत्र का संदर्भ, विद्या-विशेष का संदर्भ और भाषा शिक्षण का संदर्भ।

भाषावैज्ञानिक सिद्धांत का अनुप्रयोग ज्ञान के किसी अन्य क्षेत्र को स्पष्ट करने के लिए स्वीकार किया जा सकता है। उदाहरण के लिए भाषा और समाज के बीच गहरा संबंध है। भनुष्य से बँधकर 'समाज' और 'भाषा' दोनों एक दूसरे के अध्ययन के लिए संदर्भ बन जाते हैं। भाषा और समाज के संबंधों का अध्ययन जब हम 'भाषा' की प्रकृति और उसके अपने प्रयोजनों को समझने के लिए करते हैं तब वह समाजभाषाविज्ञान कहलाता है। इसके विपरीत जब हम भाषा और समाज के संबंधों को समाज की संरचना और प्रकृति को समझने के लिए अपनाते हैं तब वह भाषा का समाजशास्त्र बन जाता है। इस दूसरे क्षेत्र का संबंध ही अनुप्रयुक्त भाषाविज्ञान का है। इसी प्रकार जब हम भाषाविज्ञान का सहारा लेकर संज्ञानात्मक बोध और मन की वृत्तियों का अध्ययन करते हैं, तो उस अध्ययन को भी अनुप्रयुक्त मनोभाषाविज्ञान के क्षेत्र में रख सकते हैं।

विद्या बिशेष के संदर्भ में अनुप्रयुक्त भाषाविज्ञान के अंतर्गत शैली विज्ञान, अनुवादविज्ञान, कोशविज्ञान, भाषानियोजन, वाक्चिकित्साविज्ञान आदि आते हैं। भाषाविज्ञान का प्रयोग इन विभिन्न विषयों को समझने के लिए एक निश्चित सिद्धांत एवं प्रणाली प्रदान करता है। यह बात नहीं कि इन विषय-क्षेत्रों के अध्ययन की अन्य दिशाएँ नहीं पर अनुप्रयुक्त भाषाविज्ञान इनके लिए जो आधार देता है, वह न केवल अपनी प्रकृति में भाषावादी है अपितु अपने व्यवहार में वस्तुवादी और प्रणाली में वैज्ञानिक है।

अनुप्रयुक्त भाषाविज्ञान का तीसरा संदर्भ भाषाविज्ञान का है। इस क्षेत्र में भाषाविज्ञान की देन ने तो अपना अलग इतिहास ही बना लिया है। चाहे बात मातृभाषा शिक्षण की हो अथवा अन्यभाषा शिक्षण की, भाषावैज्ञानिक अंतर्दृष्टि उनमें हर स्तर पर आज आवश्यक मानी जाती है। शैक्षिक व्याकरण, शिक्षा सामग्री निर्माण, भाषा शिक्षण प्रणाली और तकनीक आदि सभी क्षेत्रों में हम भाषावैज्ञानिक अंतर्दृष्टि एवं अध्ययन प्रणाली के प्रयोग को अनिवार्य पाते हैं।

10

तुलनात्मक और व्यतिरेकी भाषाविज्ञान

1

भाषा संबंधी यह एक सामान्य तथ्य है कि विभिन्न भाषाओं के बीच विभिन्न अनुपात में समानता मिलती है। भाषाओं के बीच पाई जानेवाली समानता के भी दो प्रमुख प्रकार हैं--शाब्दिक समानता और व्याकरणिक समानता। अगर हम संस्कृत, लातिन, फारसी, अंग्रेज़ी और जर्मन भाषाओं की शब्द-संपदा पर ध्यान दें, तो इनमें हमें आश्चर्यजनक समानता मिलती है, जबकि इनके बीच की भौगोलिक दूरी हजारों मील की है :

	संस्कृत	फारसी	लातिन	जर्मन	अंग्रेजी
1.	पितृ	पिदर	पातेर	फ़ातेर	फ़ादर
2.	मातृ	मादर	मातेर	मुत्तेर	मदर
3.	भ्रातृ	बिरादर	छातेर	ब्रुदेर	ब्रदर

अगर संस्कृत-फारसी अथवा अंग्रेजी-जर्मन की शब्द-संपदा में पाई जानेवाली समानता की तुलना संस्कृत-अरबी अथवा अंग्रेज़ी-रूसी भाषा युग्मों की समानता से करें, तब बात और स्पष्ट हो जाती है। संस्कृत और अरबी के बीच हमें वैसी समानता नहीं मिलती जैसी कि संस्कृत और फारसी के बीच मिलती है। इसी प्रकार अंग्रेज़ी और जर्मन भाषाओं के बीच पाई जानेवाली समानता का अनुपात निश्चित रूप में अंग्रेजी और रूसी भाषा के बीच की समानता से अधिक है। तुलनात्मक दृष्टि से यह भी कहा जा सकता है कि अंग्रेज़ी और रूसी में पाई जानेवाली समानता का अनुपात अंग्रेजी और तुर्की अथवा अंग्रेज़ी और चीनी भाषा से अधिक है। जो स्थिति शब्द-संपदा के धरातल पर है, वही व्याकरणिक रचना के संदर्भ में भी देखी जा सकती है। संस्कृत और लातिन या फ़ारसी अपनी व्याकरणिक संरचना में अरबी भाषा की तुलना में अधिक समरूप है और अंग्रेज़ी तथा जर्मन भाषाओं के बीच जो व्याकरणिक

साम्य मिलता है, वह अंग्रेजी और तुर्की अथवा चीनी के बीच नहीं मिलता।

शब्द-संपदा और व्याकरणिक संरचना के स्तर पर पाई जानेवाली समानता दो भाषाओं को एक-दूसरे के निकट लाती है। इस प्रकार के संबंधों की निकटता को ऐतिहासिक या पारिवारिक दृष्टि से देखने का प्रयास किया गया। उन्नीसवीं शताब्दी की भाषावैज्ञानिक दृष्टि मूलतः तुलनात्मक थी, जिसने भाषाओं के ऐतिहासिक विकास के विभिन्न सोपानों के तुलनात्मक अध्ययन की प्रणाली को विकसित करते हुए उनमें पारिवारिक संबंधों की स्थापना की, और इस प्रणाली के आधार पर भाषाओं के उस आद्य-रूप (प्रोटो-फार्म) की संकल्पना प्रस्तुत की, जिससे परिवारों की उत्पत्ति हुई और बाद में जिससे आज की भाषाओं के वर्ग बने। भाषाविज्ञान की इस अध्ययन-शाखा को **तुलनात्मक भाषाशास्त्र** (कम्पेरेटिव फिलालॉजी) की संज्ञा दी गई। जहाँ तक **तुलनात्मक पद्धति** का संबंध है, इससे तात्पर्य है तुलनात्मक भाषाशास्त्र में अपनाई जानेवाली उस मानक प्रणाली से जिसके आधार पर दो सजात (कार्ग्नेट) भाषाओं से संबद्ध भाषारूपों की तुलना इस दृष्टि से की जाए कि उनके बीच के ऐतिहासिक संबंधों की प्रकृति स्पष्ट हो सके।

ध्यान देने की बात है कि उन्नीसवीं शताब्दी की सर्वाधिक महत्त्वपूर्ण उपलब्धि थी भाषायी परिवर्तन और भाषायी संबंधों के अध्ययन-विश्लेषण के लिए सामान्य भाषाशास्त्र का विकास। वस्तुतः इस युग के इस भाषावैज्ञानिक विश्लेषण सिद्धांत और पद्धति को 'तुलनात्मक भाषाशास्त्र' की संज्ञा से जाना जाता है।

उन्नीसवीं शताब्दी की भाषावैज्ञानिक दृष्टि मूलतः ऐतिहासिक अर्थात् कालक्रमिक थी। बीसवीं शताब्दी तक आते-आते यह दृष्टि कालक्रमिक (डायक्रानिक) से एककालिक (सिनकानिक) भाषाविज्ञान की ओर मुड़ी। इस दृष्टि परिवर्तन के फलस्वरूप तुलनात्मक भाषाविज्ञान की प्रकृति में भी अंतर आया। भाषा परिवर्तन या भाषाविकास के विभिन्न चरणों की तुलना की अपेक्षा अब दो या दो से अधिक भाषाओं की संरचनात्मक विशिष्टताओं की समानता और असमानता के उद्घाटन की ओर विद्वानों का ध्यान गया। भाषाओं के इतिहास के तटस्थ तथा उनके पारिवारिक संबंधों की जानकारी से निरपेक्ष मात्र उनकी संरचनात्मक विशिष्टताओं के तुलनात्मक अध्ययन-विश्लेषण की जो अध्ययन-प्रणाली विकसित हुई, उसे आज **प्ररूप-भाषाविज्ञान** (टाइपोलॉजिकल लिंग्विस्टिक्स) कहा जाता है।

अन्यभाषा शिक्षण के संदर्भ में भाषाओं के तुलनात्मक अध्ययन का अपना संदर्भ है, जिसे व्यतिरेकी (कान्ट्रैस्टिव) अध्ययन या विश्लेषण के नाम से जाना जाता है। व्यतिरेकी अध्ययन में दो या दो से अधिक भाषाओं के बीच विभिन्न स्तरों पर पाई जानेवाली समानता और विषमता का पता लगाया जाता है। तुलनात्मक अध्ययन के आधार पर निर्धारित दो भाषाओं के बीच की समानता या असमानता के आधार पर उन भाषाओं के बीच संबंध-स्थापन पर यहाँ उतना बल नहीं दिया जाता जितना उनसे

शिक्षण-बिन्दु का निर्धारण किया जाता है। व्यतिरेकी विश्लेषण में तुलनात्मक अध्ययन का उद्देश्य मातृभाषा और लक्ष्यभाषा के बीच व्याघात (इन्टरफीअरेन्स) की संभावना का पता लगाने और भाषा सीखने में आनेवाली कठिनाइयों के अधिक्रम के निर्धारण के साथ रहता है।

व्यतिरेकी अध्ययन का जिस समय प्रारंभ हुआ, उस समय भाषाचिंतन की धारा अनुभववादी और भाषाविज्ञान का मॉडल संरचनात्मक था। इस युग के विद्वानों की यह प्रमुख मान्यता थी कि भाषा मूलरूप से स्वभाव या आदत है और भाषायी इकाइयाँ अपने में स्वायत्त न होकर संरचनात्मक व्यवस्था के एक घटक के रूप में सिद्ध रहती हैं। इन दो मान्यताओं ने भाषाशिक्षण के सिद्धांत और प्रणाली को दूर तक प्रभावित किया। अगर भाषा आदत है, तब अन्यभाषा सीखने के समय शिक्षार्थी अपनी मातृभाषा (आधारभाषा) की संरचना का आदतन सीखी जानेवाली भाषा (लक्ष्यभाषा) पर आरोपण करेगा। अन्यभाषा अधिगम के क्षेत्र में इस आरोपणजन्य बाधा को भाषा-व्याघात की संज्ञा दी गई और यह संकेत दिया गया कि दूसरी भाषा सीखने में मातृभाषा का व्यवहारजन्य ज्ञान बाधा उत्पन्न करता है। दूसरे शब्दों में यह कहा जा सकता है कि भाषा व्याघात लक्ष्यभाषा की मान्य संरचनात्मक प्रकृति से वह विचलन (डिविएशन) है जो भाषा-संपर्क की स्थिति में आधारभाषा (मातृभाषा) के परिणामस्वरूप भाषा-प्रयोक्ता के व्यवहार में दिखलाई पड़ती है।

भाषा-व्याघात भाषा के प्रत्येक स्तर पर देखा जा सकता है। उसे हम ध्वनिव्यवस्था, शब्दकोश, व्याकरणिक संरचना आदि प्रत्येक धरातल पर पाते हैं। चूँकि भाषा-व्याघात भाषा के हर धरातल पर मिलता है, अतः उसको समझने के लिए यह आवश्यक है कि दो भाषाओं की तुलना भाषाओं के विभिन्न धरातलों पर की जाए।

व्यतिरेकी विश्लेषण में तुलना न केवल भाषाओं के विभिन्न स्तरों या धरातलों पर की जाती है, बल्कि स्तर-विशेष की व्यवस्था या उपव्यवस्था के बीच की जाती है। इस बात पर बल देने की आवश्यकता है कि भाषा, इकाइयों का मात्र समुच्चय नहीं होती अपितु वह एक ऐसी व्यवस्था होती है जिसमें भाषिक इकाइयाँ प्रकार्य के आधार पर अपना विशिष्ट स्थान ग्रहण करती हैं। अतः व्यतिरेकी विश्लेषण की दूसरी मान्यता है कि तुलना की मूलभूत सामग्री भाषिक इकाई न होकर इकाइयों की संरचनात्मक व्यवस्था या उपव्यवस्था होनी चाहिए। उदाहरण के लिए हिंदी की ध्वनि (प) की अंग्रेजी की ध्वनि (p) की तुलना से कहीं अधिक सार्थक व्यतिरेकी विश्लेषण वह माना जाएगा, जहां हिंदी की स्पर्श ध्वनियों की व्यवस्था की अंग्रेज़ी की स्पर्श-ध्वनियों की व्यवस्था के साथ तुलना की जाए, और इस व्यवस्था की तुलना के संदर्भ में दोनों भाषाओं की ध्वनि (प) और (p) का तुलनात्मक विवरण प्रस्तुत किया जाए।

तुलनात्मक विवरण के लिए यह आवश्यक है कि तुलनीयता के आधार का निर्धारण किया जाए। तुलनीयता के आधार का निर्धारण निरूपक भाषा (मेटालैंगुएज)

की अपेक्षा रखता है। उदाहरण के लिए अगर हम हिंदी के 'यह' सर्वनाम की तुलना अंग्रेजी के 'he' सर्वनाम से करें, तो सर्वनाम की व्याकरणिक कोटि स्वयं में निरूपक भाषा का घटक माना जाएगा। इसी प्रकार अगर हम यह कहें कि हिंदी में अन्यपुरुष, एकवचन सर्वनाम के दो रूप मिलते हैं 'यह' और 'वह' जो 'समीपवर्ती' और 'दूरवर्ती' व्याकरणिक भेद की अपेक्षा रखते हैं, जबकि अंग्रेजी में he, she और it तीन रूप मिलते हैं, जो त्रिवर्गीय लिंग (पुल्लिंग, स्त्रीलिंग और नपुंसक) भेद की अपेक्षा रखते हैं, तब हम वस्तुतः निरूपक भाषा का ही प्रयोग करते हैं। व्यतिरेकी विश्लेषण में विश्लेष्य भाषा (आब्जेक्ट लैंगुएज) और साधन/निरूपक (मेटालैंगुएज) का अंतर अत्यंत आवश्यक है क्योंकि इसी के आधार पर व्यतिरेकी अक्ष का निर्धारण और दो भाषाओं का तुलनात्मक विवरण संभव है।

व्यतिरेकी विश्लेषण संदर्भ में दो भाषाओं की तुलना से तात्पर्य है,

(1) दो निर्धारित स्तरों पर भाषाओं की तुलना,

(2) दो संरचनात्मक व्यवस्थाओं की तुलना, और

(3) व्यतिरेकी अक्ष पर तुलना।

उदाहरण के लिए यह आवश्यक है कि हिंदी और अंग्रेजी भाषाओं के व्यतिरेकी विश्लेषण के लिए तुलनीयता के आधार का निर्धारण हम उनके विभिन्न स्तरों पर पाई जानेवाली व्यवस्था के संदर्भ में उसके व्यतिरेकी अक्ष पर करें। नीचे ध्वनि स्तर पर स्पर्श व्यंजनों की व्यवस्था का तुलनात्मक विवरण प्रस्तुत किया गया है

हिंदी भाषा

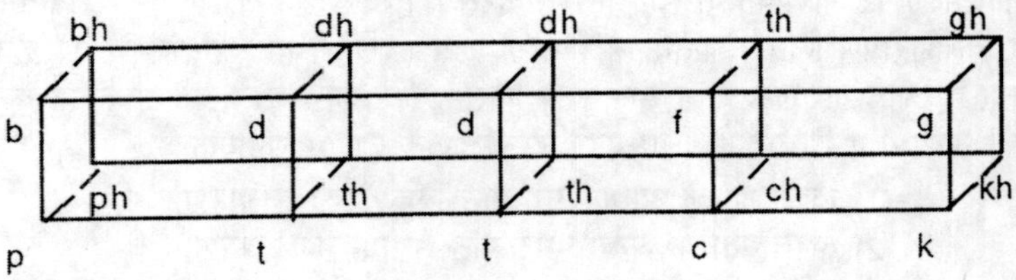

अंग्रेज़ी भाषा

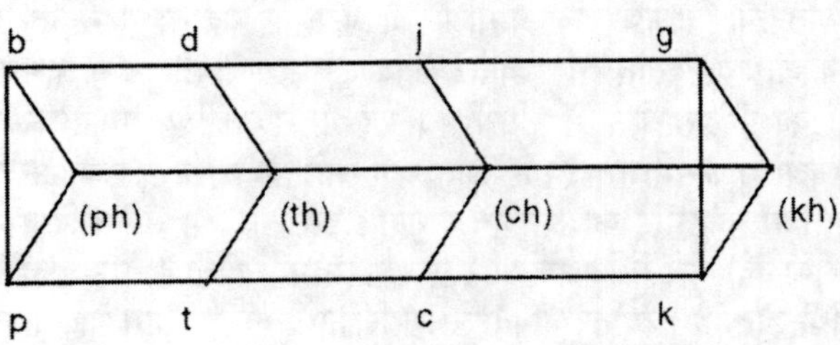

अतिरेकी अक्ष (तुलनीयता का आधार)

उचारण अक्ष : हिंदी में पाँच (द्वयोष्ठ्य, दंत्य, मूर्धन्य, तालव्य और कंठ्य) :अंग्रेज़ी में चार (द्वयोष्ठ्य, वर्त्स्य, तालव्य और कंठ्य)

घोषत्व : हिंदी में प्रत्येक उच्चारण स्थान पर दो स्वनिम इकाइयाँ- अल्पप्राण सघोष और महाप्राण सघोष : अंग्रेजी में उच्चारण स्थान पर केवल एक स्वनिम इकाई (अल्पप्राण सघोष)

महाप्राणत्व : हिंदी में प्रत्येक उच्चारण स्थान पर दो स्वनिम इकाइयाँ अघोष महाप्राण और सघोष महाप्राण : अंग्रेजी में उच्चारण स्थान पर सहस्वन स्तर की एक इकाई– अघोष महाप्राण

संख्या : हिंदी में स्वनिम स्तर पर 20 इकाइयाँ : अंग्रेजी में स्वनिम स्तर पर 8 और सहस्वन स्तर पर 4.

जिस प्रकार स्पर्श व्यंजनों की तुलना ऊपर प्रस्तुत की गई उसी प्रकार हिंदी और अंग्रेज़ी की रूपिम व्यवस्था, शब्द-संपदा या वाक्य-संरचना की तुलना भी संभव है।

ध्यान देने की बात है कि व्यतिरेकी विश्लेषण अन्यभाषा सीखने की प्रक्रिया में भाषा व्याघात से आनेवाली कठिनाइयों के अधिक्रम के निर्धारण का आधार प्रस्तुत करता है। जैसा पहले संकेत दिया जा चुका है, व्यतिरेकी अध्ययन के समर्थक यह मानते हैं कि अन्यभाषा सीखने के समय शिक्षार्थी अपनी मातृभाषा के भाषिक गुण आदतन लक्ष्यभाषा पर आरोपित या स्थानांतरित करते हैं। व्यतिरेकी विश्लेषण यह संकेत देता है कि आरोपण किन स्थितियों में होता है, इस आरोपण या स्थानांतरण की प्रक्रिया क्या है, और यह लक्ष्यभाषा सीखने में किस प्रकार की कठिनाइयाँ उपस्थित करता है। अन्यभाषा शिक्षण के लिए यह निम्नलिखित रूप में सहायक है –

(1) विश्लेषण के आधार पर पाठ-बिंदुओं का निर्धारण,
(2) तुलनीयता के आधार पर पाठ-सामग्री का निर्माण,
(3) कठिनाइयों के अधिक्रम के आधार पर पाठ का अनुस्तरण,
(4) निदानात्मक पाठ-अभ्यास का निर्माण।

इधर व्यतिरेकी विश्लेषण की सीमाओं की ओर भी विद्वानों ने संकेत दिया है। विभिन्न प्रकार के शोध यह बताते हैं कि व्यतिरेकी विश्लेषण भाषा सीखने में आनेवाली कुछेक कठिनाइयों का ही पता देने में समर्थ है। यह भी संकेत दिया गया कि जिस अनुपात में दो भाषाओं में असमानता होगी, आवश्यक नहीं कि शिक्षार्थी उसी अनुपात में अन्यभाषा सीखने में कठिनाई का अनुभव करेगा। इस ओर भी संकेत दिया गया कि व्यतिरेकी विश्लेषण के मूल में शिक्षक और शिक्षण-सामग्री होती है, पर अन्यभाषा सीखनेवाला शिक्षार्थी होता है। व्यतिरेकी विश्लेषण शिक्षार्थी की अधिगम प्रक्रिया और उसकी प्रकृति पर ध्यान नहीं देता, जो उसकी सबसे बड़ी सीमा है।

11

शैक्षणिक व्याकरण

व्याकरण की संकल्पना को तीन निश्चित संदर्भों में देखना संभव है– सिद्धांत, विवरण और शिक्षण। यह कहा जा सकता है कि भाषावैज्ञानिक सिद्धांतों की सिद्धि के रूप में 'सार्वभौम व्याकरण' (Universal grammar), भाषा विवरण की सिद्धि के रूप में 'भाषा विशेष का व्याकरण' (Language specific grammar) और विद्यार्थी की अधिगम प्रक्रिया और अध्यापक की शिक्षण विधि की सिद्धि के रूप में 'शैक्षणिक व्याकरण' (Pedagogical grammar) की अपनी अलग-अलग भूमिका है। यह भी कहा जा सकता है कि सार्वभौम और भाषा विशेष के व्याकरण, भाषा संबंधी वैज्ञानिक व्याकरण हैं

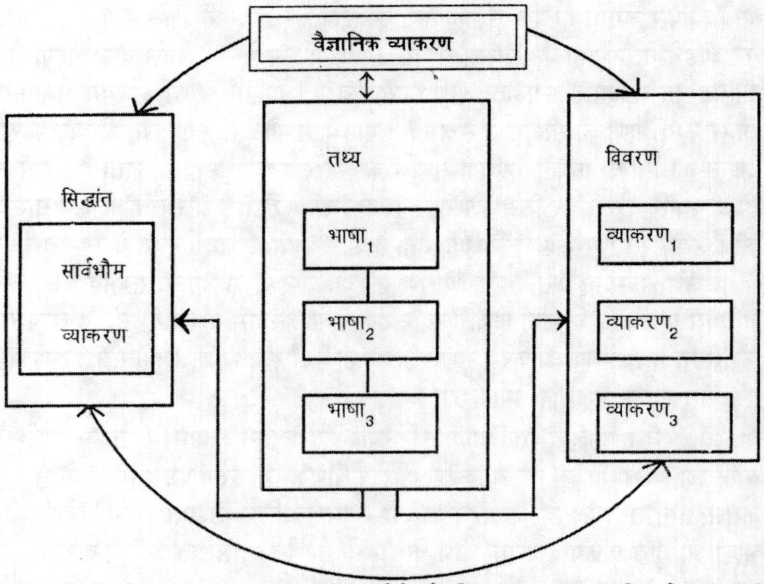

क्योंकि ये दोनों ही इस प्रश्न का उत्तर देते हैं कि भाषा की प्रकृति और उसकी

संरचनात्मक व्यवस्था क्या है। इनमें अंतर है तो केवल स्तरभेद का अर्थात् सार्वभौम व्याकरण वह वैज्ञानिक व्याकरण है जो 'संभाव्य भाषा की संभाव्य संरचना' का पता लगाता है, जबकि भाषा विशेष का व्याकरण 'भाषा विशेष की संरचनात्मक व्यवस्था' का वैज्ञानिक विवरण प्रस्तुत करता है। इस तथ्य को पिछले पृष्ठ पर दिए हुए आरेख द्वारा समझा जा सकता है।

शैक्षणिक व्याकरण, 'भाषा क्या है' के प्रश्न का उत्तर नहीं देता। वह भाषा सीखने और सिखाने की प्रक्रिया एवं पद्धति संबंधी व्यावहारिक व्याकरण है अतः भाषावैज्ञानिकेतर कई तत्त्व भी निर्णायक रूप से उसमें निहित होते हैं। दूसरे शब्दों में यह कहा जा सकता है कि किसी भाषा का शैक्षणिक व्याकरण, उस भाषा विशेष के वैज्ञानिक व्याकरण का शैक्षणिक उद्देश्य से रूपांतरित और पुनर्लिखित रूप होता है। यह शैक्षणिक उद्देश्य ही है जो शैक्षणिक व्याकरण को अनुप्रयोगात्मक बनाता है। भाषावैज्ञानिक सिद्धांतों का अनुप्रयोग होने के कारण शैक्षणिक व्याकरण संक्रियात्मक (Operational) होता है। यहाँ यह प्रश्न उठाया जा सकता है कि शैक्षणिक व्याकरण का वास्तविक प्रयोक्ता है कौन--शिक्षक या शिक्षार्थी ? और अगर शिक्षक और शिक्षार्थी दोनों ही उसके प्रयोक्ता हैं, तब यह प्रश्न उठता है कि दोनों की अनुप्रयोग विधि में अंतर क्या है ? उनके बीच के संबंधों की प्रकृति क्या है ?

भाषा शिक्षण को हम व्यापार रूप में भी देख सकते हैं और प्रक्रिया रूप में भी। व्यापार रूप में मुख्यतः उसकी तीन इकाइयाँ हैं– शिक्षार्थी, शिक्षक और इन दोनों को जोड़नेवाली भाषा की शिक्षण सामग्री। प्रक्रिया रूप में यह केवल दो इकाइयों तक सीमित रह सकता है --ग्रहीता और भाषायी तथ्य। ग्रहीता अपनी अधिगम क्षमता के सहारे स्वयं भाषा को सीखने में सक्षम है। मातृभाषा की क्षमता एवं उसकी व्यावहारिक दक्षता की सिद्धि, ग्रहीता भाषायी समाज के भीतर रहकर स्वयं पा लेता है। उसे न तो औपचारिक स्तर पर किसी शिक्षक की आवश्यकता होती है और न ही शिक्षण सामग्री की। उसके लिए समाज ही शिक्षक होता है और भाषा के संदर्भ युक्त वाक्य-समुच्चय ही शिक्षण सामग्री। अतः भाषा शिक्षण को दो दृष्टियों से देखता सम्भव है– भाषा अधिगम प्रक्रिया और भाषा शिक्षण व्यापार। भाषा अधिगम प्रक्रिया से संबद्ध व्याकरण को 'सामान्य शैक्षणिक व्याकरण' कहा जा सकता है और भाषा शिक्षण से संबद्ध व्याकरण को 'अनुप्रयुक्त शैक्षणिक व्याकरण'।

जैसा पहले संकेत दिया गया है, व्याकरण के तीन आयाम मिलते हैं– सार्वभौम व्याकरण, भाषा विशेष का व्याकरण और शैक्षणिक व्याकरण। इन तीनों के मूल में क्रमशः तीन उद्देश्यजनक आधार मिलते हैं–भाषावैज्ञानिक सिद्धांत, भाषा विवरण और भाषा अधिगम प्रक्रिया। इनके बीच के संबंधों को निम्नलिखित आरेख द्वारा समझा जा सकता है–

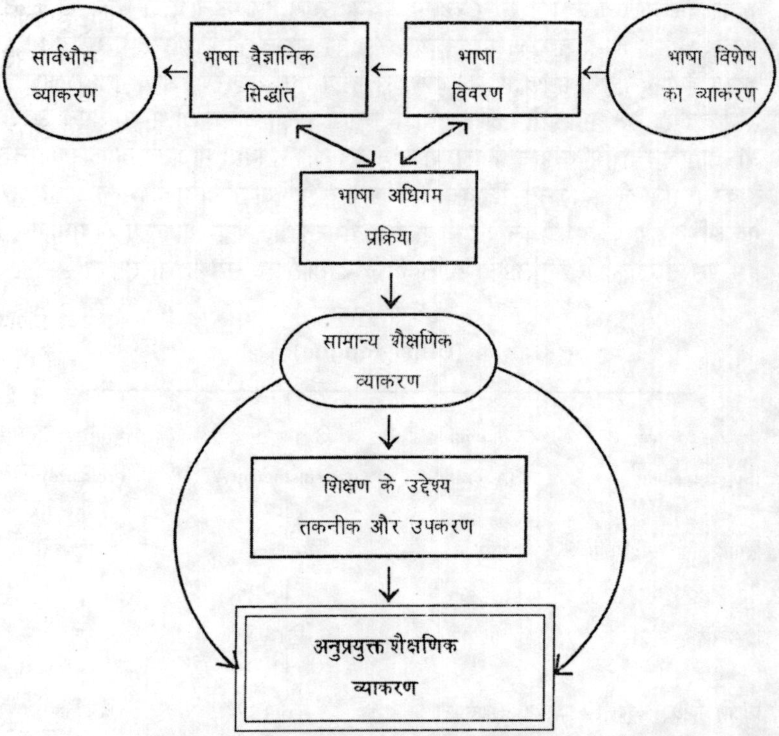

यह कहा जा सकता है कि सामान्य शैक्षणिक व्याकरण, भाषाविशेष की संभाव्य संरचना का भाषा अधिगम प्रक्रिया के आधार पर पुनर्लेखन है और अनुप्रयुक्त शैक्षणिक व्याकरण, भाषा शिक्षण के उद्देश्य से नियंत्रित चयन (selection), अनुस्तरण (gradation) और प्रस्तुतीकरण (presentation) के सिद्धांत के आधार पर सामान्य शैक्षणिक व्याकरण का अनुप्रयोग है।

अनुप्रयुक्त शैक्षणिक व्याकरण का व्यावहारिक रूप मुख्यत: तीन तथ्यों पर आधारित होता है– (1) उद्देश्य एवं प्रयोजन, (2) नियोजन, और (3) विधि और तकनीक। इनका विवेचन अग्रलिखित है --

(1) उद्देश्य एवं प्रयोजन

भाषा शिक्षण के उद्देश्य और भाषा अध्येताओं का प्रयोजन संबंधी आवश्यकताओं का संबंध शैक्षणिक व्याकरण की न केवल प्रकृति को निर्धारित करता है वरन् भाषा शिक्षण पद्धति को भी बहुत दूर तक नियंत्रित करता है। उदाहरण के लिए, अध्येता भाषा को मातृभाषा के रूप में सीख रहा है अथवा अन्यभाषा के रूप में या वह अन्यभाषा को

केवल बोलचाल के रूप में सीख रहा है अथवा उसमें वह पढ़ने लिखने की भी दक्षता रखना चाहता है–ये तथ्य शैक्षणिक व्याकरण की प्रकृति को निर्धारित करते हैं। यही कारण है कि मातृभाषा शिक्षण की दृष्टि से लिखे गए व्याकरण, अन्यभाषा शिक्षण के लिए व्यावहारिक नहीं होते। अन्यभाषा के रूप में सीखी जानेवाली भाषा, अपने उद्देश्य और प्रयोजन में भिन्न होने के कारण न केवल शिक्षण विधि में अंतर के कारण बनते हैं वरन् भाषा को प्रयोजन सिद्धि बनाने के कारण, भाषिक संरचना के भिन्न अभिलक्षण एवं अभिलक्षण गुच्छ पर बल देने के कारण विभिन्न शैक्षणिक व्याकरण की मांग करते हैं। इस तथ्य को निम्नलिखित तालिका के आधार पर समझा जा सकता है–

अन्य भाषा
(Other tongue)

प्रयोजन :	संपूरक (Supplementary)	सहायक (Auxiliary)	परिपूरक (Complementary)	समतुल्य (Equative)
द्विभाषिकता :	वैयक्तिक	सांस्कृतिक	सामाजिक	संपूर्ण
द्विभाषिक :	अस्थिर	निष्क्रिय	स्थिर	पूर्ण
शिक्षण विधि :	विदेशी भाषा शिक्षण	क्लासिकल भाषा शिक्षण	द्वितीय भाषा शिक्षण	द्विभाषिक भाषा शिक्षण
व्याकरण :	(हिंदी) भाषा$_1$	(हिंदी) भाषा$_2$	(हिंदी) भाषा$_3$	(हिंदी) भाषा$_3$

(2) नियोजन

सैद्धांतिक स्तर पर भाषा की प्रकृति समरूपी (homogeneous) होती है पर अपने व्यक्त व्यावहारिक रूप में वह प्रयुक्ति (register), माध्यम और शैली आदि संदर्भगत प्रयोगों के कारण विषमरूपी (heterogeneous) हो जाती है। संदर्भगत परिस्थितियों की विभिन्नता भाषाभेद का कारण बनती है और यही कारण है कि भाषाभेद को हम कभी प्रयुक्ति भेद (अर्थात् कार्यालयी भाषा, तकनीकी भाषा, साहित्यिक भाषा आदि) कभी माध्यम भेद (अर्थात् मौखिक या लिखित भाषा) और कभी शैलीभेद (अर्थात् औपचारिक भाषा, बोलचाल की भाषा आदि) के रूप में देखते हैं। भाषा शिक्षण के संदर्भ में यह तथ्य महत्त्वपूर्ण है कि न तो अध्यापक, लक्ष्य भाषा के सभी भाषिक भेद या उसके

व्याकरण के सभी भाषिक नियमों को एकसाथ प्रस्तुत कर सकता है और न ही शिक्षार्थी उन सभी नियमों को एकसाथ ग्रहण ही कर सकता है। शिक्षण की व्यावहारिकता को ध्यान में रखकर नियमों एव पाठों का चयन और अनुस्तरण करना पड़ता है।

चयन का सिद्धांत, तुलनात्मक विश्लेषण पर आधारित होता है जो निम्नलिखित तीन स्तरों पर चलता है–

(क) एक ही भाषा की उपव्यवस्थाओं के बीच की तुलना,

(ख) स्रोत भाषा और लक्ष्य भाषा की व्यवस्था का व्यतिरेकी अध्ययन,

(ग) भाषा त्रुटि (error) विश्लेषण के संदर्भ में अध्ययन के किसी एक चरण पर भाषा सीखनेवाले व्यक्ति की भाषा और लक्ष्यभाषा के साथ तुलना।

अनुस्तरण का सिद्धांत वस्तुत: जिस दृष्टि पर आधारित है उसके मूल में रहता है, शिक्षण को ज्ञात से अज्ञात की ओर ले जाना तथा सहज से कठिन की ओर बढ़ना। पर यहाँ यह ध्यान देने की आवश्यकता है कि जिसे भाषावैज्ञानिक सिद्धांत 'सरल' नियम या स्थिति कहता है वह भाषा अधिगम शिक्षण के संदर्भ में 'सहज' ही हो–यह अनिवार्य नहीं होता है।

(3) विधि और तकनीक

शिक्षक किस विधि या तकनीक का उपयोग अपने अध्यापन के समय करता है, यह अनुप्रयुक्त शैक्षणिक व्याकरण की सामग्री के प्रस्तुतीकरण से संबंध रखता है। उदाहरण के लिए, व्याकरण के किसी नियम या पाठ्य बिंदु के रूप में उसके प्रयोग की प्रकृति बहुत कुछ इस बात पर निर्भर करती है कि शिक्षक, भाषा शिक्षण की प्रत्यक्ष विधि को अपना रहा है या व्याकरण अनुवाद विधि को।

भाषा शिक्षण का सामान्य शैक्षणिक व्याकरण, चयन, अनुस्तरण और प्रस्तुतीकरण के सिद्धांत एवं प्रक्रिया से होकर अनुप्रयुक्त शैक्षणिक व्याकरण का जो रूप ग्रहण करता है उसे निम्नलिखित आरेख द्वारा समझाया जा सकता है–

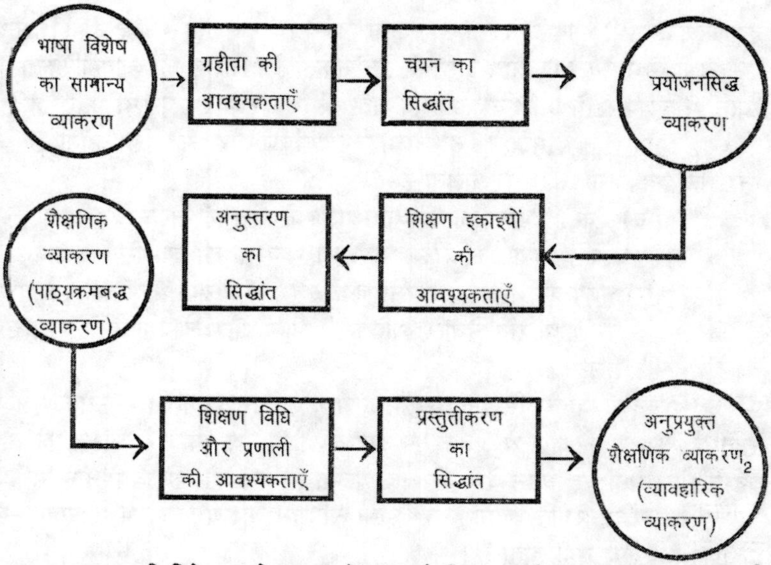

इस पूरी विवेचना से स्पष्ट हो जाता है कि भाषा शिक्षण एक बहुमुखी कार्य है और अनुप्रयुक्त शैक्षणिक व्याकरण, शैक्षणिक धरातल पर इसकी सिद्धि के निमित्त किए गए सार्थक प्रयत्नों का परिणाम।

12

समाजभाषाविज्ञान

समाजभाषाविज्ञान, भाषावैज्ञानिक अध्ययन का वह क्षेत्र है जो भाषा और समाज के बीच पाए जाने वाले हर प्रकार के सम्बन्धों का अध्ययन-विश्लेषण करता है। वह भाषा की संरचना और प्रयोग के उन सभी पक्षों एवं संदर्भों का अध्ययन करता है जिनका सम्बन्ध सामाजिक एवं सांस्कृतिक प्रकार्य के साथ होता है। अतः इसके अध्ययन क्षेत्र के भीतर विभिन्न सामाजिक वर्गों की भाषिक अस्मिता (identity), भाषा के प्रति सामाजिक दृष्टिकोण एवं अभिवृत्ति (attitude) भाषा की सामाजिक शैलियाँ, बहुभाषिकता का सामाजिक आधार, भाषा नियोजन आदि भाषा अध्ययन के वे सभी संदर्भ आ जाते हैं जिनका सबंध सामाजिक संस्थान (institution) से रहता है।

आज जिस समाजभाषाविज्ञान की चर्चा की जाती है वह समाजशास्त्र और भाषाविज्ञान के मात्र अवमिश्रण का न तो परिणाम है और न ही वह सामाजिक-व्यवस्था और भाषिक-व्यवस्था की कोई सहसंकल्पना है। वह यह मानकर चलता है कि भाषा, समाज सापेक्ष प्रतीक व्यवस्था है और इस प्रतीक व्यवस्था के मूल में ही सामाजिक तत्त्व निहित रहते हैं। हम किसी एक व्यक्ति के लिए कहते हैं–"आप इधर आइए" तो दूसरे व्यक्ति से बोलते हैं "तू इधर आ"। प्रतिष्ठा प्राप्त डाक्टर या प्रोफेसर से कहते हैं–"कृपया आप बताइए कि–" जबकि किसी धोबी या मोची से बात करते हुए बोलते हैं–"तू यह बता कि..."। इसी प्रकार अपने माता-पिता या दादा-नाना से बहुवचन का प्रयोग करते हुए बोलते है। –"आप यहाँ बैठें", जबकि छोटे बेटे-बेटी या नाती-पोतों से बातचीत करते समय एकवचन का प्रयोग करते हुए कहते हैं। "तू यहाँ बैठ", या फिर "तुम यहाँ बैठो"। "तू, तुम या आप" में किसी एक का प्रयोग अथवा एकवचन या बहुवचन में एक स्थान पर दूसरे के चयन के पीछे का निर्धारक तत्व भाषा प्रयोग का सामाजिक बोध ही होता है। समाजभाषाविज्ञान की यह मान्यता है कि भाषा को इस सामाजिक बोध अथवा उसके सामाजिक प्रयोजन से अलग कर देखना असंगत है। अतः वह भाषा को शुद्ध भाषिक प्रतीकों की व्यवस्था नहीं मानता

(जैसा कि सैद्धांतिक भाषावैज्ञानिकों का एक वर्ग स्वीकार करता है), अपितु वह भाषा को सामाजिक प्रतीकों की एक उपव्यवस्था के रूप में परिभाषित करता है।

शुद्ध भाषावैज्ञानिकों और समाजभाषावैज्ञानिकों के बीच का अन्तर भाषा को भिन्न ढंग से देखने की दृष्टि का परिणाम कहा जा सकता है। अतः इस दृष्टिभेद पर संक्षेप में चर्चा कर लेनी चाहिए। इन दोनों के बीच पाए जाने वाले मुख्य अन्तर निम्नलिखित हैं–

(1) शुद्ध भाषाविज्ञान, भाषा का अध्ययन "भाषा, भाषा के लिए" के आधार पर करता है। उसका लक्ष्य भाषा की अपनी आंतरिक व्यवस्था पर प्रकाश डालना होता है, वह अपने अध्ययन को केवल इस प्रश्न से जोड़ता है कि "भाषा स्वयं में क्या है ?" **समाजभाषाविज्ञान, भाषा को संप्रेषण व्यवस्था का एक अन्यतम साधन मानता है। अतः वह भाषा का अध्ययन केवल "भाषा के लिए" के सिद्धांत के आधार पर नहीं करता। वह तो "संप्रेषण के लिए भाषा" का अध्ययन करता है।** इस दृष्टिभेद का फल यह है कि शुद्ध भाषाविज्ञान के लिए भाषा ही उसकी संपूर्ण इकाई है और भाषा ही उसके अध्ययन का संदर्भ। इसके विपरीत समाजभाषाविज्ञान के लिए भाषा एक इकाई तो है पर उससे अध्ययन का संदर्भ संप्रेषण होने के कारण वह इकाई अपने में सम्पूर्ण नहीं, अपितु "भाषाई समाज" (speech community) के अपने "भाषाई कोश" (verbal repertoire) का वह मात्र एक अंग है। उदाहरण के लिए "हिन्दी" भाषा को समझने के लिए पहले वह "हिन्दी भाषाई समाज" की संकल्पना करता है, फिर इस समाज के व्यक्ति जिन-जिन भाषाओं, बोलियों और शैलियों का प्रयोग करते हैं उनके समुच्चय (भाषाई कोष) का निर्धारण करता है (यथा, हिन्दी-उर्दू, खड़ी बोली और अन्य क्षेत्रीय बोलियाँ--भोजपुरी, अवधी, ब्रज आदि संस्कृतनिष्ठ उच्च हिन्दी और बोलचाल की हिन्दुस्तानी आदि), फिर खड़ी बोली के आधार पर निर्मित मानक हिंदी की प्रकृति और प्रकार्य का अध्ययन करता है।

(2) शुद्ध भाषाविज्ञान में भाषा विश्लेषण की महत्तम इकाई "वाक्य" होता है, अतः वह भाषा को "एकालाप" (monologue) की तरह देखता है। **समाजभाषाविज्ञान में विश्लेषण की महत्तम इकाई "शाब्दिक घटना" (speech event) या प्रोक्ति (discourse) होती है क्योंकि वह भाषा के मूल में "वार्तालाप" की सत्ता (dialogue) को स्वीकार करता है।** वह यह मानता है कि मनुष्य, केवल 'बोलनेवाला' पशु न होकर "बातचीत करने वाला" प्राणी है, यह कहा जा सकता है कि जिस प्रकार वाक्य, व्याकरण की सार्थक इकाई है उसी प्रकार "शाब्दिक घटना", संप्रेषण व्यवस्था की एक सार्थक इकाई है।

(3) शुद्ध भाषाविज्ञान केवल "कथ्य" और "अभिव्यक्ति" के सम्बन्धों का अध्ययन करता है अतः उसकी सीमा व्याकरण है। वह व्याकरण के आधार पर यह पता लगाता है कि भाषा की प्रकृति क्या है। **समाजभाषाविज्ञान, अपने**

अध्ययन के लिए केवल भाषाओं के व्याकरण को ही अपना लक्ष्य नहीं बनाता। उसका उद्देश्य भाषा के 'संपूर्ण पक्षों' का अध्ययन होता है। अतः "वह भाषा क्या है ?" के प्रश्न के साथ-साथ "भाषा किन-किन प्रयोजनों के लिए है।" प्रश्न का भी उत्तर ढूँढ़ता है।

(4) शुद्ध भाषाविज्ञान की प्रकृति भाषिक नियमों की खोज पर आधारित है, वह मनुष्य के भाषिक व्यवहार को नियम नियंत्रित मानता है। इसके लिए भाषा सम्बन्धी नियम बनाता है : वाक्य--संज्ञा पदबंध+क्रिया पदबंध। **समाजभाषाविज्ञान भूमिकाजन्य भाषाप्रयोगों के नियमों की खोज करता है।** अगर नौकर अपने मालिक को "आप" कहकर सम्बोधित करता है तब मालिक, नौकर को किस रूप में सम्बोधित कर सकता है। कब, कौन, किसे "आज्ञात्मक वाक्य" कह सकता है और कब "अनुरोधपरक वाक्य", वक्ता और श्रोता के आपसी सामाजिक सम्बन्ध किस प्रकार भाषा प्रयोग में भिन्नता ला सकते हैं, आदि प्रश्नों पर विचार करते हुए वह भूमिकाजन्य भाषा प्रयोगों के लिए नियम बनाता है।

(5) शुद्ध भाषा विज्ञान, रूप (form) और प्रकार्य (function) के सम्बन्ध के बीच "रूप" को प्रमुख मानता है, अतः "भाषिक रूपों" का अध्ययन उसका लक्ष्य होता है। उसके अध्ययन की सीमा इसीलिए "भाषिक क्षमता" (linguistic competence) होती है। इसके विपरीत **समाजभाषाविज्ञान "रूप-प्रकार्य" युग्म में "प्रकार्य" को प्रमुख मानता है, अतः "भाषिक क्षमता" के स्थान पर वह "सम्प्रेषण क्षमता" (communicative competence) को अपना अध्ययन क्षेत्र स्वीकार करता है।**

शुद्ध भाषाविज्ञान और समाजभाषाविज्ञान के इस आधारभूत अन्तर को निम्नलिखित तालिका द्वारा समझा जा सकता है --

	शुद्ध भाषाविज्ञान	समाजभाषाविज्ञान
1.	भाषिक प्रतीक के रूप में भाषा-अध्ययन	सामाजिक प्रतीक के रूप मे भाषा-अध्ययन
2.	भाषिक अध्ययन का सन्दर्भ : स्वयं भाषा	भाषिक अध्ययन का सन्दर्भ : संप्रेषण
3.	भाषा की महत्तम इकाई : वाक्य	भाषा की महत्तम इकाई : शाब्दिक घटना
4.	भाषिक अध्ययन का लक्ष्य : व्याकरण	भाषिक अध्ययन का लक्ष्य : सम्पूर्ण भाषा

5. भाषा का अभिविन्यास : एकालाप	भाषा का अभिविन्यास : वार्तालाप
6. भाषा व्यवहार की प्रकृति : नियम आधारित	भाषा व्यवहार की प्रकृति : भूमिका आधारित
7. रूप-प्रकार्य युग्म में "रूप" प्राधान्य	रूप-प्रकार्य युग्म में "प्रकार्य" प्राधान्य

समाजभाषाविज्ञान और भाषिक विश्लेषण

शुद्ध भाषाविज्ञान "रूप" (form) को प्रधानता देता रहता है, इसलिए वह भाषा को समरूपी (homogeneous) सिद्ध करने की कोशिश भी करता रहता है। उदाहरण के लिए आधुनिक भाषाविज्ञान के जनक सस्यूर ने भाषा अध्ययन के दो आयामों की चर्चा की–भाषाव्यवस्था (लॉग) और भाषा व्यवहार (परोल)। भाषा व्यवस्था को अमूर्त एवं रूपपरक मानते हुए उसे उन्होंने प्रकृति में "समरूपी" बताया जबकि भाषा व्यवहार को नवप्रवर्तनकारी (innovative) मानते हुये उसे "विषमरूपी"। पर "लॉग" एवं "परोल" के इस युग्म की सार्थकता स्वीकार करने के बाद भी भाषाविज्ञान के अध्ययन क्षेत्र के लिए उन्होंने लक्ष्य रूप में समरूपी भाषाव्यवस्था (लॉग) को ही स्वीकार किया। इसी प्रकार भाषाविज्ञान के क्षेत्र में नई क्रान्ति के साथ अपने सिद्धांतों को स्थापित करने वाले चॉम्स्की ने भी "लॉग" और "परोल" के समानान्तर पारिभाषिक युग्म की संकल्पना की, जिसे आज "भाषिक क्षमता" (competence) और "भाषिक व्यवहार" (performance) के नाम से जाना जाता है। भाषिक क्षमता व्यक्ति के चेतन एवं अवचेतन मन में स्थित वह भाषा ज्ञान है जिसके सहारे वह भाषा को बोलता और समझता है जबकि भाषिक व्यवहार, भाषिक ज्ञान का किसी निश्चित स्थान और समय पर निश्चित प्रयोग होता है। एक ओर ये प्रयोग सामाजिक संदर्भों की मांग करते हैं जो समरूपी नहीं होते और दूसरी ओर वे व्यक्ति की अपनी व्यावहारिक सीमा से बंधे होते हैं, अतः ये प्रयोग भाषाज्ञान के आदर्श को साधने में असमर्थ होते हैं। इसलिए भाषिक व्यवहार (performance) के रूप में भाषा का जो रूप सामने आता है वह अपनी प्रकृति में न केवल "विषमरूपी" होता है बल्कि चॉम्स्की के अनुसार भाषा के शुद्ध रूप का दूषित एवं विकृत प्रतिफलन होता है। सस्यूर की तरह चॉम्स्की ने भी भाषा के समरूपी पक्ष अर्थात् "भाषिक-क्षमता" को ही अपने अध्ययन का लक्ष्य बनाया।

समाजभाषाविज्ञान, सस्यूर के "भाषा व्यवहार" (परोल) और चॉम्स्की के "भाषिक व्यवहार" (पर्फ़र्मेंस) के क्षेत्र में प्राप्त तथ्य सामग्री से ही अपना विश्लेषण प्रारम्भ करने का समर्थन करता है। भाषायी प्रयोग के सामाजिक संदर्भों पर ध्यान

देने के कारण भाषा वैविध्य के भीतर वह एक निश्चित व्यवस्था देखता है। इस क्षेत्र में काम करने वालों के लिए भाषा विकल्पन (variation) न केवल भाषा विकास का प्रभावी उपकरण होता है अपितु वह सामाजिक अर्थ का प्रकाशक भी होता है। वह न तो भाषिक क्षमता को दूषित या स्खलित करता है और न ही भाषा व्यवस्था को खण्डित। इस विचारधारा के अनुसार भाषायी विकल्पन सम्बन्धी तथ्य, भाषा व्यवस्था को संपूर्णता में देखने के लिए ठोस आधार प्रदान करता है और साथ ही भाषा के ऐतिहासिक विकास की प्रक्रिया को स्पष्ट करता है। अतः समाजभाषाविज्ञान जिस विश्लेषण पद्धति को अपनाता है उसका आधार **"भाषिक विकल्पन"** है।

विकल्पन का आधार परिवर्तन और विभेद होता है जिसे समाजभाषाविज्ञान **चर** (variable) की संकल्पना द्वारा समझना चाहता है। उदाहरण के लिए हम देखते हैं कि हिन्दी बोलने वालों में कुछ लोग "कण" "रण" आदि शब्दों में प्रयुक्त "ण" ध्वनि को प्रायः "ण" की तरह बोलते हैं, कुछ लोग "ण" के प्रयोग को मानक तो मानते हैं पर बोलने के समय प्रायः उसे "न" के रूप में बोलते हैं और कुछ लोग ऐसे हैं जो कभी उसे "न" की तरह बोलते हैं और कभी "ण" की तरह। भाषा-व्यवहार के इस तथ्य को समझने के लिये "चर" और उसके "परिवर्ती" प्रयोग की इच्छा को मान्यता मिली। इस उदाहरण में "ण" चर है जिसे गोल कोष्ठक में देखा जाता है, यथा (ण) और उसके परिवर्ती प्रयोगों को वर्गाकार कोष्ठक में रखा जाता है, यथा [ण] और [न]। वैकल्पिक प्रयोग को दिखलाने के लिए ~ चिह्न का प्रयोग किया जाता है। अतः [ण] ~ [न] लिखने का अर्थ है व्यक्ति, जो इन दोनों ध्वनियों का प्रयोग विकल्पवत् करता है। अतः हिन्दी में (ण) चर की तीन स्थितियाँ मिलती हैं –

स्थिति 1	(ण)	:	[ण]
स्थिति 2	(ण)	:	[न]
स्थिति 3	(ण)	:	[ण] ~ [न]

इसी प्रकार अंग्रेजी की एक दन्त्य संघर्षी ध्वनि है– "θ" जिसे हम thing, thin आदि शब्दों में प्रयुक्त पाते हैं। प्रसिद्ध समाजशास्त्री लेबोव ने इस चर के तीन **परिवर्ती** प्रयोगों की ओर संकेत किया है। उनके अनुसार अपने मूल रूप में वह संघर्षी ध्वनि के रूप में बोला जाता है, यथा [थ]। पर कुछ लोग इसे स्पर्श-संघर्षी ध्वनि [त्थ] के रूप में बोलते हैं और कुछ इसे शुद्ध महाप्राण स्पर्श [थ] के रूप में उच्चारण करते हैं। अतः [थ] चर की अंग्रेजी में चार स्थितियां मिलती हैं–

स्थिति 1	(थ़)	:	[थ़]
स्थिति 2	(थ)	:	[त्थ]
स्थिति 3	(थ)	:	[थ]
स्थिति 4	(थ)	:	[थ़] ~ [त्थ] ~ [थ]

समाजभाषाविज्ञान यह बताता है कि भाषा में पाये जाने वाले विकल्पवत प्रयोग, मात्र वैकल्पिक या यादृच्छिक नहीं होते। उनमें एक व्यवस्था (system) होती है जिसे सामाजिक लक्षणों के आधार पर पकड़ा जा सकता है। उदाहरण के लिए न्यूयार्क शहर में रहने वाले अमरीकी लोगों के भाषाव्यवहार का अध्ययन कर लेबोव ने (थ) चर के सम्बन्ध में कई नये तथ्यों की ओर संकेत दिया। उन्होंने विश्लेषण के लिए तीन आयामों पर अपना शोध आरंभ किया –

आयाम 1 : **''चर'' का आयाम** : इसमें इन्होंने ''थ'' ध्वनि को चर माना (थ) और उसके तीन परिवर्ती प्रयोगों की ओर संकेत दिया, अतः उनके अनुसार चर का आयाम बताता है।

(थ) : [थ] ~ [त्थ] ~ [थ]

आयाम 2 : सामाजिक लक्षण का आयाम : इस आयाम पर उन्होंने अंग्रेजी मातृभाषियों को चार सामाजिक वर्गों में विभाजित किया: निम्न वर्ग, श्रमिक वर्ग, निम्नमध्य वर्ग और उच्चमध्य वर्ग।

आयाम 3 : पाठ प्रयोग का आयाम : इस आयाम पर उन्होंने भाषा–व्यवहार को चार ढंग से देखना चाहा, जिसे उन्होंने भाषा–व्यवहार की चार शैलियों की संज्ञा दी–सहज (casual) बोलचाल की शैली, सजग (careful) बोलचाल की शैली, पठन (reading) शैली अर्थात् किसी पाठ में प्रयुक्त शब्दों में प्रयुक्त चर का उच्चारण रूप, और शब्द पाठ (word list) शैली अर्थात् लिखित रूप में दिये गये अलग से शब्दों के सजग उच्चारण की शैली।

इन तीन आयामों पर उन्होंने (थ) चर की तथ्य-सामग्री का सांख्यकीय विश्लेषण प्रस्तुत किया। अपने विश्लेषण के आधार पर उन्होंने निम्नलिखित तथ्यों की ओर संकेत दिया –

(1) सभी सामाजिक वर्गों के व्यक्तियों में चर के रूप में स्थापित संघर्षी दन्त्य ध्वनि (थ) के तीन परिवर्ती प्रयोग कम या अधिक मात्रा में मिलते हैं। अतः **भाषा विकल्प भाषा व्यवहार की एक यथार्थता है।**

(2) **सामाजिक लक्षण का आयाम, भाषा व्यवहार के संदर्भ में चर के आयाम को प्रभावित करता है।** उदाहरण के लिये उन्होंने चारों सामाजिक वर्गों–निम्न वर्ग, श्रमिक वर्ग, निम्नमध्य वर्ग और उच्चमध्य वर्ग के व्यक्तियों के सहज बोलचाल की शैली में बोले गये (थ) के उच्चारण रूपों का विश्लेषण किया और बताया कि जहाँ निम्न वर्ग के व्यक्ति इस शैली में स्पर्श ध्वनि (थ) का प्रयोग अधिक संख्या में करते हैं, वहाँ उच्चमध्य वर्ग के व्यक्ति संघर्षी ध्वनि (थ) का। उन्होंने

"चर" और "सामाजिक वर्गों" के सम्बन्धों को श्रेणी बद्ध (scalar) बताया, जिसे निम्नलिखित आरेख द्वारा समझा जा सकता है–

[थ] ⟷ [त्थ] ⟷ [थ]

⟷

उच्चमध्य वर्ग — निम्नमध्य वर्ग —— श्रमिक वर्ग — निम्न वर्ग

(3) **पाठ प्रयोग का आयाम भाषा व्यवहार के संदर्भ में "चर" के आयाम को प्रभावित करता है।** उदाहरण के लिए उन्होंने विभिन्न वर्गों द्वारा विभिन्न पाठशैलियों,— सहज शैली, सजग शैली, पठन शैली और शब्द युग्म शैली— में उच्चारण रूपों का अध्ययन कर यह दिखलाया कि सभी वर्गों में विकल्पन तो मिलता है पर यह विकल्प "शब्दयुग्म शैली" में सबसे कम होता है और "सहज शैली" में सबसे अधिक। अर्थात् निम्न वर्ग के व्यक्ति भी जब सजग होकर अलग से शब्द रूप में इस चर का उच्चारण करते हैं तब ये संघर्षी का अर्थात् [थ] के उच्चारण की ओर ही प्रवृत्त होते हैं। ये ही व्यक्ति जब भाषा का सहज शैली में उच्चारण करते हैं तब बातचीत के दौरान ये उसकी स्पर्श ध्वनि [थ] के उच्चारण की ओर प्रवृत्त हो जाते हैं। अत: औपचारिक लिखित शैली में विकल्पन सबसे कम देखा जाता है जबकि अनौपचारिक बोलचाल की शैली में सबसे अधिक।

इन तथ्यों के आधार पर समाजभाषाविज्ञान कुछ सैद्धान्तिक प्रश्नों को भी उभारता है, जिसकी ओर ध्यान देना आवश्यक है :

(1) चर (variable) की संकल्पना, भाषा में दिखने वाले विकल्पन (variation) की ओर संकेत देकर भाषा की बहुरूपी और विषमरूपी प्रकृति की ओर इंगित करता है। पर यह अपने में पर्याप्त नहीं है। भाषा विकल्पन के साथ भाषा की व्यवस्थापन प्रक्रिया को भी समझना आवश्यक है कि अंग्रेजी भाषा-समाज का कौन-सा वर्ग किस परिवर्ती रूप में उच्चारण की ओर प्रवृत्त होता है अत: समाजभाषाविज्ञान, भाषा-व्यवहार में पाये जाने वाले हर सार्थक चर को "समाजभाषावैज्ञानिक चर" (sociolinguistic variable) के रूप में परिभाषित करता है।

शुद्ध भाषावैज्ञानिक और समाज भाषावैज्ञानिक विकल्पन के भेद को भी यहाँ संक्षेप में समझ लेना चाहिए। शुद्ध भाषावैज्ञानिक दृष्टि से भी किसी सार्थक भाषिक इकाई के परिवर्ती प्रयोग देखे जा सकते हैं पर उन प्रयोगों के वितरण को नियंत्रित करने वाले तत्त्व भाषिक होते हैं। उदाहरण के लिए हिन्दी में हम [ड] स्वनिम के कम से कम दो परिवर्ती रूप पाते हैं जिन्हे हम दो सहस्वनों के रूप में देख सकते हैं– [ड़] और [ड़]। ये सहस्वन स्वनिम [ड़] के सोपाधिक (conditioned) परिवर्ती रूप हैं और इनके वितरण को नियंत्रित करने वाले तत्त्व शुद्ध भाषिक हैं। हम कह सकते हैं कि [ड़[का उच्चारण हम या तो दो स्वनों के बीच में पाते हैं या शब्दांत की स्थिति में, जबकि [ड़] का प्रयोग इन स्थितियों के अलावा अन्य वितरण रूपों में। उदाहरण

के लिये हम जब गाड़ी, घोड़ा (दो स्वरों के बीच) और पेड़, जड़ में (शब्दांत में) ड़ का प्रयोग पाते हैं वहाँ आरंभिक वितरण यथा डर, डाल और व्यंजनगुच्छों यथा अड्डा, अंडा में [ड] ध्वनि का। इसी प्रकार अंग्रेजी में [क] स्वनिम के तीन सोपाधिक रूप मिलते हैं– [क], [क़], [ख]। पर इनके वितरण का परिवेश शुद्ध भाषिक है। जब हम समाजभाषावैज्ञानिक चर की बात करते हैं तब वहाँ भी हम उसके सोपाधिक रूप पाते हैं। पर जैसा कि पहले संकेत दिया गया है, उसको नियंत्रित करने वाले तत्त्व अपनी प्रकृति में भाषिक न होकर सामाजिक होते हैं। अतः उनके वितरण का परिवेश बनता है–उच्च या निम्न वर्ग, शिक्षित या अशिक्षित वर्ग, औपचारिक या अनौपचारिक शैली भेद, आदि।

(2) समाजभाषाविज्ञान, भाषा की मूल प्रकृति में भाषा भेद को स्वीकार करता है। अतः वह एककालिक (synchronic) और कालक्रमिक (diachronic) के भेद को उस रूप में स्वीकार नहीं करता जिस रूप में सस्यूर ने दिखाने का प्रयास किया था। सस्यूर ने यह दिखाने का प्रयत्न किया था कि भाषिक परिवर्तन, भाषा व्यवस्था के बाहर की चीज होती है। अतः एककालिक संदर्भ में जब भाषा का अध्ययन किया जाये तब भाषा परिवर्तन की बात न उठाई जाए। स्पष्ट है कि सस्यूर के अनुसार एककालिक और कालक्रमिक भाषा अध्ययन के दो विरोधी संदर्भ हैं। समाजभाषाविज्ञान इस तथ्य को स्वीकार नहीं करता। उसके अनुसार भाषा परिवर्तन भाषा व्यवस्था के भीतर की चीज है जिसे हम भाषा विकल्पन के रूप में देखते हैं। इसी प्रकार वह एककालिक और कालक्रमिक संदर्भ को भाषा अध्ययन के दो विरोधी संदर्भ नहीं मानता बल्कि यह कहना चाहता है कि एककालिक अध्ययन भी कालक्रमिक संदर्भ के बिना अधूरा है, क्योंकि भाषा हर क्षण अपने ऐतिहासिक दबाव का अनुभव करती है। इस तथ्य को समाजभाषाविज्ञान अपनी ''गत्यात्मक एककालिकता'' (dynamic synchrony) की संकल्पना द्वारा व्यक्त करता है।

(3) समाजभाषाविज्ञान यह संकेत देता है कि समाजभाषावैज्ञानिक चर न केवल भाषा–व्यवहार की वास्तविकता है बल्कि वह भाषा प्रयोक्ता की अभिवृत्तिपरक (attitude) यथार्थता भी है। समाज एक ही भाषिक चर को विभिन्न ढंगों से देखता है और मान प्रतिष्ठा के लिए विभिन्न रूपों में मूल्यांकन करता है। उदाहरण के लिए अंग्रेजी भाषा में स्वर परिवर्ती ''र'' के प्रयोग पर ध्यान दें। सभी अंग्रेजी भाषी शब्दों के आदि में आने वाले ''र'' का उच्चारण करते हैं जैसे rat, rich आदि में प्रयुक्त ''र'' का उच्चारण। पर स्वर के बाद आने वाले ''र'' के उच्चारण में भेद है। उदाहरण के लिये अंग्रेजी शब्द cart, car में कुछ लोग ''र'' का प्रयोग करते हैं, और कुछ नहीं। इंग्लैंड में जो लोग इन शब्दों का ''र'' रहित प्रयोग करते हैं उनको शिक्षित और अभिजात्य माना जाता है जबकि ''र'' सहित उच्चारण करने वाले लोगों को अशिक्षित या निम्न वर्ग का घोषित कर दिया जाता है। ठीक इसके विपरीत हम अमरीका में

पाते हैं। वहाँ "र" सहित प्रयोग अधिक मानक माना जाता है। जो व्यक्ति "र" के साथ इन शब्दों का उच्चारण करते हैं उनको शिक्षित और उच्चवर्ग का व्यक्ति समझा जाता है। इसके विपरीत स्वर परवर्ती "र" का जो उच्चारण नहीं करते उन्हें अशिक्षित या निम्नवर्ग का व्यक्ति समझा जाता है। यह तथ्य इस ओर संकेत देता है कि विभिन्न भाषायी समाज एक ही भाषिक लक्षण या चर को विभिन्न दृष्टिकोण से देखते हैं। सामाजिक पद के लिए उसे विभिन्न प्रकार से सूचक चिह्न के रूप में प्रयोग में लाते हैं।

अमरीकी संदर्भ में "र" का यह मूल्यांकन अभी हाल की घटना है। समाजभाषाविज्ञान इस घटना को न केवल भाषिक प्रक्रिया के रूप में समझना चाहता है बल्कि अपनी "गत्यात्मक एककालिकता" के संदर्भ में आज के भाषा व्यवहार का विवरण भी देना चाहता है। वह यह देखना चाहता है कि मूल्याँकन की इस प्रक्रिया की गति क्या है। इसके लिए वह स्वर परवर्ती "र" के प्रयोग के बारे में व्यक्तियों की अभिवृत्ति के विश्लेषण का रास्ता अपनाता है। भाषा व्यवहार में इस ओर संकेत देता है कि हम किसी प्रयोग को मानक मान सकते हैं पर मानक मानते हुए भी हम उसका अमानक प्रयोग कर सकते हैं। उदाहरण के लिए हम हिंदी भाषा समुदाय के बीच यह पाते हैं कि शिक्षित वर्ग "ण" के "ण" प्रयोग को मानक मानते हैं पर उसमें से कई ऐसे हैं जो बोलने के समय उसका उच्चारण "न" के रूप में करते हैं। इसी तथ्य को ध्यान में रखते हुए न्यूयार्क शहर के उच्च मध्यवर्ग के अंग्रेजी भाषियों की स्वर परवर्ती "र" के संबंध में अभिवृत्ति और उच्चारण व्यवहार का विश्लेषण किया गया है। इसके लिए निम्नलिखित तीन आयाम लिये गये—

(1) **आयु का आयाम** – इस पर तीन श्रेणियाँ बनाई गयीं –(क) 8 से 19 वर्ष के व्यक्ति; (ख) 20 से 39 वर्ष के व्यक्ति एवं (ग) 40 तथा उससे ऊपर आयु के व्यक्ति।

(2) **अभिवृत्ति का आयाम** – जिस पर साँख्यकीय दृष्टि से देखा गया कि स्वर परवर्ती "र" को कितने लोग मानक (प्रतिष्ठासूचक) मानते हैं और कितने अमानक।

(3) **"र" उच्चारण का आयाम** – जिस पर यह देखा गया कि वस्तुतः कितने लोग किस अनुपात में "र" का उच्चारण करते हैं।

इन तीनों आयामों पर पाये गये आंकड़ों को निम्नलिखित रूप में तालिकाबद्ध किया गया–

आयु	मानक रूप में अभिवृत्ति (प्रतिशत)	"र" के रूप में उच्चारण (प्रतिशत)
8-19	100	48
20-39	100	34
40+	62	09

ऊपर की तालिका में निम्नलिखित तथ्य स्पष्ट हैं–

(1) कम आयु के लोग अर्थात् 8 से 39 वर्ष के व्यक्ति "र" प्रयोग को शत प्रतिशत मानक मानते हैं और उसे प्रतिष्ठा का सूचक समझते हैं जबकि 40 या उससे ऊपर वर्ष के व्यक्ति पूरी तरह से इस तथ्य को स्वीकार नहीं करते। यह इस बात की ओर संकेत देता है कि "र" का मानक प्रयोग अभी हाल की घटना है।

(2) यद्यपि कम आयु के लोग "र" प्रयोग को शत प्रतिशत मानक मानते हैं पर उनके उच्चारण व्यवहार में अभी भी "र" प्रयोग 50 प्रतिशत से कम ही मात्रा में दिखाई देता है। यह इस बात की ओर संकेत देता है कि व्यवहार में "र" का उच्चारण पूरी तरह से मानकीकृत नहीं हुआ।

(3) विभिन्न आयु के व्यक्तियों में उच्चारण में "र" प्रयोग के अनुपात को देखने से यह स्पष्ट हो जाता है कि युवा पीढ़ी क्रमशः "र" प्रयोग को बढ़ावा दे रही है।

ये सभी तथ्य आज की स्थिति पर प्रकाश डालते हैं। अतः वे भाषा अध्ययन के एककालिक संदर्भ के तथ्य हैं पर उसमें ऐतिहासिक प्रक्रिया की गति भी दिखलाई पड़ रही है। अतः उसे कालक्रमिक अध्ययन से अलग काट कर नहीं देखा जा सकता। एककालिक अध्ययन के इस संदर्भ को समाजभाषाविज्ञान "गत्यात्मक एककालिकता" की संकल्पना द्वारा दिखाने के पक्ष में है।

समाजभाषाविज्ञान के तीन अभिविन्यास (Orientation)

समाजभाषाविज्ञान के क्षेत्र में शोध कार्य करने वाले विद्वानों में उसके लक्ष्य को लेकर मतभेद हैं। आज उसके तीन निश्चित दृष्टिकोण दिखलाई देते हैं, जिन्हें निम्नलिखित तीन वर्गों में विभाजित करना सम्भव है--

(1) भाषा का समाजशास्त्र (Sociology of Language)

(2) समाजोन्मुख भाषाविज्ञान (Socially Constitued Linguistics)

(3) (समाज) भाषाविज्ञान (Socio Linguistics)

भाषा का समाजशास्त्र, भाषा के उन प्रश्नों को अध्ययन का लक्ष्य बनाता है जिनका संबंध समाज एवं उनके संस्थान (institution) से रहता है। भाषा केवल विचारों की अभिव्यक्ति का माध्यम ही नहीं। है वह स्वयं में वह कथ्य (content) है जो सामाजिक अस्मिता और द्वेष का कारण बनता है, सामाजिक पद के सूचक के रूप में काम करता है और अन्य सामाजिक वर्गों के प्रति विभिन्न दृष्टकोणों को व्यक्त करता है। भाषा का समाजशास्त्र इन सभी पक्षों का अध्ययन करता है। इसी प्रकार समाज में किस भाषा को राजभाषा बनाया जाये, किसे शिक्षा के माध्यम के रूप में स्वीकृत

किया जाये, आदि नीतिपरक प्रश्नों के साथ-साथ वह भाषा नियोजन के अन्य पक्षों पर विचार करता है, यथा--मानकीकरण, आधुनिकीकरण आदि। इस क्षेत्र में काम करने वालों में "फ़िशमैन" का नाम प्रमुख है।

समाजोन्मुख भाषाविज्ञान : अभिविन्यास के साथ काम करने वाला विद्वान वर्ग यह मानता है कि भाषाभेद का सामाजिक प्रकार्य होता है। यह भाषा को सामाजिक प्रतीक (social semiotic) मानते हुए उसका विश्लेषण करता है। इस मत के मानने वाले भाषा और समाज की संकल्पनाओं को एक-दूसरे के घात-प्रतिघात के रूप में देखते हैं, अत: इनके दृष्टिकोण को घात-प्रतिघातवादी (interactionalist) भी कहा जाता है, इस मत के मानने वालों में गम्पर्ज और फ़र्ग्यूसन का नाम विशेष उल्लेखनीय है।

(समाज) भाषाविज्ञान की धारणा को आगे बढ़ाने वालों में "लेबाव" का नाम सबसे प्रमुख है। यह वर्ग कहता है कि भाषा और समाज के अन्तर्संबंधों को भाषाविज्ञान के अपने संदर्भ से अलग नहीं किया जा सकता। भाषा स्वयं में एक सामाजिक वस्तु है, अत: उसकी मूल प्रकृति में ही सामाजिक तत्त्व अन्तर्भुक्त होते हैं। ये ही तत्व भाषा को विषमरूपी और विकल्पनयुक्त बनाते हैं। भाषा व्यवहार में प्राप्त इन विकल्पनों (variations) का अध्ययन भाषा की वास्तविक प्रकृति का उद्घाटन करता है। लेबाव का यह कथन है कि समाजभाषाविज्ञान ऐसी कोई अलग विधा नहीं मानी जा सकती क्योंकि समाजभाषाविज्ञान ही तो वास्तविक भाषाविज्ञान है।

13

नियोजन और भाषा नियोजन

नियोजन की संकल्पना के संबंध में काफी साहित्य लिखा गया है। इसकी परिभाषा एक ओर व्यापक संदर्भ में की गई है जिसमें इसे मानव-समस्या-समाधान या नीति-निर्माण का रूप कहा गया है तो दूसरी ओर संकुचित अर्थ में इसे वह गतिविधि कहा गया है जिसका प्रवर्तन और प्रोत्साहन किसी औपचारिक संस्था द्वारा होता है। इसकी और अधिक संकुचित परिभाषा यह भी मिलती है कि यह एक ऐसी गतिविधि है जिसमें लक्ष्य निर्धारण होता है, साधनों का चयन होता है और परिणामों का पूर्वानुमान व्यवस्थित तथा स्पष्ट ढंग से किया जाता है (रूबिन,1971 : 217-8)।

नियोजन की परिभाषा इस प्रकार भी की जा सकती है कि विशिष्ट लक्ष्यों की प्राप्ति के लिए सर्वोतम उपलब्ध विकल्पों के चयन हेतु यह एक सुव्यवस्थित, सचेत और सतत प्रयास है (वाटर्सन, 1966 : 20)। नियोजन में हमेशा एक पूर्वनिर्धारित ध्येय होता है, एक निश्चित लक्ष्य होता है। वास्तव में सुनियोजित गतिविधि एक प्रयोजनपरक गतिविधि है। बिना प्रयोजन का नियोजन कभी-कभी ही सफल हो पाता है। नियोजन तो साध्य की ओर ले जानेवाला एक साधन है। यह साध्य और साधन के बीच समन्वय करता है। वस्तुत: किसी समस्या के समाधान के लिए कई वैकल्पिक साधन होते हैं। नियोजन सर्वोत्तम विकल्प का चयन करता है। यह स्वचालित प्रक्रिया नहीं है। यह अपने-आप संपन्न नहीं हो जाती। यह एक सुविचारित प्रयास है जिसमें प्राथमिकता के आधार पर चयन किया जाता है। नियोजन के मुख्य उद्देश्य को प्राप्त करने के लिए ऐसी प्रक्रियाओं का चयन होना चाहिए और ऐसी रूपरेखा बनाई जानी चाहिए जिससे उपलब्ध साधनों का पूरा-पूरा उपयोग हो सके और परस्पर विरोधी मुद्दों से बचा जा सके। इससे प्रगति को यथासंभव स्थिर गति दी जा सकेगी।

इस प्रकार नियोजन व्यवस्थित ढंग से लिये जानेवाले दायित्वपूर्ण निर्णयों का एक सतत प्रयास है। इन निर्णयों में भविष्य की अधिकाधिक जानकारी होगी। इन निर्णयों को पूरा करने के लिए जिन प्रयासों की आवश्यकता होती है उन्हें सुव्यवस्थित

लिए अपने नियोजन का निर्धारण करता है। इस प्रकार हम देखते हैं कि नीति-निर्माण की तरह पूर्वानुमान भी नियोजन-प्रक्रिया का अंतरंग भाग है लेकिन उसी के साथ यह बात भी ध्यान देने योग्य है कि यह स्वयं नियोजन से भिन्न और अलग है (ब्रिटेन और हैनिंग, 1961 : 7-8)। एक दृष्टि से पूर्वानुमान उन नियोजकों के उद्देश्यों को पूरा नहीं करता जो भविष्य के अनुसार ही अपने व्यवस्था-कार्य को करने का प्रयास करते हैं। जिन तौर-तरीकों में समाज जीता है और चलता है उनका यदि नियोजक नवीकरण चाहेंगे या उनमें कोई परिवर्तन लाना चाहेंगे तो उन्हें निश्चय ही बहुत कम लाभ मिलेगा। सभी प्रकार के पूर्वानुमानों की भाँति नियोजन में भी अनिश्चय की स्थिति बनी रहती है। नियोजन की समयावधि जितनी अधिक होगी उतनी ही अधिक अनिश्चय की स्थिति बनी रहेगी। अत्यधिक लंबी समयावधि से अनिश्चितता इतनी अधिक हो जाएगी कि सचेत नियोजन असंभव हो जाएगा। इसलिए नियम के रूप में सभी नियोजनों की समय-सीमा का होना आवश्यक है।

परिमाणन नियोजन नहीं है। इसमें विश्वस्त होने के लिए यथासंभव कड़ी तर्कपूर्ण प्रणाली अपनाई जाती है किंतु नियोजन में सबसे अधिक महत्त्वपूर्ण प्रश्न केवल 'बड़ा' या 'छोटा', 'शीघ्र' या 'देर में' जैसी शब्दावली में किए जा सकते हैं। ये शब्द परिमाणसूचक हैं। किंतु इनसे परिमाणसूचक तकनीक से सरलता से काम चलाया नहीं जा सकता। और राजनैतिक वातावरण, सामाजिक दायित्वों या मानव संसाधनों जैसे कुछ अन्य महत्त्वपूर्ण क्षेत्रों का भी परिमाणन नहीं किया जा सकता। नियंत्रण या पैरामीटर के रूप में इनका केवल संचालन किया जा सकता है लेकिन समीकरण में गुणनखंड के रूप में नहीं (ड्कर, 1974 : 126)।

नियोजन की संकल्पना में बौद्धिकीकरण की भी बहुत बड़ी भूमिका होती है। इसमें तर्क की आवश्यकता होती है, इसलिए संसाधनों का तर्कपूर्ण समन्वयन होना चाहिए। सुनियोजित तर्कशक्ति पर आधारित संगठित कार्यवाई करने से बौद्धिकीकरण अपव्यय और हानि को कम करने में सहायता करता है। इसलिए बौद्धिकीकरण वरदान है तो नियोजन भी बड़े से बड़ा वरदान होगा।

जिस विशाल देश में विविध और विपुल संसाधन हों, परस्पर विरोधी हित हों, तथा उसके क्षेत्रों की विशिष्टताओं में अत्यधिक अंतर हो, तो नियोजन को तैयार करने में तथा उनके निष्पादन एवं पर्यवेक्षण में क्षेत्रीय विकेन्द्रीकरण की आवश्यकता हो सकती है। इस प्रकार नियोजन का अर्थ विभिन्न योजनाओं के निर्माण, निष्पादन और पर्यवेक्षण का क्षेत्रीय विकेन्द्रीकरण है। यह राष्ट्रीय नियोजन का एक अंग है और राष्ट्रीय नियोजन के ढाँचे के भीतर ही इसे पूरा किया जाता है। क्षेत्रीय विकेन्द्रीकरण से ही नियोजन प्रभावकारी और फलप्रद होता है। जब नियोजन का क्षेत्र समूची राजनैतिक सीमा या क्षेत्र के अनुरूप हो जाता है तो यह राष्ट्रीय नियोजन कहलाता है। जब देश में नियोजन लागू होता है तो यह पूरी जनता के हित में होता है और

रूप से नियोजित किया जाता है और सुनियोजित एवं सुव्यवस्थित पुनर्निवेशन से जो आशाएँ लगाई जाती हैं उनको सामने रखकर उन निर्णयों के परिणामों को आँका जाता है। नियोजन में भावी निर्णयों पर विचार नहीं किया जाता। यह भविष्य को दृष्टि में रखकर वर्तमान निर्णयों को देखता है। नियोजन का सार यह है कि वर्तमान के लिए जो निर्णय लिये जाते हैं उनमें उनके भविष्य को भी ध्यान में रखा जाता है। वास्तव में भविष्य के लिए वर्तमान में निर्णय किए जाते हैं। हम ये निर्णय केवल वर्तमान में कर सकते हैं फिर भी ये निर्णय हम मात्र वर्तमान के लिए ही नहीं करते। सर्वाधिक समयोचित और अवसरपूर्ण निर्णय स्थायी और अपरिवर्तनीय नहीं होते लेकिन वे काफी समय तक कारगर सिद्ध होते हैं। यह भविष्य ही है जो समयावधि का निर्धारण करता है, न कि उसका उल्टा करता है (ड्रकर, 1974 : 125)।

नियोजन, निर्णय के लिए कोई वैज्ञानिक आधार प्रदान नहीं करता। निर्णय लेने की प्रणाली अपने में वैज्ञानिक नहीं होती। अत: योजना-सिद्धांत की एक आवश्यकता यह है कि वह प्रणाली को अपने ढंग से निरूपित करे। योजना-सिद्धांत एक विज्ञान है जो कायदे से योजना के लक्ष्यों, सिद्धांतों, प्रणालियों और युक्तियों का अन्वेषण करता है। वास्तव में नियोजन चिंतन, विश्लेषण, कल्पना शक्ति और निर्णयशक्ति का अनुप्रयोग है। यह तकनीक नहीं बल्कि एक दायित्व है। यह निर्णय के लिए तथ्य प्रस्तुत नहीं करता और प्रबंधक के लिए विज्ञान का प्रतिस्थापन नहीं करता। यहाँ तक कि इससे उसकी प्रबंधकीय योग्यता, साहस, अनुभव, सहजज्ञान और संदेहास्पद अनुमान का महत्त्व और भूमिका उसी प्रकार कम नहीं होते जिस प्रकार किसी चिकित्सक में निहित उन विशेषताओं का महत्त्व वैज्ञानिक जीवविज्ञान या प्रणालीबद्ध चिकित्साशास्त्र से कम नहीं होता। इसके विपरीत, नियोजन-कार्य की प्रणालीबद्ध व्यवस्था से और उसके लिए जानकारी की आपूर्ति करने से प्रबंधक की निर्णय शक्ति, नेतृत्व और सूक्ष्म दृष्टि को बल मिलता है (वही 129)। इस प्रकार, नियोजन में तीन विशेषताएँ होनी चाहिए। पहली, इसमें भविष्य को ध्यान में रखना चाहिए। दूसरी, इसका कार्यान्वयन होना चाहिए। तीसरी, इसमें व्यक्तिगत या संघटनात्मक एकीकरण या कार्य-कारण संबंध का तत्त्व होना चाहिए।

नियोजन का पूर्वानुमान से निकट का संबंध तो होता है किन्तु नियोजन स्वयं पूर्वानुमान नहीं होता। नियोजन और पूर्वानुमान में जो अंतर है वह इस कारण है कि नियोजन में पूर्वानुमान दो प्रकार से किया जाता है। प्रथम, नियोजक यह पूर्वानुमान लगाने का प्रयत्न करता है कि अन्य लोग क्या कार्रवाई करेंगे और इसमें कौन-सी भावी स्थितियाँ सामने आएँगी। और फिर इन पूर्वानुमानों के आधार पर वह अपना भावी कार्यक्रम बनाता है। द्वितीय, वह यह भी पूर्वानुमान लगाने का प्रयत्न करता है कि उसकी योजनाओं के परिणाम क्या होंगे और वह इस बात का भी निर्धारण करता है कि किस प्रकार की स्थितियाँ लाने की जरूरत है और तब वह इसके निष्पादन के

इस प्रकार यह पूरे राष्ट्र का होता है। नियोजन के लक्ष्यों को पूरा करने के लिए जनसमाज का सहयोग अपेक्षित है और आवश्यकता पड़ने पर राजनैतिक दबाव डालकर उस क्षेत्र के नागरिकों को उत्तरदायी भी ठहराना चाहिए। नियोजन सामान्य लक्ष्यों के लिए और इसे सामान्य मत या सिद्धांत का समर्थन मिलता है। अत: नियोजन को सदैव उसी स्थान या क्षेत्र पर लागू करना चाहिए जिसकी अपनी कोई सरकार हो।

इसमें संदेह नहीं कि पूरे नियोजन पर सरकार/संस्था का हस्तक्षेप और नियंत्रण होता है। लेकिन समूचा सरकारी नियंत्रण नियोजन नहीं होता। राज्य का हस्तक्षेप और नियंत्रण की विभिन्न मात्राएँ होती हैं– नियोजन के अनुकूल राज्य-हस्तक्षेप अर्थात् कुछ सीमा तक हस्तक्षेप होना चाहिए और नियोजन के प्रतिकूल राज्य-हस्तक्षेप अर्थात् अत्यधिक हस्तक्षेप होगा। नियोजन में सामूहिक नेतृत्व की आवश्यकता होती है। सामूहिक नेतृत्व का अर्थ है जन अभियान का केन्द्रीय नियंत्रण। इससे नियोजन के लक्ष्यों को जनसमूह के निकट लाया जा सकता है।

इस प्रकार नियोजन में निम्नलिखित अनिवार्य लक्षण होते हैं – विदेशी संसाधनों की तर्कपूर्ण व्यवस्था, पूर्वनिर्धारित और सुपरिभाषित लक्ष्य-निर्धारण, निर्धारित समय के भीतर लक्ष्यों की प्राप्ति, राज्य संस्था द्वारा संसाधनों पर नियंत्रण। यह बहुत ही तकनीकी कार्य है और इसके लिए पर्याप्त समय तथा प्रयास की आवश्यकता रहती है। इसमें सभी स्तरों पर जटिल निर्णय लेने पड़ते हैं। यही कारण है कि कुल मिलाकर नियोजन एक अतिविशिष्ट कार्य हो जाता है और इसमें विशेषज्ञ व्यक्ति काम करते हैं। नियोजन के महत्त्व पर वाटर्सन ने सही कहा है–आज राष्ट्रीय नियोजन प्रभुसत्ता और आधुनिकता के प्रतीक के रूप में राष्ट्रीय गीत और राष्ट्रधुन के समान दिखाई देता है (वाटर्सन, 1966 : 28)। फिर भी, यह महसूस किया जाता है कि अत्यधिक नियोजन करना भी वांछनीय नहीं है। योजना के सिद्धांत आवश्यकतानुसार लागू किए जाने चाहिए। छोटे-छोटे मामलों में यह दवा की भाँति लाभ पहुँचाता है किंतु जैसे रोगी को अधिक दवा देने से वह मर जाता है, वैसे ही अत्यधिक नियोजन करने से लक्ष्य विश्रृंखलित हो जाता है।

भाषा नियोजन

हाल ही में भाषा नियोजन को नियोजन का एक प्रकार माना गया है। 1957 में उरील वाइन्राइख ने कोलंबिया यूनिवर्सिटी में संगोष्ठी के शीर्षक से 'भाषा नियोजन' शब्द का प्रयोग पहली बार किया था। एनियार हागेन पहले व्यक्ति हैं जिन्होंने इस शब्द का प्रयोग साहित्य में किया है। तभी से इसके सैद्धांतिक पक्ष को विकसित करने के लिए कई प्रयास किए गए हैं। भाषा नियोजन भाषा समस्याओं के संभव समाधानों पर ध्यान केंद्रित करता है। ये समाधान इन समस्याओं के विभिन्न लक्ष्यों, साधनों और परिणामों के बारे में निर्णय लेकर किए जाते हैं। समाजवैज्ञानिकों ने भाषा नियोजन

के क्षेत्र में संगठित रूप से अध्ययन करने का प्रयास किया है। ये प्रयास सामाजिक विशिष्टता और राष्ट्रीय व्यवस्था की सतत रूप से पैदा होनेवाली भाषायी समस्याओं का समाधान ढूँढ़ने के लिए किए गए हैं। और स्पष्ट रूप से यह कहा जा सकता है कि यह वह क्षेत्र है जो राज्य शासन के भीतर प्रयुक्त होनेवाले कोडों की संरचना और प्रकार्यात्मक निर्धारण, दोनों पक्षों को पूरा करने के लिए सजग सरकारी प्रयासों पर विचार करता है (फ़िशमैन, 1969 : 86)।

यह धारणा सही नहीं है कि भाषायी समस्या केवल विकासशील देशों में है, अमरीका, कनाडा जैसे विकसित देश भी गंभीर भाषायी समस्याओं से जूझ रहे हैं। जेनर्ड और दासगुप्ता (1971 : 197) ने इन समस्याओं को विस्तार से जानने की आवश्यकता पर बल दिया है और यह अनुभव किया है कि भाषा नियोजन का मुख्य कार्य उस समाज के निश्चित क्षेत्रों को पहचानना है जो भाषा संसाधनों के संबंध में सुनियोजित कार्रवाई करना चाहता है। यह ध्यान में रखा जाए कि भाषायी समस्याओं को सामाजिक और राजनैतिक ढाँचे के अंतर्गत देखने की आवश्यकता है। इसके अतिरिक्त भाषा को एक अन्य संसाधन के रूप में देखा जा सकता है जिस पर प्रशासन अपने उद्देश्यों की पूर्ति के लिए विचार कर सकता है।

हागेन (1979 : 243-256) ने भाषा नियोजन की अर्थपरकता को व्यापक परिप्रेक्ष्य में देखा है और इसकी परिभाषा 'भाषा पारिस्थितिकी' की संकल्पना के द्वारा करने का प्रयास किया है। जीवविज्ञान में 'पारिस्थितिकी' शब्द का संबंध प्राकृतिक पर्यावरण से है। यह विज्ञान की एक ऐसी शाखा है जिसका संबंध जीव-जंतुओं तथा उनके पर्यावरणों के अंतर्संबंध से है। ये पर्यावरण विशेषकर प्राकृतिक चक्रों एवं आवर्तनों, सामुदायिक विकास और संरचना से व्यक्त होते हैं तथा जीव-जंतुओं, भौगोलिक वितरण और जनसंख्या परिवर्तन के पारस्परिक संबंधों से जुड़े हुए हैं। विज्ञान की यह शाखा जीव-जंतुओं और उनके पर्यावरणों के बीच संबंधों की पूर्णता या अभिरचना पर भी लागू होती है। यदि हम जीव-जंतुओं के स्थान पर 'भाषा' शब्द को रखें तो हमें 'भाषा पारिस्थितिकी' की स्वीकृत परिभाषा मिल जाएगी (वही : 244)। यह सही है कि भाषाएँ पूरी तरह जीव-जंतुओं के समान नहीं हैं किंतु काल और कुछ अंश तक उनके सतत परिवर्तन के द्वारा इनका जो स्थायित्व होता है उसमें वे जीव-जंतुओं के समान हैं। भाषा मानव की जैविक विरासत का अंग नहीं है यद्यपि यह उसकी क्षमता निश्चय ही है। व्यक्तिगत भाषाएँ उसकी सामाजिक विरासत के अंग हैं। अतः भाषा पारिस्थितिकी सामाजिक है और इसे समाजशास्त्र के संपूर्ण विज्ञान के विशिष्ट अंग के रूप में होना चाहिए।

भाषा पारिस्थितिकी, प्राकृतिक पारिस्थितिकी की भाँति वर्णनात्मक और निर्देशात्मक, दोनों हैं। फ़िशमैन ने (1965 : 67-88) वर्णनात्मक पक्ष को 'कौन, किससे, कब और क्या भाषा बोलता है' प्रश्न के साथ जोड़ा है। अतः यह भाषाओं के सामाजिक वातावरण, उनके संचारण के प्रकारों, उनके प्रयोग के अवसरों और किसी समुदाय

के परस्पर आदान-प्रदान से संबंधित है। दूसरी ओर निर्देशात्मक पक्ष 'क्यों और कैसे' प्रश्न पर विचार करता है। पारिस्थितिकी आंतरिक और बाह्य दोनों है। आंतरिक पारिस्थितिकी के अंतर्गत पर्यावरण भाषा का आंतरिक रूप है। उदाहरण के लिए, भाषा के आंचलिक, सामाजिक आदि कई विकल्पन होते हैं। किसी भाषाभाषी समुदाय के सदस्यों का उनके प्रति मूल्यांकनपरक अभिविन्यास अलग-अलग तरह का हो सकता है। पारिस्थितिकी के पहलुओं पर आधारित यह अभिविन्यास प्रतिष्ठा और पद के परिप्रेक्ष्य में किसी भी विशेष बोली या विकल्प को अपना सकता है। दूसरी ओर, बाह्य पारिस्थितिकी, भाषा के बाह्य पर्यावरण पर विचार करती है। वास्तव में जिस राज्य शासन में अन्य भाषाएँ प्रयुक्त होती हैं उनके संदर्भ में यह भाषा के प्रयोक्ता की प्रवृत्ति को अपने अनुकूल बनाती है। भाषा की आंतरिक पारिस्थितिकी के साथ यह प्रश्न जुड़ा हुआ है कि व्यापक संप्रेषण की भाषा के रूप में हिंदी की किस क्षेत्रीय बोली का चयन किया जाए या स्कूली शिक्षा में हिंदी की किस शैली को अर्थात् संस्कृतनिष्ठ उच्च शैली, बोलचाल की हिंदुस्तानी, अरबी-फारसी प्रभावित शैली को प्रोत्साहन दिया जाए। उसके विपरीत, किसी सामाजिक व्यवस्था में भाषा अनुरक्षण और भाषा विस्थापन से या अपनी भाषा की तुलना में अन्य भाषा के और वक्ता के रुझान या बहुभाषी वातावरण आदि में राष्ट्रभाषा अथवा राजभाषा के चयन से ऐसे प्रश्न जुड़े हुए हैं जो बाह्य पारिस्थितिकी पर आधारित हैं। उदाहरण के लिए, पंजाबीभाषी का पंजाबी और अन्य भाषा के प्रति क्या रुख है या स्कूली शिक्षा में हिंदी, अंग्रेज़ी या क्षेत्रीय भाषा में से किस भाषा को प्रोत्साहन दिया जाए।

भाषा नियोजन के कुछ मुख्य अभिलक्षणों का विवेचन इस प्रकार किया जा सकता है :

(i) सुविचारित परिवर्तन : भाषा नियोजन एक सुविचारित परिवर्तन है जिससे भाषा पारिस्थितिकी पर प्रभाव पड़ता है। भाषायी कोड या वक्तृता या दोनों की पद्धति में जो परिवर्तन किए जाते हैं वे सुनियोजित होते हैं। यह स्वचालित प्रक्रिया नहीं है। यह अपने आप नहीं हो जाती। यह सचेतन प्रयास है। इसके लिए या तो संस्थाएँ स्थापित की जाती हैं या ऐसे प्रयोजनों को पूरा करने के लिए शासनादेश दिया जाता है।

(ii) समस्या-समाधान : यह समस्या-समाधान पर केन्द्रित है। जब समाज में भाषा संबंधी कोई समस्या पैदा होती है तो नियोजन किया जाता है। इसका उद्देश्य समस्या का समाधान करना है और निश्चित लक्ष्य प्राप्त करना है। सुनियोजित क्रियाकलाप प्रयोजनपरक क्रियाकलाप होता है।

(iii) सर्वोत्तम विकल्पों का चयन : इसमें सबसे अच्छे विकल्पों का चयन किया जाता है। भाषा की समस्याओं को हल करने के लिए कई विकल्प होते हैं। नियोजन से विकल्पों का प्रतिपादन और मूल्यांकन किया जाता है ताकि अच्छे से अच्छा निर्णय लिया जा सके।

(iv) भविष्यपरकता : नियोजन भविष्य को ध्यान में रखकर किया जाता है। कार्रवाई करने से पहले नीतियों और सामरिक महत्त्व के नियोजनों को विशेष रूप से बता दिया जाता है। यह ध्यान में रखा जाता है कि नियोजन भावी निर्णयों को पूरा करने का काम नहीं करता बल्कि यह वर्तमान निर्णयों के भविष्य का काम करता है। भविष्य के लिए वर्तमान में निर्णय लिए जाते हैं। इसलिए नियोजन इस प्रकार किया जाए कि प्रत्येक नई स्थिति के अनुसार उसमें परिवर्तन किया जा सके।

(v) पूर्णत: सामाजिक संदर्भ : भाषा परिवर्तन शून्यता में नहीं होता, इसलिए नियोजन करते समय पूरी तरह से सामाजिक संदर्भ के भीतर भाषायी तथ्यों को ध्यान में रखना चाहिए। इसमें आर्थिक परिवर्तों और हितों की प्रासंगिकता, सामाजिक परिवर्तों और हितों की प्रासंगिकता तथा राजनैतिक परिवर्तों की प्रासंगिकता और जनसंख्या तथा मनोविज्ञान संबंधी परिवर्तों की प्रासंगिकता को ध्यान में रखा जाना चाहिए।

निस्संदेह भाषा नियोजन बहुत ही उपयोगी उपादान है, यद्यपि कुछ सीमाओं पर ध्यान देने की आवश्यकता है। वे ये हैं–

(1) अनिश्चितता : इस बात की आशंका हमेशा बनी रहती है कि नियोजन कितना भी ध्यानपूर्वक बनाया जाए उसमें अनिश्चितता अवश्य होगी।

(2) महँगापन : नियोजन की व्यावहारिक सीमा यह है कि नियोजन बनाना बड़ा महँगा पड़ता है। अच्छा नियोजन बनाने हेतु आवश्यक सूचना जुटाने में काफी समय और शक्ति लग जाती है।

(3) सीमित नियोजन : चूँकि भाषा मनुष्य की सभी गतिविधियों की सर्वाधिक व्यापक तथा अनिवार्य आवश्यकता है, इसलिए इस क्षेत्र में नियोजन करना यदि असंभव नहीं तो कठिन अवश्य है। इसलिए हमें बड़े ही सीमित ढंग से और एक विशेष लक्ष्य को ध्यान में रखकर ही भाषा नियोजन के बारे में चर्चा करनी चाहिए। राष्ट्र के सभी सदस्यों के समूचे भाषा व्यवहार के लिए कोई भी नियोजन नहीं बनाना चाहिए। 'इस प्रकार के कड़े नियमों से मनुष्य के विचारपूर्ण और स्वतंत्र व्यक्तित्व का अंत हो जाएगा' (अलिसजवाना, 1971 : 179)। हागेन (1966 : 9) ने भी 'हमारे जमाने में भाषा नियोजन के आकस्मिक विकास' के खतरे के प्रति हमें सावधान किया है।

यह स्पष्ट है कि जब तक नियोजक अपनी नीतियों और लक्ष्यों के बारे में स्पष्ट नहीं है तो भाषा परिवर्तन के लिए जो प्रयास किए जाते हैं उन पर दबाव पड़ सकता है और वे हमारे हाथ से निकल सकते हैं। तथापि, यदि इसे सही संदर्भों में इस्तेमाल किया जाए तो भाषा नियोजन अपव्यय को बचा सकता है (मानव शक्ति का अपव्यय भी)। राष्ट्रों के भीतर और उनके बीच दोनों में मानव संचार में वृद्धि कर सकता है तथा अखंडता एवं लोकतंत्र की भावना को प्रोत्साहित कर सकता है (रूबिन और जेनर्ड, 1977 . . . . .)।

भाषा समस्या के प्ररूपणों के लिए कई प्रस्ताव सुझाए गए हैं। प्रत्येक प्ररूपण में भाषा समस्या के विभिन्न प्रकार के व्यवहारों को वर्गीकृत करने का प्रयास किया जाता है। पहला प्ररूपण हागेन ने (1966 : 922-35) प्रस्तावित किया है। इसके चार प्रकार हैं—

(1) मानक का चयन

(2) मानक का कोडीकरण

(3) प्रकार्य का विस्तारण

(4) जनसमाज द्वारा स्वीकृति

उन्होंने चयन और स्वीकृति को समाज के साथ जोड़ा है और कोडीकरण तथा विस्तारण को भाषा के साथ।

न्यूस्तेपनी (1970 : 77-98) ने इन चारों प्रकारों का पुनर्नियोजन किया और चार प्रमुख समस्या-क्षेत्रों तथा समस्या-प्रक्रिया संबंध के रूप एवं प्रारूप के अंतर्गत भाषा नियोजन के मुख्य क्षेत्रों के रूप में उनकी समरूपी प्रक्रियाओं का सुझाव दिया है :

	1	2	3	4
समस्या	चयन	स्थायित्व	प्रयोग-प्रसार	विभेदीकरण
प्रक्रिया	नीति-निर्धारण	कोडीकरण	विस्तारण	संवर्धन
	वैधीकरण	मानकीकरण	आधुनिकीकरण	शैलीकरण

(1) वैधीकरण : कोई भी राष्ट्र राजभाषा या राष्ट्रभाषा के रूप में कोड/कोडों का चयन अपने नीति-निर्णय द्वारा करता है। यह नीति-निर्माण नियोजन के राष्ट्रव्यापी परिणाम के अंतर्गत होता है जैसे कि भारत क्षेत्रीय भाषाओं को राज्यस्तर पर राजभाषा का दर्जा देने के लिए प्रोत्साहन दे रहा है। जब किसी कोड या कोडों के वर्ग को अधिनियमों या सांविधिक प्रावधानों द्वारा राष्ट्रीय या राज्य स्तर पर प्रशासन, शिक्षा और अन्य प्रतिष्ठित व्यवसाय के क्षेत्रों में प्रोत्साहन दिया जाता है तो उसे **भाषाओं का वैधीकरण** कहते हैं। इस प्रकार सरकारी नीति-निर्माण के अंतर्गत कोड का जो चयन होता है वह भाषाओं का वैधीकरण है (श्रीवास्तव, 1977 : 22)।

(2) मानकीकरण : इसमें क्षेत्रीय (बोलीगत) और सामाजिक शैलियों के विभिन्न विकल्पों में कोडीकरण द्वारा भाषा का प्रमाणीकृत विकल्पन निर्धारित किया जाता है। फर्ग्युसन (1968 : 37) ने मानकीकरण की परिभाषा देते हुए कहा है कि यह समूचे भाषा-भाषी समुदाय के एक भाषा-रूप की स्वीकृति की प्रक्रिया है जिसमें वह भाषा-रूप आरोपित अधिबोली के रूप में स्वीकृत होता है। यह मानकीकरण

निदेशात्मक व्याकरण लिखने से, विविध प्रकार के कोशों की रचना करने आदि से होता है। यहाँ पर इस बात पर बल देने की जरूरत है कि हमारे बहुभाषी और बहुसांस्कृतिक समाज में मानक भाषा के एक से अधिक रूप हो सकते हैं। मानकीकरण का उद्देश्य अनेकता में एकता प्राप्त करना है। तथापि, लेखन-पद्धति के माध्यम से स्थायित्व की ओर ले जानेवाली एकता की परिभाषा और उसका निर्धारण प्रकार्यात्मक दृष्टि से करना है। यही कारण है कि पाल गार्विन ने (1959:521-23) लचीले स्थायित्व का संकेत करते हुए कहा है कि कोडीकरण (संसजन) इतना लचीला होना चाहिए जिससे वह विभिन्न संदर्भगत स्थितियों और सांस्कृतिक परिवर्तनों को अपनाने की क्षमता रखता हो।

इसके अतिरिक्त गार्विन के मतानुसार मानक भाषा को तीन प्रकार्य पूरे करने होते हैं-- एकीकरण प्रकार्य, प्रतिष्ठाजन्य प्रकार्य और संदर्भ संबंधी प्रकार्य। अपने **एकीकरण प्रकार्य** के द्वारा मानक भाषा विभिन्न बोलीगत क्षेत्रों को मानक भाषाभाषी समुदाय के साथ जोड़ता है जिसको जानना संभव है। **प्रतिष्ठाजन्य प्रकार्य** मानक भाषा को अमानक स्थानीय भाषा-रूपों की अपेक्षा अधिक प्रतिष्ठा प्रदान करता है। जो व्यक्ति इसका प्रयोग नहीं करते, उनकी तुलना में उन लोगों को सामाजिक प्रतिष्ठा अधिक मिलती है जो इसका प्रयोग करते हैं। **संदर्भ संबंधी** रूपरेखा के अंतर्गत सामाजिक संदर्भ में औचित्य (सटीकता) की मात्रा का मूल्यांकन करने के लिए मानक भाषा उपकरण का काम करती है। यह स्पष्ट है कि भाषा के मानकीकरण का अर्थ एकरूपता से लाभ उठाना है यद्यपि यह एकरूपता भाषा की लचीली संभावना के विपरीत पड़ती है।

(3) आधुनिकीकरण : भाषा के आधुनिकीकरण से अर्थ यह है कि जिस कोड का चयन किया गया है उसे सामाजिक गतिविधियों के उन नित नए बढ़ते आयामों नें पूर्ण अभिव्यक्ति देने के लिए समर्थ बनाना है जिनमें इसका प्रयोग अब तक नहीं हुआ है। यह समस्या विस्तारण की प्रक्रिया की ओर ले जाती है (श्रीवास्तव एवं कालरा, 1978)। यह एक ऐसी प्रक्रिया है जिसमें भाषा 'विश्व की उन परस्पर अनुवादनीय भाषाओं में अपना स्थान बना लेती है जो आधुनिक प्रोक्ति-रूपों के उपयुक्त साधन के रूप में जानी जाती है', इस प्रक्रिया के दो पक्ष माने गए हैं : (क) नूतन शब्दों एवं अभिव्यक्तियों से भाषाकोष का विस्तार और (ख) नई शैलियों तथा प्रोक्ति-रूपों का विकास (फर्ग्यूसन 1968 : 32)। इस प्रकार भाषा आधुनिकीकरण भाषा विकास का एक पक्ष है जो सामाजिक, आर्थिक, सांस्कृतिक और औद्योगिक विकास के अन्य रूपों के साथ-साथ चलता है।

(4) शैलीकरण : यह वह प्रक्रिया है जो विभिन्न भाषा शैलियों को प्रोत्साहित कर और उनका परिष्करण कर भाषा को स्थिति-सापेक्ष, विषय-सापेक्ष और संप्रेषणीय बना देती है। यह जानना महत्त्वपूर्ण है कि भाषा और समाज दोनों में समरूपता एक

'मिथ' है, यहाँ तक कि एक भाषाभाषी समुदाय में भी प्रयोग के धरातल पर कई विकल्प देखे जा सकते हैं। जितने विकल्पगत शैली उतने ही उसके व्याकरण। इसलिए किसी भाषा का कोई एक व्याकरण अपने आप में अमूर्त होता है। शैलीकरण की प्रक्रिया से भाषा की उन विभिन्न शैलियों (शब्दों और संरचनाओं सहित) का पता चलता है जो विशिष्ट प्रकार्य के लिए उपयुक्त होती हैं। वास्तव में यह एक व्याकरण के विभिन्न उपव्याकरणों का लेखन है, जिसमें भाषा-रूपों की संरचना और प्रकार्य पर द्वंद्वात्मक ढंग से विचार किया जाता है। यह भाषा की विभिन्न प्रयुक्तियों को खोजने, शैली-रूपों को तैयार करने आदि से सिद्ध होता है।

विभिन्न प्ररूपणों और प्रक्रियाओं को देखते हुए भाषा नियोजन का निम्नलिखित वर्गीकरण किया जा सकता है :

(i) अंतरंग नियोजन : इसमें भाषा-संरचना के आंतरिक परिवर्तन पर ध्यान दिया जाता है। विस्तारण या आधुनिकीकरण इस प्रकार के नियोजन का अच्छा उदाहरण है। नई खोजों एवं शोधों की आवश्यकताओं की पूर्ति के लिए नए शब्द गढ़े जाते हैं, नई अभिव्यक्तियों को खोजा जाता है और विभिन्न स्थितियों के अनुरूप नई भाषा-शैलियों का विकास किया जाता है और इस प्रकार भाषा-संरचना पर काफी प्रभाव पड़ता है।

(ii) बहिरंग नियोजन : यह मुख्यतः भाषा के बाह्य पक्षों से संबंधित है। भाषा-संरचना में प्रत्यक्ष रूप से परिवर्तन नहीं होता। कोड/कोडों का चयन और शैलियों की अभिपूर्ति या परिष्करण इस बहिरंग नियोजन के स्पष्ट परिणाम हैं। वास्तव में नियोजन का यह पक्ष किसी भी भाषाभाषी समुदाय की भूमिका, स्तर, प्रतिष्ठा आदि के संदर्भ में उसके भाषायी कोश की इकाइयों के परस्पर संबंधों को प्रभावित करता है। मानकीकरण की प्रक्रिया भी इस नियोजन का एक उदाहरण है।

(iii) अंतरंग-व-बहिरंग नियोजन : इसमें अंतरंग और बहिरंग पक्षों के बीच एक प्रकार का पारस्परिक प्रभाव पड़ता है। इसमें भाषा-संरचना और भाषा-स्तर दोनों प्रभावित होते हैं।

अंतरंग और बहिरंग की संकल्पना को स्पष्ट करने के लिए मानकीकृत और मानक भाषा के अंतर पर विचार कर लेना असमीचीन न होगा। मानक भाषा और मानकीकृत भाषा दो भिन्न संकल्पनाएँ हैं अर्थात मानक भाषा का संबंध भाषा के इतिहास, प्रतिष्ठा और स्तर से है जबकि मानकीकृत भाषा केवल मानकीकरण की प्रक्रिया के परिणामों की ओर संकेत करती है। यह आवश्यक नहीं है कि मानकीकृत भाषा मानक भाषा का दर्जा प्राप्त करे। यही कारण है कि किसी भी प्रकार की भाषा का मानकीकरण हो सकता है। हिंदीभाषी समुदाय के संदर्भ में हमें कई ऐसी बोलियाँ मिल जाती हैं जिनका विशिष्ट कोड के रूप में भाषिक दृष्टि से मानकीकरण हुआ है। लेकिन फिर भी वे

मानक हिंदी भाषा की बोलियाँ ही हैं। स्पष्टतः मानक भाषा बहिरंग नियोजन का परिणाम है और मानकीकृत भाषा अंतरंग नियोजन का।

भाषा नियोजन संबंधी साहित्य में 'भाषा सामग्री (कार्पस) नियोजन बनाम भाषा पद (स्टेटस) नियोजन' का द्विभाजन प्रायः पाया जाता है। भाषा सामग्री नियोजन भाषा की आंतरिक संरचना एवं बुनावट में परिवर्तन लाता है और इसलिए यह एक प्रकार का आंतरिक नियोजन है। दूसरी ओर, भाषा पद नियोजन का संबंध भाषाभाषी समुदाय के भाषायी कोश के परिवर्तन से है। इसलिए इसे बाह्य नियोजन कहा जा सकता है।

14

भाषा, बोली और भोजपुरी

आधुनिक भाषाविज्ञान के मान्य सिद्धांतों के आधार पर भोजपुरी को एक तरफ़ हिंदी से अलग स्वतंत्र भाषा के रूप में सिद्ध किया जा सकता है और दूसरी तरफ़ उसे हिंदी की एक बोली के रूप में भी प्रमाणित किया जा सकता है। इस भ्रांतिपूर्ण स्थिति के दो कारण संभव हैं। या तो भाषाविज्ञान संबंधी सिद्धांत की अपनी मान्यताएँ अन्तर्विरोधी हैं अथवा भारत जैसे बहुभाषी समाज में भाषा-बोली की द्विभाजक रेखा की अवधारणा का भोजपुरी अतिक्रमण करती है। इसके साथ यह भी संभव है कि 'भाषा' और 'बोली' ऐसे पारिभाषिक शब्दों का प्रयोग एक से अधिक संदर्भों में होने के कारण हम एक-दूसरे की बात ठीक रूप में समझ ही न पा रहे हों। अत: यह आवश्यक है कि पहले हम 'भाषा' और 'बोली' ऐसे पारिभाषिक शब्दों के अर्थ को उनके उचित संदर्भों में समझें, और फिर भोजपुरी की स्थिति के अध्ययन-विश्लेषण की ओर प्रवृत्त हों।

1

भाषा की परिभाषा पर विचार करते समय यह बात भूलनी नहीं चाहिए कि न केवल अपनी प्रकृति में वह जटिल है अपितु अपने प्रयोजन में भी वह बहुमुखी है। उदाहरण के लिए अगर भाषा व्यक्ति के निजी अनुभवों एवं विचारों को व्यक्त करने का माध्यम है, तब इसके साथ ही वह व्यक्ति के सामाजिक संबंधों की अभिव्यक्ति का साधन भी है। इसी प्रकार अगर भाषा हमारे मानसिक व्यापार (चिंतन प्रक्रिया) का आधार है, तो दूसरी तरफ़ वह हमारे सामाजिक व्यापार (संप्रेषण प्रक्रिया) का साधन भी है। इसी प्रकार संरचना के स्तर पर जहाँ भाषा अपने विभिन्न घटकों यथा – ध्वनि संयोजन, शब्द-संपदा, व्याकरणिक व्यवस्था आदि, और उनकी विभिन्न इकाइयों में संबंध स्थापित कर अपना संश्लिष्ट रूप ग्रहण करती है, वहीं दूसरी ओर वह उन सामाजिक स्थितियों से भी संबंध स्थापित करती है, जिनमें वह प्रयुक्त होती है। प्रयोजन की विविधता ही भाषा को विभिन्न संदर्भों में देखने के लिए हमें बाध्य करती है। यही

कारण है कि विभिन्न विद्वानों ने इसे विभिन्न रूपों और संदर्भों में देखने और परिभाषित करने का प्रयत्न किया है।

भाषा को देखने के विभिन्न संदर्भ भाषा-बोली के अंतर को भी समझने में सहायक हैं क्योंकि 'बोली' की संकल्पना न केवल इससे प्रभावित है, बल्कि इस शब्द का प्रयोग भी इन विभिन्न संदर्भों में विभिन्न रूप से हुआ है।

भाषा-बोली : तीन संदर्भ

भाषा-बोली संकल्पना के प्रयोग के हम तीन निश्चित संदर्भ पाते हैं- रूपात्मक (व्याकरणिक), ऐतिहासिक (आनुवंशिक) और सामाजिक (संस्थागत)। पहले का संबंध संरचनात्मक भाषाविज्ञान से है, दूसरे का ऐतिहासिक भाषाविज्ञान से और तीसरे का समाजभाषाविज्ञान से। स्वाभाविक है कि भाषाविज्ञान की इन तीन विशिष्ट शाखाओं में काम करनेवाले विद्वानों के लिए भाषा-बोली की संकल्पना के लिए तीन भिन्न आधार दिखाई देते हैं।

(क) रूपात्मक (व्याकरणिक) दृष्टि

इस अर्थ में बोली, भाषा का क्षेत्रीय प्रभेदक शैलीरूप है जिसे एक निश्चित शब्द-समूह और व्याकरणिक संरचना द्वारा पहचाना जा सकता है। किसी भी भाषा के बोलनेवालों की संख्या जब भी बढ़ती या फैलती है, उनमें बोलीपद स्वाभाविक रूप से दिखाई पड़ने लगता है। ध्यान देने की बात है कि अपने व्यक्त रूप (भाषा व्यवहार) में भाषा वैविध्यपूर्ण होती है। भाषा की यह विविधता जब उसके प्रयोग करनेवालों के स्थान (भौगोलिक क्षेत्र) का परिणाम होती है, तब उसको क्षेत्रीय बोली के अंतर्गत रखा जाता है।

क्षेत्रीय शैली के हिंदी में हम कई उदाहरण देख सकते हैं। एक क्षेत्र में हम 'ए' और 'औ' ध्वनियों को मूलस्वर के रूप में बोलते हैं, तो दूसरे क्षेत्र में संध्यक्षर के रूप में (उदाहरण : पैसा =पइसा, और =अउर)। एक स्थान पर संख्यावाचक शब्दों में 'इ' का प्रयोग करते हैं तो दूसरे स्थान पर 'ए' का (उदाहरण: इक्कीस=एक्कीस, इकसठ = एकसठ)। शब्द-संपदा के स्तर पर भी यह भेद देखा जा सकता है। एक क्षेत्र में जिसे हम 'मोजा' कहते हैं, उसी को दूसरे क्षेत्र में 'जुराब'। इसी प्रकार एक भौगोलिक क्षेत्र में जिसे हम 'घिया' और 'तोरी' कहते हैं, उसी को दूसरे क्षेत्र में 'लौकी' और 'नेनुआ' कहा जाता है।

शैलीरूप में मान्य भाषा-बोली के एक दूसरे आयाम की ओर भी इधर विद्वानों ने हमारा ध्यान आकर्षित किया है, जिसे आज सामाजिक बोली के रूप में जाना जाता है। जब भाषा-वैविध्य का आधार वक्ता का सामाजिक स्तर भेद (उच्च वर्ग, निम्न

वर्ग) जातिभेद, लिंगभेद, (पुरुष-स्त्री) आदि होता है, तब उसे सामाजिक बोली के अंतर्गत रखा जाता है। हिंदीभाषी बोलते समय अंग्रेजी या संस्कृत शब्दों या स्थानीय अभिव्यक्तियों के प्रयोग द्वारा अपनी सामाजिक बोली का परिचय कई तरह से देते हैं, जैसे –'स्टेशन' के लिए 'इस्टेशन', 'स्टेसन', 'टेशन' या 'टीसन' का प्रयोग। इसी प्रकार एक वर्ग के लोग सामान्यत: 'पीला' शब्द का प्रयोग करते हैं तो दूसरे वर्ग के व्यक्ति 'पीअर' का। सामाजिक बोली वस्तुतः समाज के स्तरीकृत होने का परिणाम होती है, समाज में जब विभिन्न स्तर के लोग अपनी अस्मिता या पहचान का भाषिक आधार ढूँढ़ने की ओर प्रवृत्त होते हैं, तब सामाजिक बोली पैदा होती है। द्रविड़-कुल की कुछ भाषाओं में 'ब्राह्मण' और 'ब्राह्मणेतर' जाति के आधार पर बोलीभेद दिखलाई पड़ता है।

भौगोलिक और सामाजिक बोलीभेद के संदर्भ में यह देखा जा सकता है कि किसी क्षेत्र-विशेष के किसी सामाजिक वर्ग की बोली कुछ कारणों से अपनी प्रतिष्ठा अर्जित कर 'मानक' रूप में स्वीकृत हो जाती है। एक बार 'मानक बोली' की मान्यता प्राप्त होने पर वह उच्च वर्ग के शिक्षित व्यक्तियों की बोली के रूप में स्वीकार्य हो जाती है। यह बात भी ध्यान देने योग्य है कि उच्च वर्ग के शिक्षित व्यक्तियों द्वारा प्रयुक्त होनेवाली इस 'मानक बोली' में अन्य बोलियों की तुलना में प्रयोजनहीन भाषा-वैविध्य कम मिलता है। वस्तुतः बोली के मानक रूप बनने की प्रक्रिया में ही भाषा में विकल्पन की प्रवृत्ति कम होने लगती है। अंततः क्षेत्र-विशेष के किसी विशेष वर्ग की बोली के आधार पर प्रतिष्ठा-प्राप्त 'मानक बोली' ही भाषा का दर्जा पाती है।

इस तथ्य पर विशेष बल देने की जरूरत है कि रूपात्मक (व्याकरणिक) दृष्टि भाषा-बोली के भेद को भाषाव्यवस्था (लैंगुएज) और भाषा व्यवहार (स्पीच-फ़ार्म) के द्वैत के आधार पर देखती है। क्षेत्रीय या सामाजिक बोलियाँ, व्याकरण-नियंत्रित एक ही भाषा के विभिन्न प्रतिफलित रूप हैं। जिस प्रकार संस्कृतनिष्ठ हिंदी, उर्दू और हिंदुस्तानी खड़ी बोली के व्याकरण पर आधारित सामाजिक शैलीजन्य बोलीभेद हैं, उसी प्रकार भोजपुरी प्रदेश के रहनेवाले जब 'हिंदी' भाषा का प्रयोग करते हैं और जिन भाषिक लक्षणों के आधार पर अपनी पहचान का आधार बनाते हैं, उस समुच्चय-रूप को हिंदी की एक बोली के रूप में स्वीकार किया जा सकता है। इस दृष्टि से भोजपुरी के व्याघात (इंटरफिअरेंस) से उत्पन्न हिंदी भाषा के व्यवहारजन्य शैली-रूप को हिंदी की एक 'क्षेत्रीय बोली' स्वीकार किया जा सकता है।

भाषा-बोली की रूपात्मक दृष्टि उन सभी भाषा-रूपों को 'भाषा' का दर्जा देती है जिसका अपना स्वतंत्र एवं स्वनिष्ठ व्याकरण हो। इस दृष्टि से भोजपुरी, मगही, मैथिली, अवधी, ब्रज और खड़ीबोली अपनी व्यवस्था में अलग-अलग भाषाएँ हैं। इस दृष्टि के आधार पर भोजपुरी को हिंदी की बोली नहीं माना जा सकता, क्योंकि हिंदी (खड़ी बोली) की तरह भोजपुरी का भी अपना विशिष्ट व्याकरण है। जिस प्रकार लोक व्यवहार में खड़ी बोली में क्षेत्रीय भेद संभव है, उसी प्रकार शाहाबाद, पालामू, सारन,

बलिया, बनारस आदि में प्रयुक्त भोजपुरी भाषा में भी क्षेत्रीय भेद मिलते हैं।

राजबली पाण्डेय के अनुसार स्वयं भोजपुरी के तीन बोलीभेद दिखलाई पड़ते हैं– (1) मल्लिका, (2) काशिका और (3) वज्जिका। इनका आधार क्षेत्रीय है। मल्लिका का क्षेत्र हिमालय और टोंस नदी के बीच में है, काशिका का क्षेत्र उत्तरप्रदेश का पूर्वी क्षेत्र है और वज्जिका उत्तर बिहार में बोली जाती है। वस्तुत: भाषा अध्ययन की रूपात्मक दृष्टि इन क्षेत्रीय भेदों को 'बोली' के रूप में स्वीकार करती है।

(ख) ऐतिहासिक (आनुवंशिक दृष्टि)

इस अर्थ में भाषा और बोली का एक ही भाषायी परिवार का होना आवश्यक है। मूल अर्थात् स्रोतभाषा को भाषा की संज्ञा दी जाती है जबकि उससे उत्पन्न भाषा को बोली का स्थान मिलता है। यही कारण है कि सुनीतिकुमार चाटुर्ज्या ने हिंदी, बंगाली, गुजराती आदि आधुनिक आर्य भाषाओं को संस्कृत भाषा की बोलियों के रूप में भी देखा है। ग्रियर्सन ने हिंदी भूभाग को पहले पारिवारिक संबंधों के आधार पर दो उपवर्गों में विभाजित किया– शौरसेनी से उद्भूत पश्चिमी हिंदी और अर्धमागधी अपभ्रंश से उत्पन्न पूर्वी हिंदी। पश्चिमी हिंदी उपवर्ग के अंतर्गत आनेवाली बोलियाँ हैं – (1) हिंदोस्तानी, (2) बांगरू, (3) ब्रजभाषा, (4) कन्नौजी और (5) बुन्देली। इसी प्रकार पूर्वी हिंदी की तीन बोलियाँ हैं – (1) अवधी, (2) बघेली और (3) छत्तीसगढ़ी। ध्यान देने की बात है कि अर्धमागधी से उत्पन्न बिहारी उपभाषा (भोजपुरी, मगही, मैथिली बोलियाँ) और नागर अपभ्रंश से उत्पन्न राजस्थानी उपभाषा (मालवी, मारवाड़ी, हड़ोती बोलियाँ) को उन्होंने हिंदी क्षेत्र के बाहर रखा। उनके अनुसार बिहारी और राजस्थानी उपवर्ग की बोलियाँ हिन्दी की अपनी बोलियाँ नहीं हैं।

ग्रियर्सन के अनुसार भोजपुरी, हिंदी की बोली नहीं है, वह अगर किसी की बोली है, तो वह 'बिहारी' की। पर 'बिहारी' अपने में कोई भाषा नहीं जिसका उस क्षेत्र के लोग विचार-विनिमय में उपयोग करते हों। यह तो विद्वानों द्वारा आविष्कृत या तो बोली-समुच्चय का नाम है, ठीक उसी प्रकार जैसे 'पश्चिमी हिंदी' और 'पूर्वी हिंदी' या फिर ऐतिहासिक दृष्टि से भाषा परिवार की एक शाखा के लिए व्यवहृत नाम मात्र है जिसके भोजपुरी, मगही और मैथिली सदस्य हैं। फिर भी यह प्रश्न कम महत्त्वपूर्ण नहीं है कि ग्रियर्सन ने बिहारी उपवर्ग की बोलियों को हिंदी क्षेत्र के बाहर क्यों रखा? भाषा-बोली भेद का उनका अपना आधार क्या था?

ग्रियर्सन के समय बोलियों को किसी एक भाषा के अंतर्गत रखने के तीन आधार प्रचलित थे – (1) पारिवारिक (ऐतिहासिक) कारणों से प्राप्त व्याकरणिक समानता, (2) व्याकरणिक समानता के कारण पारस्परिक बोधगम्यता, (3) साहित्य और संस्कृति के आधार पर बनी जातीयता (जातीय अस्मिता)। जैसा कि सेपिरो एवं

शिफ़मैन ने अपनी पुस्तक (लैंगुएज एवं सोसाइटी इन साउथ एशिया : 1981) में संकेत दिया है, ग्रियर्सन की भाषा और बोली संबंधी विभेदक लक्षण स्थिर नहीं थे। वे किसी स्थिति में एक लक्षण को अपना आधार बनाते हैं और किसी अन्य स्थिति में किसी अन्य लक्षण को। उदाहरण के लिए वे व्याकरणिक समानता और परस्पर बोधगम्यता की दृष्टि से असमिया को बाँगला भाषा के अत्यंत निकट पाते हैं, पर उसे बाँगला से अलग एक विशिष्ट भाषा के रूप में इसलिए स्वीकार करते हैं क्योंकि उसका साहित्य और जातीय बोध (नेशनलिटी) भिन्न हैं। पर जब वे बिहारी (भोजपुरी, मगही और मैथिली) की बात करते हैं, तब उसे हिंदी भाषा से व्याकरणिक गठन और बोधगम्यता के लक्षणों के आधार पर अलग रखना चाहते हैं। अपनी पुस्तक (*ए हैण्डबुक टु द कैथी कैरेक्टर* : 1881) में ग्रियर्सन ने अपने चिंतन का सार निम्नलिखित विचार-बिंदुओं के रूप में रखा है :

- बिहार में (बड़े शहरों में पैदा होनेवाले शिक्षित वर्ग को छोड़कर) अन्य सभी व्यक्तियों के लिए हिंदी (खड़ी बोली) एक 'विदेशी' भाषा है;
- भाषा विकास के सिद्धांत और नियम यह स्पष्ट निर्देश देते हैं कि बिहार में हिंदी न तो सामान्य बोलचाल की भाषा है और न कभी वह सामान्य व्यक्ति की 'वर्नाक्यूलर' बन सकती है;
- अपनी संरचनात्मक बनावट में बिहारी बोलियाँ हिंदी से उतनी ही भिन्न हैं जितनी इतालवी से फ्रेंच भाषा;
- कचहरी और प्रशासन के लिए क्षेत्र-विशेष का 'वर्नाक्यूलर' ही उपयुक्त माध्यम है और यह निश्चित है कि तीन में से कोई-एक बिहारी बोली ही उसकी सही दावेदार है और प्रचलित हिंदी को वह कचहरी की भाषा के रूप में स्थानापन्न करेगी, क्योंकि इस क्षेत्र में हिंदी की स्थिति इग्लैंड में कभी प्रचलित नार्मन-फ्रेंच से बेहतर नहीं जबकि वहाँ के वकील तब कोर्ट की भाषा के रूप में नार्मन-फ्रेंच का इस्तेमाल करते थे।

आज की भाषायी स्थिति से स्पष्ट है कि ग्रियर्सन की भविष्यवाणी किसी भी रूप में सिद्ध नहीं हुई। आज बिहार में कचहरी या प्रशासन की भाषा हिंदी है न कि कोई स्थानीय बोली। यह भी ध्यान देने की बात है कि ग्रियर्सन के मत के विरोध में उन्हीं के समय आवाज़ उठ गई थी। बाबू राधिकाप्रसन्न मुखर्जी (1881) और बाबू श्यामचरण गांगुली (1882) ने **कलकत्ता रिव्यू** में प्रकाशित अपने लेखों में ग्रियर्सन के मत का खंडन करते हुए यह दिखलाने का प्रयत्न किया था कि तथाकथित बिहार की बोलियाँ हिंदी क्षेत्र की बोलियाँ हैं।

पारिवारिक भिन्नता से उत्पन्न व्याकरणिक विशिष्टता और संप्रेषणगम्य बोधगम्यता के लक्षण को, भाषा-बोली की विभाजक कसौटी को आज नकारा जा चुका है। अगर ऐसा न होता तो हिंदी और पंजाबी एक ही भाषा की दो बोलियाँ होतीं, तथा

युगोस्लाविया में सर्वियन और क्रोशियन और पेरू में केचुआ और अपनारा को दो भिन्न भाषाएँ सिद्ध करना कठिन होता। पर हिंदी और भोजपुरी पर काम करनेवाले अभी भी ऐसे विद्वान हैं जो ग्रियर्सन के मत के समर्थक हैं और यह मानते हैं कि भोजपुरी भाषा-क्षेत्र हिंदी के बाहर पड़ता है।

उदाहरण के लिए भोजपुरी के प्रसिद्ध विद्वान उदयनारायण तिवारी अपने छात्र-काल में अपने गुरु धीरेन्द्र वर्मा के इस मत से सहमत थे कि भोजपुरी हिंदी की ही एक बोली है। उस समय उनकी स्वीकारोक्ति के अनुसार हिंदी के क्षेत्र से भोजपुरी को अलग करना उन्हें देशद्रोह-सा लगता था। परंतु जैसा उन्होंने अपनी पुस्तक (*भोजपुरी भाषा और साहित्य*) में लिखा है, 'परंतु आज भोजपुरी के अध्ययन में चौबीस वर्षों तक निरंतर लगे रहने तथा भाषाशास्त्र के अधिकारी विद्वानों के संपर्क से भाषाविज्ञान के सिद्धांतों को यत्किंचित सम्यक् रूप से समझ लेने के पश्चात् मुझे अपने उस पूर्वाग्रह पर खेद होता है, जो बी. ए. प्रथम वर्ष में, भाषाविज्ञान के गंभीर परिशीलन के बिना ही मेरे हृदय में स्थान पा गया था। आज मुझे ग्रियर्सन के परिश्रम, ज्ञान एवं पक्षपातरहित विवेचना के गौरव का अनुभव होता है और इस विद्वान के प्रति हृदय श्रद्धा से परिपूर्ण हो जाता है।'

यह कितने आश्चर्य की बात है कि ग्रियर्सन के विचार में पाए जानेवाले उस अंतर्विरोध को डॉ. तिवारी न देख पाए जिसे सेपिरो और शिफ़मैन ने देखा। जिस जातीय बोध (नेशनलिटी) के आधार पर वे असमिया को बाँगला भाषा से भिन्न करते हैं (बावजूद इसके कि इन दो भाषाओं में पर्याप्त व्याकरणिक समानता और पारस्परिक बोधगम्यता है), उस जातीय बोध को न तो ग्रियर्सन भोजपुरी पर लागू करते हैं और न ही उनके अनुयायी और प्रशंसक तिवारी जी। यद्यपि तिवारीजी अपनी पुस्तक (*हिंदी भाषा का उद्गम और विकास* : सं. 2018 वि.) में यह स्वीकार करते हैं कि 'बंगाल तथा बिहार में अत्यंत प्राचीन काल से निकट का संबंध है और इधर हाल तक राजनैतिक दृष्टि से बिहार बंगाल का एक भाग था, तथापि शिक्षित बंगाली तथा बिहारी कभी इस बात का अनुभव न कर सके कि उनकी मातृ भाषाओं का स्रोत वस्तुत: एक ही है। बाँगला भाषाभाषियों ने बिहारियों को 'पश्चिमी' तथा उनकी भाषा को सदैव ''पश्चिमी हिंदी'' की ही एक विभाषा माना।' न केवल बंगालियों ने बिहारी भाषा को 'पश्चिमी हिंदी' की एक विभाषा माना, पर स्वयं बिहारी बोलियों के प्रयोक्तओं ने भी अपनी जातीय अस्मिता को हिन्दी के साथ जोड़ा पर मातृभाषा के समान स्रोत तथा व्याकरणिक समानता के आधार पर उदयनारायण तिवारीजी न केवल भोजपुरी, मगही, मैथिली आदि बोलियों को हिंदी से अलग मानते हैं बल्कि उन्हें बाँगला-वर्ग के साथ रखना चाहते हैं। उनके अनुसार 'यह (बंगाल और बिहार प्रदेश में मनमुटाव की दरार) होते हुए भी यह निर्विवाद सत्य है कि बिहारी पूर्वी हिंदी से पृथक् है तथा इसका संबंध बंगला, उड़िया तथा असमिया से है।'

(ग) समाजभाषावैज्ञानिक (संस्थागत) दृष्टि

इस अर्थ में भाषा अध्यारोपित संप्रेषणजन्य वह प्रतिमान है जो एक तरफ़ किसी महाजाति-विशेष की जातीय अस्मिता का व्यंजक बनती है और दूसरी तरफ़ जिसका प्रयोग एक-दूसरे से संपर्क स्थापन के लिए लघुजातियों में बँटे वे लोग करते हैं जिनकी पहली बोलचाल की भाषा इससे भिन्न होती है। इस प्रकार भाषा अपने प्रयोजन रूप में विभिन्न बोलियों के प्रयोक्ताओं के बीच संपर्क का साधन बनती है।

समाजभाषाविज्ञान के प्रसिद्ध विद्वान हॉगन ने अपने बहुचर्चित लेख 'डायलेक्ट, लैंगुएज, नेशन' (1966) में इस बात की ओर संकेत दिया है कि भाषा-बोली के अंतर को देखने के दो आधार संभव हैं – संरचनात्मक (स्ट्रक्चरल) और प्रकार्यात्मक (फंक्शनल)। संरचनात्मक आधार भाषावैज्ञानिकों द्वारा अपनाया जाता है जो इनके अंतर को समझने के लिए भाषाओं की या तो व्याकरणिक संरचना को आधार बनाते हैं अथवा उनके पारिवारिक संबंधों को (हॉगन के अनुसार ये दोनों आधार भाषा-बोली के अंतर को समझने-समझाने में कारगर नहीं)। समाजभाषावैज्ञानिकों का यह कर्तव्य हो जाता है कि वे भाषाओं के प्रकार्यात्मक प्रयोजनों को आधार बनाते हुए इसके सही संबंध पर प्रकाश डालें। हमें पहले यह देखना चाहिए कि जिस भाषा को किसी समुदाय के व्यक्ति सीखते हैं, उसका प्रयोग वे किन स्थितियों और किन प्रयोजनों के लिए करते हैं। दूसरी बात यह भी है कि 'भाषा' मात्र व्याकरण ही नहीं, वह सामाजिक अनुबंधन का माध्यम भी है, हमारे भावबोध की संवाहिका और सामाजिक चेतना का व्यंजक भी है। उनके मत में समाज की संप्रेषण व्यवस्था और भाषाओं की प्रकार्यात्मक व्यवस्था से उत्पन्न जातीय बोध ही सही अर्थों में भाषा-बोली के अंतर को स्पष्ट कर सकते हैं।

दूसरे शब्दों में यह कहा जा सकता है कि शुद्ध भाषावैज्ञानिक (संरचनात्मक अथवा ऐतिहासिक) दृष्टि से भाषा और बोली का भेद करना संभव नहीं। उदाहरण के लिए खड़ी बोली के रूप में मान्य जिसे हम हिंदी भाषा कहते हैं उसमें तथा भोजपुरी, अवधी, ब्रज आदि उसकी बोलियों में ध्वनि-व्यवस्था, शब्द-संपदा या व्याकरणिक रचना के स्तर पर पाए जानेवाले अंतर के आधार पर भाषा-बोली का भेद करना संभव नहीं। शुद्ध भाषिक रचना की दृष्टि से जिस प्रकार खड़ी बोली एक 'भाषा' है, उसी प्रकार ये बोलियाँ भी 'भाषा' हैं, क्योंकि इनमें भी उसी प्रकार भाषिक प्रतीकों की व्यवस्था मिलती है, जिस प्रकार खड़ी बोली में। जहाँ तक संप्रेषणतंत्र का सवाल है, यह स्पष्ट है कि भोजपुरी या अन्य बोली-क्षेत्र में रहनेवाला व्यक्ति अपनी घरेलू ज़िंदगी में अपनी बोली का प्रयोग करता है, पर जब वह साक्षर बनता है तब खड़ी बोली का। वह अपने बोली-क्षेत्र में रहनेवाले लोगों से मिलता और बातचीत करता है तब वह अपनी ही बोली का उपयोग करता है पर जब वह अन्य बोली-क्षेत्र के व्यक्ति से संपर्क स्थापित

करता है तब वह हिंदी को माध्यम बनाता है। जब कोई अन्य हिंदीभाषी उसकी मातृभाषा के संबंध में पूछता है, वह अपनी पहचान के लिए अपनी मातृबोली का नाम बतला देता है, पर जनगणना के समय अथवा अन्य भाषाभाषी के पूछने पर अपनी मातृभाषा 'हिंदी' घोषित करता है।

अपने इस दूसरे अर्थ में भाषा-बोली का आधार किसी भाषायी समाज की संप्रेषण व्यवस्था और उसकी जातीय चेतना है जिसकी प्रकृति संस्थागत होती है। सामाजिक संस्थाओं की प्रकृति स्थिर नहीं होती। सामाजिक विकास या परिवर्तन के दौरान उसकी प्रकृति और क्षेत्र में बदलाव आना स्वाभाविक है। वस्तुतः भाषा-बोली की अवधारणा का जन्म ही तब होता है जब कोई लघुजाति, महाजाति, के रूप में उभरती है और लघुजनपद, महाजनपद के रूप में स्वीकृत होने लगता है। जिस लघुजाति का किसी महाजाति से संबंध ही न हो, उसकी भाषायी संप्रेषण व्यवस्था को आप 'भाषा' कह लें या 'बोली', कोई फ़र्क ही नहीं पड़ता क्योंकि उस स्थिति में भाषा-बोली का भेद ही निरर्थक ठहरता है।

ऐसी कई जनजातियाँ (ट्राइबल्स) हैं जिनकी भाषायी व्यवस्था को कभी हम 'भाषा' कहते हैं और कभी उसी को 'बोली' कह देते हैं। हम प्रायः यह भूल जाते हैं कि भाषा-बोली संकल्पनात्मक युग्म में भाषा, अध्यारोपित संचार-व्यवस्था है, जिसका प्रयोग दो या दो से अधिक बोली-क्षेत्र के व्यक्ति संपर्क-स्थापन के लिए प्रयोग में लाते हैं, और साथ ही जो किसी एक महाजाति के होने का प्रमाण देती है। अगर जनजातियाँ अलग-अलग पड़ी हैं, अपने में स्वायत्त रूप में दूसरों से कटकर अपना जीवन-यापन कर रही हैं, तब उनकी भाषायी व्यवस्था में भाषा-बोली का भेद ही संभव नहीं।

प्रायः यह देखा जाता है कि जातीय पुनर्गठन की सामाजिक प्रक्रिया के दौरान कोई 'बोली' सांस्कृतिक पुनर्जागरण, राजनैतिक पुनर्गठन अथवा आर्थिक पुनर्व्यवस्था के कारण अन्य जनपदीय बोलियों की तुलना में विशेष महत्त्व पा लेती है। फलस्वरूप वह अन्य बोलियों के बोलनेवालों के बीच संपर्क-साधन का भी काम करने लगती है। बाद में चलकर अन्य बोलियों का प्रयोग करनेवाले व्यक्ति भी इस संपर्क साधनयुक्त प्रतिष्ठित बोली के साथ अपनी सामाजिक अस्मिता जोड़ने लगते हैं। भाषा-बोली भेद के संदर्भ में यह कहा जा सकता है कि विभिन्न बोलियों के बीच संपर्क-साधन का कार्य करनेवाली प्रतिष्ठा प्राप्त बोली ही 'भाषा' है, जबकि जनपदीय बोलियाँ मात्र 'बोली'। इस तथ्य को रामविलास शर्मा ने अपनी पुस्तक *'भाषा और समाज'* में निम्नलिखित शब्दों में व्यक्त किया है—'जैसे सामाजिक गठन के रूपों में हम लघुजाति से महाजाति की ओर बढ़ते हैं, वैसे ही भाषा का क्षेत्र भी लघु से बृहत्तर होता जाता है। किसी भी भाषा या बोली की सीमाएँ अचल और सनातन नहीं होतीं। जिसे हम आज भाषा कहते हैं, वह किन्हीं परिस्थितियों में बोली मात्र रह सकती है, जिसे हम बोली कहते हैं, वह कल भाषा बन सकती है। ... उत्तर भारत का बहुत सा साहित्य ब्रजभाषा में रचा गया

था लेकिन हमारे जातीय विकास की विशेष परिस्थितियों में खड़ी बोली तो भाषा बन गयी और ब्रजभाषा रह गयी एक बोली के रूप में।

प्रकार्यात्मक आधार पर भाषा और बोली में अंतर करना संभव है। इस अंतर को संक्षिप्त ढंग से तालिकाबद्ध कर नीचे दिया जा रहा है –

भाषा	बोली
1. सामाजिक प्रकार्य में भाषा अध्यारोपित (सुपरआर्डिनेंट) होती है।	1. सामाजिक प्रकार्य में बोली भाषा के अधीनस्थ (सबोर्डिनेट) होती है।
2. भाषा-प्रयोग का क्षेत्रीय संदर्भ अपेक्षाकृत अधिक विस्तृत होता है।	2. बोली का क्षेत्र भाषा की तुलना में छोटा होता है।
3. भाषा का प्रयुक्ति-क्षेत्र अधिक बहुमुखी होता है–वह लिखित साहित्य, शिक्षा, प्रशासन आदि अनेक व्यवहार-क्षेत्रों में प्रयुक्त होती है।	3. बोली का प्रयुक्ति-क्षेत्र अपेक्षाकृत सीमित होता है।
4. भाषा समाज में 'प्रतिष्ठा' और 'प्रभुता' की द्योतक होती है।	4. बोली का प्रयोग 'आत्मीयता' का व्यंजक होता है।
5. भाषा का प्रयोग प्रायः औपचारिक संदर्भों में होता है।	5. इसका प्रयोग-संदर्भ सामान्यतः अनौपचारिक होता है।
6. भाषा अपेक्षाकृत अधिक मानकीकृत और आधुनिक होती है।	6. बोली में प्रयोजनहीन विकल्पन सापेक्षतया अधिक होते हैं।
7. भाषा अपनी बोलियों के प्रयोगकर्ता के बीच संपर्क भाषा का काम करती है और दूसरी 'बोली' (मानक) के रूप में सीखी जाती है।	7. बोली मातृभाषा के रूप में पहली 'भाषा' के रूप में सीखी जाती है।

2

इसमें संदेह नहीं कि भोजपुरी जनपद का एक विशाल भू-खंड है। इस विस्तृत भूखंड में रहनेवालों की मातृबोली भोजपुरी है। पर यहाँ के लोग मातृभाषा के रूप में हिंदी का स्वाभाविक ढंग से प्रयोग करते हैं। प्रायः हम यह भूल जाते हैं कि मातृभाषा एक जटिल संकल्पना है और इसका अर्थ भारतवर्ष ऐसे बहुभाषी देश में वैसा ही नहीं माना जा सकता, जैसा हम एकभाषी स्थिति में पाते हैं। मातृभाषा के दो निश्चित प्रयोजन होने के कारण उसके प्रयोग के दो संदर्भ हैं। अपने पहले संदर्भ में वह व्यक्ति के

झूला-पालने की भाषा है अर्थात् यह वह भाषा है जिसके माध्यम से व्यक्ति पहले-पहल इस संसार को जानता है और इस प्रक्रिया में संज्ञानात्मक बोध का विकास करता है। अपने दूसरे संदर्भ में मातृभाषा उसके संस्थागत जातीय अस्मिता का साधन है जिसके सहारे भाषायी चेतना के धरातल पर वह 'हम-वे' के बोध से बँधता है। एकभाषी देश में मातृभाषा के ये दोनों संदर्भ एक ही भाषा द्वारा सिद्ध हो जाते हैं। पर भारत ऐसे बहुभाषी देश में स्थिति इससे भिन्न है। हिंदी महाजनपद क्षेत्र में रहनेवाला व्यक्ति मातृभाषा के पहले संदर्भ (झूला-पालने की भाषा) को तो 'मातृबोली' द्वारा सिद्ध करता है जबकि उसके दूसरे संदर्भ (जातीय अस्मिता) के लिए महाजनपद की भाषा अर्थात् हिंदी को अपनाता है। यही कारण है कि सदल मिश्र, भारतेन्दु हरिश्चन्द्र, रामदहिन सिंह, देवकीनन्दन खत्री, जयशंकर प्रसाद, प्रेमचन्द, रामचन्द्र शुक्ल, राहुल सांकृत्यायन, श्यामसुन्दर दास, शिवपूजन सहाय, पाण्डेय बेचनशर्मा उग्र, हजारीप्रसाद द्विवेदी आदि साहित्यकारों की पहली भाषा (मातृबोली) भोजपुरी थी, पर उनकी जातीय अस्मिता की भाषा हिंदी रही।

इधर भाषा-बोली की इस सामंजस्यपूर्ण स्थिति में दरार पड़ने लगी है। भोजपुरी भाषा के कुछ समर्थक यह समझते हैं कि भोजपुरी भाषा और संस्कृति का विकास तब तक संभव नहीं जब तक भोजपुर जनपद को राज्य का दर्जा नहीं मिल जाता या फिर हिंदी महाजाति की भाषा से अलग उसकी भोजपुरी बोली की विकास दिशा निर्धारित नहीं हो जाती। आचार्य रामदेव त्रिपाठी भोजपुरी अकादमी (पटना) से प्रकाशित अपनी पुस्तक (*भोजपुरी व्याकरण*, 1987) में लिखते हैं : 'अब भोजपुरी पश्चिमी बिहार, पूर्वी उत्तरप्रदेश, उत्तरी मध्यप्रदेश, दक्षिणी नेपाल का 21 जिलन में फ़इलल लगभग 6 करोड़ लोग के भाषा हो गइल। असल में एह सब क्षेत्रन के मिला के एगो पृथक् राज्य के निर्माण उचित होई। तबै भोजपुरी संस्कृति चाहे भाषा के समुचित विकास हो सकेला।' *भोजपुरी लोक* में प्रकाशित अपने लेख में रामनाथ पाण्डेय का यह मत है कि भोजपुरी एक भाषा है और उसे बोली का दर्जा हिंदीभाषियों की प्रभुतासंपन्न दृष्टि और उनके षड्यंत्र का परिणाम है। उन्हें लगता है कि 'हिंदी के कुछ मठाधीश अपने हिंदी साम्राज्य विस्तार के लिए भारत की कई अन्य भाषाओं की तरह भोजपुरी को भी उदरस्थ करने की चेष्टा कर रहे हैं .... पर यह सच है कि भोजपुरी कभी भी हिंदी की उपभाषा या बोली नहीं रही है। इसके उद्गम और विकास का क्षेत्र इतने पाताल में है जहाँ तक पहुँचना संभव नहीं लगता। हिंदी के जन्म के हजारों वर्ष पहले से इसका अपना क्षेत्र रहा है और यह वैदिक काल में भी किसी न किसी रूप में संस्कृत की सहभागिनी रही है।' ऐसे उद्गार भारत जैसे बहुभाषी और बहुसांस्कृतिक देश में अब तक चले आ रहे भाषा-बोली के सहसंबंध और उनकी सामंजस्यपूर्ण प्रकृति के न समझने के परिणाम ही कहे जा सकते हैं।

समाज के ऐतिहासिक विकास के दौरान कोई भी बोली, भाषा बन सकती

है और इसी विकासक्रम में पहले से स्वीकृत होती आई भाषा बाद में बोली का दर्जा पा सकती है। पर वर्तमान स्थिति में यह कहा जा सकता है कि अगर हिंदी को उसकी जनपदीय बोलियाँ एक दृष्टि से समृद्ध कर रही हैं तो इन जनपदीय बोलियों को हिंदी एक दूसरी दृष्टि से आधुनीकृत और विकसित कर रही है। भाषा-बोली का हिंदी क्षेत्र में जो सहसंबंध है, वह भोजपुरी व्यक्तियों की अस्मिता को खंडित नहीं कर रहा, बल्कि उसे बहुभाषिकता के रंग से रंजित कर समग्र बना रहा है। बहुभाषिकता सामाजिक अभिशाप नहीं बल्कि 'तृतीय विश्व' के राष्ट्रों के लिए एक शक्ति-स्रोत है। भारत की भाषा स्थिति के संदर्भ में इस तथ्य को मैं यूनेस्को द्वारा पेरिस में आयोजित भाषाविदों की एक अंतर्राष्ट्रीय संगोष्ठी में आज से लगभग एक दशक पूर्व प्रमाणित कर चुका हूँ।

संदर्भ

1. आधुनिक भाषाविज्ञान और भारतीय भाषा चिन्तन 1993 (सं.), आचार्य देवेन्द्रनाथ शर्मा : समष्टिमय व्यक्तित्व (संपा.) डॉ. विद्यानिवास मिश्र, 286-290; वाणी प्रकाशन, नई दिल्ली।
2. सस्यूर और आधुनिक भाषाविज्ञान 1983 (सं.) भाषाशास्त्र के सूत्रधार (संपा.) श्रीवास्तव, 88-190; नेशनल पब्लिशिंग हाउस, दिल्ली।
3. वक्रोक्ति की संकल्पना, 1978 (सं.) भारतीय भाषाशास्त्रीय चिन्तन (संपा.) विद्यानिवास मिश्र एवं अन्य, 82-90; राजस्थान हिन्दी ग्रन्थ अकादमी, जयपुर।
4. शब्द : एक सैद्धांतिक विवेचन 1990 (सं.) शब्द : अध्ययन और समस्याएँ (संपा.) सुरेश कुमार, 48-89 केन्द्रीय संस्थान, आगरा।
5. भाषा, परिभाषा और अभिलक्षण, 1991-92 भाषाविज्ञान और हिन्दी भाषा (संपा.) डॉ. दिनेश कुमार एवं डॉ. मीनाक्षी व्यास; पत्राचार पाठ्यक्रम एवं अनुवर्ती शिक्षा विद्यालय, दिल्ली विश्वविद्यालय।
6. भाषिक संरचना और उसके विभिन्न स्तारण (संख्या 5 के समान)।
7. नियोजन और भाषा नियोजन (अप्रकाशित)।
8. भाषा परिवर्तन और उसकी दिशाएँ (रेडियोवार्ता)।
9. शब्द और अर्थ के बीच देरीदा - जनसत्ता, 31 मई 1992।
10. शैक्षणिक व्याकरण 1983 (सं.) व्याकरण सिद्धांत एवं व्यवहार (संपा.) शर्मा एवं शर्मा, 182-88; केन्द्रीय हिन्दी संस्थान, आगरा।
11. तुलनात्मक और व्यतिरेकी भाषाविज्ञान (संख्या 5 के समान)।
12. समाजभाषाविज्ञान - (संख्या 5 के समान)।
13. सैद्धान्तिक एवं अनुप्रयुक्त भाषाविज्ञान (संख्या 5 के समान)।
14. भाषा, बोली और भोजपुरी (अप्रकाशित)।

रवीन्द्रनाथ श्रीवास्तव

जन्म : 9 जुलाई, 1936 को बलिया (उ. प्र.) में।

निधन : 3 अक्टूबर, 1992।

लेनिनग्राद विश्वविद्यालय से भाषाविज्ञान में पीएच. डी.; अमेरिका में भाषा पर शोधकार्य के लिए, पोस्ट-डॉक्टरल फ़ेलो : यूनेस्को (पेरिस), यूनाइटेड नेशंस यूनिवर्सिटी (टोक्यो) आदि अंतर्राष्ट्रीय संगठनों में भाषा-शिक्षण सम्बन्धी कार्य-गोष्ठियों के विशेषज्ञ सदस्य; अमेरिका और इटली के विश्वविद्यालयों में विजिटिंग प्रोफेसर के रूप में अध्यापन; दिल्ली विश्वविद्यालय के भाषाविज्ञान विभाग में प्रोफेसर; शैली विज्ञान, आलोचना, भाषा-शिक्षण, अनुवाद पर 6 पुस्तकें और रूसी, अंग्रेजी एवं हिंदी में प्रकाशित अनेक लेख।

सम्पूर्ण लेख पाँच खंडों में

खंड-1. हिंदी भाषा का समाजशास्त्र

खंड-2. हिंदी भाषा : संरचना के विविध आयाम

खंड-3. भाषाविज्ञान : सैद्धांतिक चिंतन

खंड-4. अनुप्रयुक्त भाषाविज्ञान : सिद्धांत एवं प्रयोग

खंड-5. सृजनात्मक साहित्य